中华现代学术名著丛书

训诂学概论

齐佩瑢 著

图书在版编目(CIP)数据

训诂学概论/齐佩瑢著.—北京:商务印书馆,2015
(2023.4重印)
(中华现代学术名著丛书)
ISBN 978-7-100-10095-3

Ⅰ.①训… Ⅱ.①齐… Ⅲ.①训诂—概论 Ⅳ.①H13

中国版本图书馆 CIP 数据核字(2013)第 142865 号

权利保留,侵权必究。

本书据中华书局 2004 年版排印

中华现代学术名著丛书

训诂学概论

齐佩瑢 著

商 务 印 书 馆 出 版
(北京王府井大街36号 邮政编码100710)
商 务 印 书 馆 发 行
北京捷迅佳彩印刷有限公司印刷
ISBN 978-7-100-10095-3

2015年9月第1版　　开本 880×1240　1/32
2023年4月北京第3次印刷　印张 9⅝
定价:59.00元

出版说明

百年前,张之洞尝劝学曰:"世运之明晦,人才之盛衰,其表在政,其里在学。"是时,国势颓危,列强环伺,传统频遭质疑,西学新知亟亟而入。一时间,中西学并立,文史哲分家,经济、政治、社会等新学科勃兴,令国人乱花迷眼。然而,淆乱之中,自有元气淋漓之象。中华现代学术之转型正是完成于这一混沌时期,于切磋琢磨、交锋碰撞中不断前行,涌现了一大批学术名家与经典之作。而学术与思想之新变,亦带动了社会各领域的全面转型,为中华复兴奠定了坚实基础。

时至今日,中华现代学术已走过百余年,其间百家林立、论辩蜂起,沉浮消长瞬息万变,情势之复杂自不待言。温故而知新,述往事而思来者。"中华现代学术名著丛书"之编纂,其意正在于此,冀辨章学术,考镜源流,收纳各学科学派名家名作,以展现中华传统文化之新变,探求中华现代学术之根基。

"中华现代学术名著丛书"收录上自晚清下至20世纪80年代末中国大陆及港澳台地区、海外华人学者的原创学术名著(包括外文著作),以人文社会科学为主体兼及其他,涵盖文学、历史、哲学、政治、经济、法律和社会学等众多学科。

出版说明

出版"中华现代学术名著丛书",为本馆一大夙愿。自1897年始创起,本馆以"昌明教育,开启民智"为己任,有幸首刊了中华现代学术史上诸多开山之著、扛鼎之作;于中华现代学术之建立与变迁而言,既为参与者,也是见证者。作为对前人出版成绩与文化理念的承续,本馆倾力谋划,经学界通人擘画,并得国家出版基金支持,终以此丛书呈现于读者面前。唯望无论多少年,皆能傲立于书架,并希冀其能与"汉译世界学术名著丛书"共相辉映。如此宏愿,难免汲深绠短之忧,诚盼专家学者和广大读者共襄助之。

商务印书馆编辑部

2010年12月

凡　例

一、"中华现代学术名著丛书"收录晚清以迄20世纪80年代末,为中华学人所著,成就斐然、泽被学林之学术著作。入选著作以名著为主,酌量选录名篇合集。

二、入选著作内容、编次一仍其旧,唯各书卷首冠以作者照片、手迹等。卷末附作者学术年表和题解文章,诚邀专家学者撰写而成,意在介绍作者学术成就、著作成书背景、学术价值及版本流变等情况。

三、入选著作率以原刊或作者修订、校阅本为底本,参校他本,正其讹误。前人引书,时有省略更改,倘不失原意,则不以原书文字改动引文;如确需校改,则出脚注说明版本依据,以"编者注"或"校者注"形式说明。

四、作者自有其文字风格,各时代均有其语言习惯,故不按现行用法、写法及表现手法改动原文;原书专名(人名、地名、术语)及译名与今不统一者,亦不作改动。如确系作者笔误、排印舛误、数据计算与外文拼写错误等,则予径改。

五、原书为直(横)排繁体者,除个别特殊情况,均改作横排简体。其中原书无标点或仅有简单断句者,一律改为新式标点,专名号从略。

六、除特殊情况外,原书篇后注移作脚注,双行夹注改为单行夹注。文献著录则从其原貌,稍加统一。

七、原书因年代久远而字迹模糊或纸页残缺者,据所缺字数用"□"表示;字数难以确定者,则用"(下缺)"表示。

目　　录

第一章　绪说 …………………………………………………… 1
　第一节　何谓训诂学 ………………………………………… 1
　第二节　训诂的起因 ………………………………………… 13
　第三节　训诂的效用 ………………………………………… 25
　第四节　训诂的工具 ………………………………………… 37

第二章　训诂的基本概念 ……………………………………… 55
　第五节　语义和语音 ………………………………………… 55
　第六节　语义的单位 ………………………………………… 68
　第七节　语义的演变 ………………………………………… 80
　第八节　字义的种类 ………………………………………… 93

第三章　训诂的施用方术 ……………………………………… 109
　第九节　音训（上） ………………………………………… 109
　第十节　音训（下） ………………………………………… 135
　第十一节　义训 ……………………………………………… 151
　第十二节　术语 ……………………………………………… 183

第四章　训诂的源渊流派 ……………………………………… 201
　第十三节　实用的训诂学 …………………………………… 201
　第十四节　理论的训诂学 …………………………………… 225

v

第十五节　训诂学的中衰 …………………… 235
第十六节　训诂学的复兴 …………………… 256

古老而富生机的学问
　　——齐佩瑢《训诂学概论》读后 ………………… 朱小健 292

第一章 绪说

第一节 何谓训诂学

"训诂学"是研究我国古代语言和文字的意义的一种专门学术。这里所谓"字义"乃是文字的"用义",而非字形构造所示的"本义"。文字是纪录语言的符号,具有形、音、义三个要素,形为文字所独有,音、义乃语言文字之所同,所以解说文字本义的学问固然也可以视作训诂的广泛领域中的一部,但是严格的站在语言方面来说,只有训释古语古字的用义才能配称"训诂"。文字本义的研究应该属于文字学的范围之内的。因此,从前认为训诂学是兼括文字形体的训诂和语言音义的训诂二者的界说,实际上是不合理而欠缺精确的。那么,训诂学既是探求古代语言的意义,研究语音与语义间的种种关系的唯一学科,它就应当是"历史语言学"全体中的一环。这样,训诂学也可以叫做"古语义学"。

"训诂"二字一名的含义及其由来,以及"训诂"与"训诂学"的区别是我们应该首先明白的。大概在秦汉的时候,是只有"训故"的称谓的,而且训故和经学小学简直是三位一体而不可分离,那时研究经学古学或小学的学者,也仅是为了讲解古书而去训释古籍中的古字故言,去阐发古圣贤的微言大义;至于如何训释古字故言——即训诂的方法技术以及理论系统等的问题,却尚无自觉的有系统的概述及综合的研究;换言之,那时只有"训故"而无"训诂学",只有工作的实行而无学理的解说。理论的产生是靠着事实的归纳,在一个训故工作刚萌芽的时候,自然不会同时就有成熟的系统理论的。这也是时代使然,直到二千年后的现在,不是还没有一部"训诂学"的著作出现么?

训诂的"诂"字,汉人通行写作"故",诂是故言,故是古旧,诂、故、古三字的含义虽小有广狭、专泛的不同,声音、语原却是完全一样的。而"古训"一名在《尚书》和《诗经》里面都早已提到过,于是一般慕古的学者就说这是后来"训故"、"训诂"的出处,因为他们误认"训故"可以倒说成"故训"或"诂训"的缘故。清朝有名的小学家都如此肯定地主张,从未有人发生过疑问,例如钱大昕在《经籍籑诂序》里说:

……而其诗述仲山甫之德,本于古训是式;古训者,诂训也,诂训之不忘,乃能全乎民秉之彝;诂训之于人大矣哉!

如果我们仔细去翻读一下《书》、《诗》的原文,就知道钱氏的话纯是有意的附会。《商书·说命》里说:

王人求多闻,时惟建事,学于古训乃有获;事不师古,以克永世,匪说攸闻。

孔《传》解释这段话说:"王者求多闻以立事,学于古训乃有所得;事不法古训而能以长世，非说所闻。"可见古训只是古昔的教言之意。又《诗·大雅·烝民》篇说：

> 仲山甫之德：柔嘉为则，令仪令色，小心翼翼，古训是式，威仪是力。

毛《传》说："古，故。训，道。"郑《笺》说："故训，先王之遗典也。"我觉得旧日的解说并没有什么错误的地方，两书所言的古训都是指着"先人教言，圣王遗典"的意思，犹之乎《国语》中称"遗训"一样。《周语》说：

> 赋事行刑，必问于遗训，而咨于故实。

问于遗训，就是式于古训、学于古训的意思。所以《诗》中的古训一名，虽然郑《笺》及《列女传·明贤》篇所引都直书作"故训"，而毛公又取以为《诗故训传》之名，但是《诗》中原意既是明指古昔教训而言，而"训故"一名在汉人的用法上又不能倒颠作"故训"，那么古训和训故绝不能混为一谈而傅会其含义及出处。况且在《诗》、《书》的时代，去古未远，典籍未富，也不需要训故的工作。这样看来，"训故"一名的成立及取义自当以汉人所说为准才对，因为训故的萌芽虽散见于春秋战国时代人的语录传记之中，然而训故专著的出现及大成却到秦汉之间才开始的。

汉人著作，关于训故的称呼，也不很一致，例如班固《汉书·艺文志》和列传前后所说便多不同：或名"训故"，或单称"训"，或单称"故"，或名"解故"，或名"训纂"；不过以"训故"和"故"的称谓

为最多而普遍,而且这些名称的含义也几乎完全一样的。现在为了明白起见,姑就志传所说,略举数例如下:

(一)行文多复称"训故":

(1)《志》曰:"《苍颉》多古字,俗师失其读。宣帝时征齐人能正读者,张敞从受之,传至外孙之子杜林,为作训故,并列焉。"

(2)又曰:"鲁申公为《诗》训故。"

(3)《儒林传》:"申公独以《诗经》为训故以教。"

(4)又曰:"宽至洛阳,……作《易说》三万言,训故举大谊而已。"

(5)又曰:"谊为《左氏传》训故。"

(6)《刘歆传》:"初《左氏传》多古字古言,学者传训故而已。"(师古曰:"故谓指趣也。")

(7)《扬雄传》:"训诂通而已。"(师古曰:"诂谓指义也。")

由上七例,可知训故就是能正读古字,通晓古言。《苍颉篇》为秦人编集的字书,到汉宣帝时就非专家不能正读了。这里所谓"读",是指字音字义而言;所谓"义",是指日常通行的用义而言。可见通晓古字古言的音义而为之训解明白者便是"训故",杜林、申公、贾谊等人之为诸书作训故都是此意。师古所说,失之广泛,故即古字古言也。而《扬雄传》独作"诂",盖当时即有此新体,依例当为"故"。

(二)简称"故"者多为书名:

(1)《志》曰:"《诗鲁故》一十五卷。"(师古曰:"故者通其指义也,它皆类此。今流俗《毛诗》改故训传为诂,字失真耳。")

(2)又曰:"《诗齐后氏故》二十卷。"

(3)又曰:"《诗齐孙氏故》二十七卷。"

(4)又曰:"《诗韩故》三十六卷。"

(5)又曰:"杜林《苍颉故》一篇。"

案杜林为《苍颉》作训故,申公为《诗》训故已见前引文中,行文称"训故"而书名则称"故",可证故即训故的简称,所以《唐志》把《苍颉故》直名为《苍颉训诂》了。至于师古《注》将故字又解为动词,似乎不大妥当。此外还有把古字古言直叫作"故"的,亦可证故字非动词。例如:

(6)《儒林传》:"孔氏有古文《尚书》,孔安国以今文字读之,因以起其家。……而司马迁亦从安国问故,迁书载《尧典》、《禹贡》、《洪范》、《微子》、《金縢》诸篇,多古文说。"

(7)《扬雄传》:"《玄》文多故不著,观之者难知,学之者难成。"

案古文《尚书》多古字,孔安国读以今文便可自成一家;《志》也说:"古文读应尔雅,故解古今语而可知也。"可知司马子长所从问的"故"就是古字古语的意思,自非读以今文,解以今语而不易使人知晓,所以《史记》中引用古文《尚书》的地方,并非原文,只是用今字代古字,以今语译古语罢了。扬子云是个好古的怪人,自我作古,予圣自居,著述拟之于经传,以为"经莫大于《易》,故作《太玄》"。大概《玄》文多故者,就是好用古字古言,犹今人之好用典故及喜写古字耳。

由上七例,可知某故某故者,即言某书之古音古义耳,古字古言谓之故,古音古义亦谓之故,故字既然沿用为古代语文音义的专称,所以解释古字古言的音义便叫作"训故"也。

(三)书名"解故"者,即"训故"之异称:

《志》曰:"《书大、小夏侯解故》二十九卷。"

案解者释也,判也。艰深晦涩谓之结,判分滞结即谓之解,是解亦训释顺通之意,解故犹训故也。此例他不多见。

(四)书名"训"及"训纂"者,与训故稍有不同:

(1)《志》曰:"《淮南·道训》二篇。"

案杂家中又录有《淮南》内二十一篇,外三十三篇;今本《淮南子》二十一卷,除叙目命名《要略》外,他如《原道训》、《俶真训》等都以训名篇。《要略》说:"惧为人之惛惛然弗能知也,故多为之辞,博为之说。"高诱的《叙目》也说:"其义也著,其文也富。"这样看来,名训的取义有些和训故不同,而且此例也不多见,盖系后起之名。其体辞多说博,其旨阐微著隐,着眼在说解义理,已超出训释古字古言的朴素本色了。

(2)《志》曰:"扬雄《苍颉训纂》一篇。"

(3)又曰:"杜林《苍颉训纂》一篇。"

案此二书介于《苍颉传》及《苍颉故》之间,盖亦训释《苍颉篇》音义之书,犹后来颜师古、王伯厚之注《急就篇》耳。杜林既为《苍颉》作训故,又为之作《训纂》,虽皆注释之体,其间必有不同之处,否则,何以分为两书而异其称呢?原书久佚,不可详究。

(五)外此四类,毛公以"故训"名书者,并非"训故"的同义倒文,不应混入。《志》曰:"《毛诗故训传》三十卷。"蒙案:郑玄《诗谱》及陆机《毛诗草木虫鱼疏》皆称"训诂传",朱彝尊《经义考》也称"训故传",这都是错误的。盖汉人称谓以"训故"为多,称"故训"者仅毛公一人,后人不明二名的来源及取义各别,就以常见者改不常见者于无意之中,甚至积久相沿,误认为一,所以《正义》本《毛诗故训》作"诂训",颜师古斥为流俗失真,陆德明《释文》又认为可以两通,他说:"故训旧本多作故,今或作诂,音古,又音故。案诂、故皆是古义,所以两行。"诂、故固然是古字的后起分别文,但是毛公所谓故训,只可作"古训",而不可作"诂训",因汉人无以"训故"倒作"故训",或"训诂"倒作"诂训"者。我们绝不能因其音同义近而混淆莫辨、以讹传讹的。

又"故训传"命名的取义,孔氏《正义》说:"诂训传者,注解之别名,毛以《尔雅》之作多为释《诗》,而篇有《释诂》、《释训》,故依《尔雅》训而为《诗》立《传》,传者通其义也。《尔雅》所释十有九篇,独云诂训者,诂者古也,古今异言,通之使人知也;训者道也,道物之貌以告人也。……然则诂训者,通古今之异辞,辨物之形貌,则解释之义,尽归于此。……今定本作故,以《诗》云'古训是式',毛《传》云'古,故也',则故训者,故昔典训,依故昔典训而为传。……"孔氏的说法颇有些自相矛盾,他也明知"故训传"是用了《诗经》"古训是式"的意义,故训本是故昔的典训,这故昔典训的所指,无论是师说或雅义,都尚较合理近是;然而他还强要牵扯到《释诂》等的篇名上去,就很有些傅会了。(《烝民疏》又从郑《笺》而为之说,以古训为古旧之道,故为先王之遗典。)故训的故字是形容词,训故、释故的故字是名词,二者绝不相同。段氏《说文注》说:"《毛诗》云'故训传'者,故训犹故言也,谓取故言为传也。取故言为传,是亦诂也。贾谊为《左氏传》训诂,训诂者,顺释其故言也。"可见"故训传"虽亦为训诂之作,然而故言之传和顺释故言的立名取义都不大相同。马瑞辰有《毛诗诂训传名义考》一文,所说也多错误,详见下文所引。

看了以上五类略例,训故一名的源渊大概可有个简括的认识吧。故为故旧,古字古言的古音古义谓之故,顺释疏解之便谓之训故:古字古言后人多不识,故为之作释也。此其一。汉人称谓以"训故"为最多而普遍,或改名"解故",或简称"故",称谓虽殊,取义则一。至于单名"训"的,旨在广其辞说,与训故之仅为推求古音古义者不同,统言无别而对称有异。此其二。毛《传》以"故训"名书,非训故之倒称,故训犹言故昔训释之意,虽亦训故之体,立名究不相侔,不可混而为一;后人或名训故为诂训者,相沿而讹也。此其三。

不过,汉人传注之作,并不仅限于训故一类,广义言之,如传、记、传记,说、说义、略说,微以及章句等四大类的著作,也都属于训故的范围。究竟它们的体例之间有如何的不同,这也是我们极应明白的。兹据《汉志》所载,略撮其要:

(一)传、记、传记、杂记。

(1)《易》有《周氏传》、《韩氏传》。《儒林传》曰:"宽至洛阳,复从周王孙受古义,号《周氏传》。"又曰:"韩生亦以《易》授人,推《易》意而为之《传》。"

(2)《书》有《大、小夏侯解故》,又有《传》四十一篇。

(3)《诗》有《齐后氏故》、《齐孙氏故》、《韩故》等;又有《齐后氏传》、《齐孙氏传》、《韩内传》、《外传》等。《志》曰:"鲁申公为《诗》训故;而齐辕固、燕韩生皆为之传,或取《春秋》,采杂说,咸非其本义。与不得已,鲁最为近之。"《儒林传》曰:"婴推诗人之意而作内、外《传》数万言。"又曰:"申公独以《诗经》为训故以教,亡传,疑者则阙弗传。"师古曰:"口说其指,不为解说之传。"案《楚元王传》云申公始为《诗》传,号《鲁诗》,是《鲁诗》本有传也。《史记·儒林传》文上"传"字下多一"疑"字,《汉书》误脱,当读"亡传疑,疑者则阙弗传"。虽然,依师古《注》中之意,可见故和传是有区别的,这由齐、韩二家之有《故》又有《传》也可以看得出来。

(4)《春秋》有《左氏传》、《公羊传》、《榖梁传》、《邹氏传》、《夹氏传》。《志》曰:"丘明恐弟子各安其意以失其真,故论本事而作传,明夫子不以空言说经也,……其事实皆形于传。……及末世口说流行,故有《公羊》、《穀梁》、《邹》、《夹》之传。"

(5)《礼》有《曲台后仓记》。《儒林传》曰:"仓说礼数万言,号曰《后氏曲台记》。"

(6)《乐记》二十三篇。《志》曰:"河间献王好儒,与毛生等共采《周官》及诸子言乐事者以作《乐记》。"

此外尚有刘向的《五行传记》及《公羊杂记》等。《释名·释典艺》曰:"传,传也,以传示后人也。"汉儒最重师传,《汉志》及《后汉书·儒林传》述六经传授甚详。《释典艺》又曰:"记,纪也,纪识之也。"《汉志》,《礼记》百三十一篇,班氏自注云:"七十子后学者所记也。"大概训故只是就字释义,而传记则在转录师说,或推其意,或广其事,蔓延泛滥而不能守其本原,故《志》讥《诗》传咸非其本义也。

(二)说、略说、说义。

(1)《诗》有《鲁故》、《韩故》及《韩传》等,又有《鲁说》、《韩说》。

(2)《书》有《欧阳说义》。《儒林传》曰:"小夏侯说文,恭(秦恭)增师法至百万言。"师古曰:"言小夏侯本所说之文不多,而秦恭又更增益,故至百万言也。"《志》曰:"后世经传既已乖离,博学者又不思多闻阙疑之义,而务碎义难逃,便辞巧说,说五字之文至于二三万言。"(桓谭《新论》云:"秦近君能说《尧典》篇目两字之说至十馀万言,但说'曰若稽古'三万言。")

(3)《易》有五鹿充宗《略说》。《儒林传》曰:"(丁宽)作《易说》三万言。"又曰:"刘向校书,考《易》说,以为诸《易》家说皆祖田何、杨叔、丁将军,大谊略同;唯京氏为异党,焦延寿独得隐士之说。"

传记之属已经就有些驳杂滥漫,而说义之类更是大放厥辞,絮絮不休;是故通人恶烦,智者羞学,幼童守一艺,白首而后能言。《儒林传赞》感慨系之曰:"一经说至百馀万言,大师众至千馀人,盖禄利之路然也。"

(三)微。

《春秋》有《左氏微》、《铎氏微》、《张氏微》、《虞氏微传》等。师古曰:"微,谓释其微指。"此例仅《春秋》有之,盖夫子微言大义,必待后学阐发而始著明也。

(四)章句。

(1)《书》有《欧阳说义》,又有《欧阳章句》;有《大、小夏侯解故》,又有《大、小夏侯章句》。

(2)《春秋》有《公羊传》、《穀梁传》,又有《公羊章句》、《穀梁章句》。

(3)《儒林传》曰:"费直治《易》,长于卦筮,亡章句,徒以《彖》、《象》、《系辞》十篇文言解说上下经。"又曰:"(尹更始)又受《左氏传》,取其变理合者以为章句。"《刘歆传》曰:"及歆治《左氏》,引传文以解经,转相发明,由是章句义理备焉。"《扬雄传》曰:"雄少而好学,不为章句,训诂通而已。"

《毛诗传笺通释》书前有《毛诗训诂传名义考》一节,文中分辨训故和章句、训故和传、训和故等之间的分别,大致尚无过误,兹节录如下:

……则知诂训与章句有辨:章句者,离章辨句,委曲支派,而语多傅会，繁而不杀；蔡邕所谓前儒特为章句者皆用其意傅，非其本旨……诂训则博习古文，通其转注假借，不烦章解句释，而奥义自辟；班固所谓"古文读应尔雅，故解古今语而可知也"。

……则训故与传又自不同：盖散言则故训、传俱可通称，对言则故训与传异，连言故训与分言故训者又异……至于传则《释名》训为传示之传，《正义》以为传通其义。盖诂训第就经文所言者而诠释之；传则并经文所未言者而引伸之，此诂训与传之别也。

……诂第就其字之义旨而证明之；训则兼其言之比兴而训导之，此诂与训之辨也。毛公传《诗》多古文，其释《诗》实兼诂训传三体，故名其书为《诂训传》。尝即《关雎》一诗言之，如窈窕、幽闲也，淑、善也，逑、匹也之类，诂之体也；关关、和声也之类，训之体也；若夫妇有别则父子亲，父子亲则君臣敬，君臣敬则朝廷正，朝廷正则王化成，则传之体也。而馀可类推矣。

马氏的说法，除了以"故训"为"训故"的错误外，其他尚无可斥之处。如果和前面所引《汉书》志传中的话对照参看，训故和传记、说义、微、章句等体之间的同异，当更为明显易知了。不过所谓差异，也只是自其异者而言之，大体上他们仍然互成联系，相依为命，所以有许多书常是兼备各体的。假如站在语学的立场上说，只有训故是一切解释古书方法的基础，而且也只有它较为可靠，较为客观，较为科学。

训故一名的由来及其取义既如上述，末了，再就训故二字的本身含义来说一说：《说文》云："训，说教也。从言川声。"《释诂》：

"训,道也。"道与导通,仅为名动之别。训字又通作顺,《大雅·抑》"四方其训之",《左传·哀二十六》引作"顺",《广雅》云:"训,顺也。"案训、顺、驯三字都从川声,盖即川字之孳乳分化,贯穿通流者谓之川,川不流则成灾,故灾字古写从一阻川,因此训、顺、驯三字都有疏通循从的意思。《说文》又云:"诂,训故言也,从言古声。"案诂乃古字之分别文,古为古昔,古言仍是古,因为言,遂加言旁以别之,范围虽有广狭之殊,而语言本没有两样。《说文》云:"古,故也。从十口,识前言者也。"故本为原故,引申之为故旧,故曰古故也。这样说来,故、诂二字都是古字的孳乳分化。故汉人多书作训故,而后来则写成训诂了。

总而言之,故是古昔故旧的意思,因而古字古言亦谓之故,古字古言之原来的音义亦谓之故。(这里所谓原本,只是古书作者当时通行的用字之义,而非上溯到原始造字时的本音本义。)故字故言,时地悬隔,音义难明,必待训故家为之顺释疏通,然后始知古语某即今语某,古字某即今字某。不但一语一字之音义畅晓无阻,即句读篇章之义也都了然无疑。文通字顺,而后昔贤著述之情意始得大白于永世,不因古今南北语言变易而生隔阂。这种工作——顺释故言的工作便叫作"训故"或"训诂"。研究前人的注疏,历代的训诂,分析归纳,明其源流,辨其指归,阐其枢要,述其方法,演为统系而条理之;更进而温故知新,评其优劣,根据我国语文的特质提出研究古语的新方法、新途径,这便是"训诂学"。沈兼士在《研究文字学形和义的几个方法》一文里(《北大月刊》第八期),曾经指出训诂学的范围如下:

训诂学 { (一)训诂学概论——总论源流、要义及方法
(二)代语沿革考——依据古籍,探寻历代文语蝉蜕的轨迹
(三)现代方言学——研究现代方言的流变,专以音义为主

这可以说是训诂学范围的扩大,由专门顺释故言的工作,进而探寻历代古今语言转化的轨迹及规律,更进而调查现在方言的音义以究古语的遗留及流变,已有些侵入古语学的领域了。本书既名概论,当然不能都完全包括。

至如刘师培在《中国文学教科书》中说:"训诂之学与翻译之学同,所以以此字释彼字耳。"黄侃的《训诂述略》说:"训诂者,用语言解释语言之谓。至于以此地之语释彼地之语,或以今时之语释昔时之语,斯固训诂之所有事,而非构成之原理。盖真正之训诂学即以语言解释语言,初无时地之限域也。"(《制言》半月刊第七期)。案以上两说,固不能斥为非,亦不可认为是,似是而非,粗疏失要,都不能推明古人立名的精意。此外如何仲英的《训诂学引论》所说:"诂是通异言,训是说字义。诂为古今的代语,训为文字的义界。"以及还有人说的"推寻文字之原古,解说文字之本义,谓之诂;研索文字之流转,注释文字之引申,谓之训。诂为推原,训为通变。"凡此等说,都有些支离破碎,更不足道矣。

第二节 训诂的起因

训诂既是顺释古字古言的工作,那么,同是一国的语言文字为什么还有古今方俗的分歧而需要解说呢?这都是因为语言文字是随着时代地域而变迁的东西,时有古今,地隔南北,语文自然不能无变异,无差别。这样,语言方面有语音、语义、语法的不同,文字方面又有体制体势的兴废,正假的习用,再加上社会制度、人情风俗的损益改革,于是古今方国之间,就生出种种情意交通媒介上的障碍和困难。大概古人思想粗疏事物简质，后世文化增繁，心情细密，因此在语文表意的方法上，一词孳乳为数语者有之，称谓兴替改易者有之，一词音变而另造字有之，音义无殊而另造字者又有之；至于措词之术，次句之序，也都有很大的不同；加以字体屡变，假借纷纭，诸如此类，皆是读古书治古学者的莫大困难，设无训诂为之注释，何以使别国如乡邻，古今如旦暮，前后南北了无隔阂也哉？

语言文字本无雅俗之分，古之俚语，即后之雅言。《汉志》说："《尚书》古文读应《尔雅》，故解古今语而可知也。"姚文燮在《通雅序》里说："有如《盘庚》、诸《诰》，谆谆训民迁都，此即今之晓喻耳，其文诘曲聱牙，后世博士家穷年呫哔尚未尽通其义，当时闾巷编氓何以一见而即晓然于上指也？则《盘庚》之文句，后世以为艰奥，必当时所谓通俗浅近者矣。"可见古代的白话，到后来就成为文言了。家喻户晓的一篇商代君王的训话，到汉人手里就非拿《尔雅》来对照着读不能懂得了；六国人手写的《尚书》，到汉朝就认为古文而非孔安国不能读以今文了。这样一部古书既有语言的不同，又有文字的别异，自非借助训诂，便不能展卷了然的。戴震序其《尔雅文字考》曰：

盖士生三古后，时之相去千百年之久，视夫地之相隔千百里之远无以异；昔之妇孺闻而辄晓者，更经学大师转相讲授仍留疑义，则时为之也。

固然古代语文后人不能尽悉无疑，但是懂得十分之七八者也都是藉赖着训诂的力量与帮助。陈澧《东塾读书记》说：

诂者古也,古今异言,通之使人知也。盖时有古今,犹地之有东西有南北,相隔远则言语不同矣。地远则有翻译,时远则有训诂;有翻译则能使别国如乡邻,有训诂则能使古今如旦暮,所谓通之也。训诂之功大矣哉!

由此可知训诂的兴起完全是由于古今语文不同,而古今语文不同之诸方面约可分为下列七项:

(一)由于语音之转异者。

陈第《读诗拙言》曰:"一郡之内声有不同,系乎地者也,百年之中语有递转,系乎时者也。"时地不同,转语生焉。故《尔雅》、《方言》之作,其目的都在"释古今之异言,通方俗之殊语"。而清人疏证小学典籍也往往好说"一音之转"。戴东原、程瑶田、王念孙并有专书,题曰"转语"。《尔雅》:"粤、于、爰,曰也。""爰、粤,于也。"《诗》中曰、聿、遹三字通用。我曾作《诗三百篇于字及其语族之研究》一文(北大文学院《国文文法讲义》附录),指出《诗》中虚字"于、聿、遹、曰、越、言、爰、云、攸……"等词为同根之语族,兹再以音转之理之同例者证之:

(1)于、爰声转之例——虚字曰为于,亦为爰;於为于,亦为爰(见《释诂》)。遥为迂,亦为远;缓为迂,亦为爰(缓从爰声,《诗》曰:"有兔爰爰。")。大为于,亦为桓;故大叶实根者为芋,张弓使大为扜;大言为吁(为夸),又为谣;大目为盱,又为暖;大首为颙,又为愿。高平为原,首为元,大鳖为鼋,大树为杬,大火为烜。屋边曰宇,周垣曰院。痛曰忓,亦曰喧。大呼曰呼,亦曰喧。悦曰欲,亦曰愿。昧曰愚,亦曰愿。引曰揄,亦曰援。

(2)于、曰声转之例——虚字之于为曰,(字亦作越、粤),犹动词之语为曰。亦犹越之为逾（迁），迡之为踰（《广雅》"越，远也"，《说文》"迡，逾也"）。悦（说）之为愉（娱豫），恤之为盱（忧也）。穴之为窬，越之为窬（《仪礼注》"窬，瑟下孔也"）。故大为于（见前），大斧为钺，大荫为樾，发扬为越。

（3）于、云声转之例——于为云，犹语为云，迁为永，豫为容（容与），裕为容，忦为愠，愚为庸。故大为于，亦为夳，大水为汍，盛多为纭，众貌为芸，长远为云（《广雅》"云，远也"。《尔雅》"永融，长也"），常为庸，高垣为墉，大钟为镛，牛领上肉隆起为犝。

（4）于、言声转之例——于为言，犹语为言，迁为衍（延），豫为晏，裕为裺，愉为燕。故大为于，大箫为言（见《尔雅》），崖高为岩，水大为淹，覆盖为掩，火上为焰，丰满为艳。

（5）于、聿声转之例——于为聿，犹于为以，呼为咦，迁为绎，豫为逸，逾为溢，愉为怿，虞为疑，馀为遗，予为台，与为遗（贻），羽为翼。故大为于，又为奕，茂盛为蘙，露多为浥，增加为益，山高为巍。

（6）云、爰声转之例——云为爰，犹永为远，云为远，夳为查，汍为渊，墉为垣，容为缓，萦为圆，囩为圆，云为员，庸为愿，慵为缓。

（7）云、言声转之例——云为言，犹云为言（曰谓义），永为延，夳为衍，䍿为艳，容为颜，云为烟。

这样互相联系起来，便可见"于、聿、曰、言、爰、云"等字，声义两方，都可互相通转。上举字例为义虽不一样，而声转之理则是相同的。此皆古今、南北语音之变也。

（二）由于语原之分化者。

刘熙《释名·序》说："夫名之于实各有义类，百姓日称而不知所以然之意。"普通人对于一个词或字的解释，往往都是知其然而不知其所以然，这样就需要语原的寻究及解释了。例如：《释名·

释形体》:"尾,微也,承脊之末稍微杀也。"尾、微二字同音,《论语》微生高即《国策》之尾生高,尾之得名由于其状微而位末。推而广之,末、标、杪、秒、眇、妙、苗、藐、蔑、窈、麽、绵、微、尾等字都是细小微末之意,虽然字形完全不同,而音义的源渊则一。今音尾读如遗,《广雅》:"裔,末也。"尾裔之转犹委蛇、委遗,为以……之转。

《广雅》:"桻(峰、锋)、标、杪、苗、裔、憳,末也。"又:"稗、细、纤、微、绵、纱、么、憳、杪、眇、藐、鄙,小也。"又:"籛、糜,糊也。"又:"粘、糇、糠、䵛、糜,饘也。"又:"糨谓之麽。"王念孙《广雅疏证》曰:"籛之言濛濛也,糜之言糜细也,米麦屑谓之糜,犹玉屑谓之靡。"又:"糇之言微,糠之言末也。"又:"麽糨语之转,糨犹末也。"由这些字群的含义及读音上可以知道"糇之言微"和"尾,微也"是同样的道理。这种语原语族的讨论不但使我们彻底地把握住字义,而且能令我们打破汉字的形体障,进一步明了语言和文字的奥妙关系。如此,若能将《释诂》、《释言》、《释训》以及《释草》、《释木》诸篇,双方对照打成一气,观其会通,那么,对于训释字义将要随心所欲,游刃有余了。例如柄秉、把欛……之别,虽分名动,柄之言秉也,而语原实是相同的。

(三)由于语义之变迁者。

语言的意义也是随时在那里演变着,演化的方式可以分成几十种类别,其中最显著的要算语义范围的扩大和缩小了。例如道字原本是实名,后来分化成道路、领导、道德、道理、说道等等的玄名及动词。《论语》中用了八十多个道字,就有好些种意思:

(1)"道,道路也。"(《阳货》"道听而途说"皇侃《疏》。)

(2)"道,导也。"(《颜渊》"忠告而善道之"陆德明《音义》。别本或作"导"。)

"道,治也。"(《学而》"道千乘之国"包咸《注》。马融《注》云"道谓为之政教。"意同。)

(3)"道,道德。"(《学而》"就有道而正焉"孔安国《注》。)

(4)"道,谓礼乐也。"(《阳货》"君子学道则爱人"孔《注》。)

(5)"道,犹礼也。"(《卫灵公》"与师言之道与"皇《疏》。)

(6)"道,犹说也。"(《季氏》"乐道人之善"刘宝楠《正义》。)

(7)其他。

这都是语义的扩大。《尔雅》中有同字异训而并列一处之例,如"怿、悦、愉、乐也"之下,接次"怿、悦、愉、服也"一条,"卒,已也"之下,接次"卒,终也","卒,死也"两条。乐与服,已与终死,都义相近而为一语之分化,故接次一处以见意。此外语义演变中还有几个最有趣的例子,就是由好变坏,或由坏变好以及训诂上所谓"相反为训"的例子,如:《诗》云"君子好逑","公侯好仇",逑为仇之假;《尔雅》说:"仇、偶、妃、匹,合也。"又说:"仇、雠、敌、妃,匹也。"可见仇雠的本来意思并无好坏的分别,仇敌和偶匹,都是两相当对,双方配合的旨趣,夫妇是对偶,仇敌也是对偶。后来渐渐有了分别:善意的对头谓之妃匹配偶,恶意的对偶则谓之仇雠敌对,其实再推广一点,连酬俦二字和仇雠的语原也本相同的。不过一般人不明白古义的浑然天成,总觉得"君子好逑"的逑释为仇匹有些不大自然,于是郑玄笺《诗》便采用《左传》上的说法,以为"嘉耦曰妃,怨耦曰仇"了。诸如此类语义演变之例,真是随处皆是,如果没有训诂为之解释,怎样可以去确切把握字义呢?至于像以臭为香,以落为始等反训之例,更令人大惑不解,如坠五里雾中了。

(四)由于语法之改易者。

语言的音和义固然无时无地不在变动,就是语词结合表意的法则也都在随时随地改易。汉语文法最主要的地方便是词的次序,次序前后不一,意义便不相同,例如古语中常有一种倒序的文法(以今语为主而比较,故谓之倒也)。

《诗》云:"葛之覃兮,施于中谷。"毛《传》:"中谷,谷中也。"孔氏《正义》:"中谷,谷中,倒其言者,古人之语皆然,《诗》文多此类也。"陈奂《传疏》:"中谷,谷中,此倒句法,中谷有蓷同。凡诂训中多用此例。"案《诗》中此种倒句甚多,如中林,中河,中阿,中田等都是,所以然者,当时习惯法则如此,非为叶韵而倒,更非故意而倒。这样看来,《小雅》所说的"瞻彼中原",中原就是原中,和现在所说的中原绝不一样,因为现在的中原和原中,含义有别,词的前后次序已经变得固定了。

又如《诗》云:"既见君子,不我遐弃。"《正义》云:"不我遐弃,犹云不遐弃我,古人之语多倒,《诗》之此类众矣。"其实古人之语岂能随便而倒? 也有他们的自然法则,归纳起来,如《诗》中之"不我知者"、"能不我知"、"亦不女从"、"岂不尔思"、"宁莫之惩"等例以及《论语》中的"不吾知也"、"莫己知也"、"未之有也"、"未之思也"等句,便可以得到一个定律:凡否定句中的外动的宾词如为代名词,在古语法里此种宾词必置于外动之前。由这条定律上,便可看出古今语法改易的一斑了,因为现在说"不知道我",绝不能倒说成"不我知道"。至于像《左传》的"室于怒而市于色"、"私族于谋",《墨子》的"野于饮食"等种种怪僻的文法,就非靠着训诂的解释不易明白了。文法学在从前本来是附属于训诂范围之内的,后来因为实字易训,虚字难释,所以清代的训诂学家王引之才作了一部《经传释词》,专门来解释语词,独立成为一种虚字之学;其实那部《释词》本是从《经义述闻》里摘出而加以扩大的。

(五)由于字体之差别者。

语言有古今的不同,文字也有古今的不同。文字的改变虽只是字体上的差别,然与音义也很有关系,有因音变而异体,有因义变而体别。汉时经籍有今文、古文的分别,读今文尚易,读古文就非专家不可。这里所谓字体,是指文字的体制及体势二者而言,体制的不同与训诂的关系尤为重要。《尔雅》中有以今字释古字之例,如:

《释诂》:"于,於也。"毛《传》、《说文》皆同。案《诗》、《书》例用于字(清人如钱大昕、段玉裁等皆已察及此异),《论语》例用於字;然《论语》引《书经》原文则仍作于,《为政篇》说:"《书》云孝乎惟孝,友于兄弟;施於有政,是亦为政。"宋翔凤《四书释地辨证》说:"上文引《书》作于,下文作於是夫子语,显有于於字为区别。"东晋古文《书经》的作伪者不明此理,遂以"施於有政"也是《书经》原文,就完全错误了。于、於二字既为古今字,所以现在就有人利用这类的材料来考证古书的真伪及时代了。

又如《释诂》:"兹、斯,此也。"顾炎武《日知录》说:"《尚书》多言兹,《论语》多言斯,《大学》以后之书多言此;《论语》之言斯者七十,而不言此,《檀弓》之言斯者五十有三,言此者一而已,《大学》成于曾氏之门人,而一卷之中言此者十有九。语音轻重之间,而世代之别从可知矣。"可见兹、此二字也是古今字了。此外如廼与乃(《尔雅》:"廼,乃也。"),余与予(《曲礼》郑《注》:"余予古今字。")等也都是以今字释古字之例。这里所谓古今,并不是严格地文字的发生时代先后的问题,而是用法上的通行与否的问题,例如《尔雅》说:"诰,告也。"《说文》同,案诰为告字之分别文,以字体言,合体自较独体者为后起,那么,这是以古字释今字了;但是按用法上说,以言告人,古用诰字,后则习用告字,而以诰为上告下之字。然则以告释诰,仍是以今字释古字的原则了。段玉裁《说文注》"谊"下云:"凡读经传者不可不知古今字,古今无定时,随时异用者谓之古今字。"

又有以重文或体互训者,如《尔雅》之"谌诚"、"辅俌"、"嗟瑳"等皆是。又有以分别文释母体者,如《论语释文》之"弟悌"、"道導"、"莫暮"等皆是。凡此种种,都是由于古今字体兴替陈谢的缘故。

(六)由于用字之假借者。

古书多假借,本无其字者固得依声托事而借,即本有其字者,在书写时往往也好假借,这都是由于字形比字音难于记忆的缘故。王引之在《经义述闻》里特别立了一个"经文假借"的节目来阐明读古书须识假借的重要,他说:"至于经典古字声近而通,则有不限于无字之假借者,往往本字见存,而古本则不用本字而用同声之字。学者改本字读之则怡然理顺,依借字解之则以文害辞。是以汉世经师作注有'读为'之例,有'当作'之例,皆由声同声近者以意逆之而得其本字,所谓好学深思心知其意也。""读为"之例如《论语》郑《注》:"纯读为缁","厉读为赖";"当作"之例如《周礼·醢人注》:"齐当为齑"等,这固然都是以正字释借字之例,就是其他不明言者也有此例,如《尔雅·释言》的"甲,狎也"、"粲,餐也"、"履,禄也"等都是。不过这里所谓本字,并不是一定要以《说文》为准,只是以义之常行通用者为正耳。《诗》云"式燕且誉"、"韩姞燕誉",这两个誉字旧日或训为名誉之誉,完全错了;王引之说誉并豫之假,《尔雅》:"豫,乐也,安也。"豫正字,誉借字。但如照《说文》所说,豫字的本义原是象之大者,并非安乐之义。或曰大物亦可曰豫,安舒与宽大义近,故乐谓之豫也;那么,这也仅是豫的引申义罢了。所以说训诂上的正假本借和文字学上的不大一样。这种用字的混乱现象,很容易使人望文生义而引起种种的误会,设无顺释,何以是正?

（七）由于习俗之损益者。

古今礼制,多有损益,风俗习尚,也很不同。就是同一事物的名称,前后也会各异。例如:

《孟子》:"夏曰校,殷曰序,周曰庠。"
《尔雅》:"夏曰岁,商曰祀,周曰年,唐虞曰载。"

因为时代习俗的不同而生出来的语言上的差异,既非音转,又非字变,和前面所举音转字异的例子是不大相同的。换言之,两个同义语词的中间,并无父子相传的血缘关系,只是前后二词相当罢了。《论语》:"必也正名乎?"郑《注》:"正名谓正书字也。古者曰名,今世曰字。"自其有声音言谓之名,自其孳乳浸多言则谓之字也。名与字的异称,纯由古今习俗之不同。

此外由于礼俗制度的不同而加注者,如《诗》云:"言告师氏,言告言归。"毛《传》:"古者女师教以妇德妇言妇容妇功;祖庙未毁,教于公宫三月;祖庙既毁,教于宗室。"此因古今礼俗不同也。《周礼》:"珍圭以征守。"杜子春《注》:"若今时征郡守以竹使符也。"此因古今制度不同也。

所以一件事或物的名称,虽然会从古一直沿袭到现在,但是随着社会的进化,事物的实质便会各时不一。《易经》说:"古之葬者厚衣之以薪,葬之中野,不封不树,丧期无数;后世圣人易之以棺椁。"可见古今都叫作葬,然而埋葬的方法并不一样。古制渺茫,不可目睹,如无训诂为之解释和考证,恐怕一般人都会以今测古,以已度人了。

以上七种起因,无非是因时地不同所生的语言文字之差异。古字古言后人多不知其音义,故必待训诂家为之作释,释以今字今言而后始能大明于世也。

此外,训诂的兴起还有个间接有力的原因,就是儒家的正名主义和诸子间的辩学。语文的功用一方面可以表示自己的情意,相对的另一方面又可指出他人言行的是非善恶。孔子目击当时是非的混淆,名实的错乱,想建设一个是非的标准,于是就提倡正名主义,《论语》中说:"名不正则言不顺,言不顺则事不成,事不成则礼乐不兴,礼乐不兴则刑罚不中,刑罚不中则民无所措手足。"因为名是代表思想的符号,语言是由许多的名组成的,每个名每个字若没有正确的肯定的含义,那么就会以黑为白,指鹿为马,语言如此,名实已乱,还用什么来指示是非善恶呢?《荀子·正名篇》主张更为积极,他说:"今圣王没,名守慢。奇辞起,名实乱,是非之形不明,则虽守法之吏,诵数之儒亦皆乱也。……异形离形交喻,异物名实互纽,贵贱不明,同异不别,如是则志必有不喻之患,而事必有困废之祸。"可见正名的必要,名实关系确定的迫切,这种语义范围的严格分别和解释,实是语言学、训诂学上的事业。

儒家正名主义的具体表现,就是一部《春秋》的编定,所以一般人认为它是道名分,寓褒贬,含有微言大义的著作。既然如此,所以一字一词也不能轻用,对于字义的分别就得有精密的研究。分别《春秋》字义最精的书莫过于《公羊》、《穀梁》二传,例如《公羊传》说:

> 车马曰赗，货财曰赙，衣被曰襚。
> 天子曰崩，诸侯曰薨，大夫曰卒，士曰不禄。
> 春曰苗，秋曰蒐，冬曰狩。
> 春曰祠，夏曰礿，秋曰尝，冬曰蒸。
> 觕者曰侵，精者曰伐。

他们不但分别名动的词性如此精细，就是对于文法成分——虚字也不肯轻轻放过，如：

> 日有食之既。既者何？尽也。
>
> 及者何？与也。会、及、暨，皆与也，曷为或言会？或言及，或言暨？会犹最也，及犹汲汲也，暨犹暨暨也。及，我欲之，暨，不得已者。
>
> 祭公来，遂逆王后于纪。遂者何？生事也。大夫无遂事，此其言遂何？成使乎我也。
>
> "丁巳，葬我君定公，雨，不克葬；戊午日下昃，乃克葬。"又云"冬十月己丑，葬我小君顷熊，雨，不克葬；庚寅，日中而克葬。而者何？难也；乃者何？难也。曷为或言而或言乃？乃难乎而也。"

像这样的例子，几乎全书都是，举不胜举，因此《公》、《穀》二传都颇带些字典的气味。后来研究《春秋》的名家董仲舒更进一步去分析字形，推寻语原，已经纯是训诂学的方法了。他们的目的都是为了达到名实相符，名正言顺，言无所苟的境地，虽无明显的提倡训诂的旗帜，然而正名的工作，恰好是语言学、训诂学、文法学等方面的事业。

诸子间的辩学也曾对字义的界说加以很大的注意,因为语言是争辩的利器,如果那"以名举实,以辞抒意,以说出故"的语言文字的义界漫无定则,还如何去辩论,如何去"明是非,审同异,察名实,决嫌疑"呢?例如《墨子》上说的"尽,莫不然也。""或也者,不尽也。""仁,体爱也。""义,利也。""礼,敬也。""恕,明也。""信,言合于意也。"以及"狗,犬也。而杀狗非杀犬也可。"《庄子·天下篇》曰:"辩者曰:狗非犬。"相对的我们看到《尔雅》上说:"犬未成豪、狗。"《说文》上说:"犬,狗之有悬蹄者也。"这种训诂上对于名实的关系严加区别的空气,未尝不是受了辩学的影响。

训诂的起因已如上述,我们生在中华开国数千年后的现在,如不欲读古书则已,如欲达古通今,明了我们祖先的生活——包括文学、史学、哲学等,就不得不靠着训诂来作读古书入门的阶梯了。

第三节　训诂的效用

上节所说的八种起因,也可以说是训诂的功用。不过训诂学的用处还不止此,总起来说:不外(一)研读古书,(二)探讨语言两大方面。

(一) 研读古书

我们为了了解我国古代的思想、历史、文学、美术、工业、农学等种种的学术起见,不得不去钻研典籍。古昔贤哲的音容已渺,不

可睹闻,所赖者唯有文字的记载,文字之不明,义理何由而知? 清儒戴东原说得好:

> 士生千载之后,求道于典章制度,而遗文垂绝,今古悬隔,时之相去,殆无异地之相远,廑廑赖夫经师故训乃通。……后之论汉儒者,辄曰故训之学云尔,未与于理精而义明;则试诘以求理义于古经之外乎? 若犹存古经中也,则凿空者得乎? 乌乎! 经之至者道也,所以明道者其词也,所以成词者,未有能外小学文字者也;由文字以通乎语言,由语言以通乎古圣贤之心志,譬之适堂坛之必循其阶而不可以躐等。(《古经解钩沉序》)

胡适之在给章太炎兄弟论墨学的信里也曾说训诂是治古书的第一步工夫。他说:

> 至于治古书之法,无论治经治子,要皆当以校勘训诂之法为初步。校勘已审,然后本子可读;本子可读,然后训诂可明;训诂明,然后义理可定。(《文存》二集卷一《论墨学》)

可见训诂是治古学的唯一门径。训诂譬诸翻译,古今语言的不同就像两国语文的不同一样,欲想了解他一个国家民族的一切,就非得通晓其语文不可。那么,要想明白本国古代的一切,就非得知道古代的语文不可。双方的道理是一样的。古书难读的原因约有六个:(1)多古音;(2)多古义;(3)多古字;(4)多古语;(5)多借字;(6)多误字。我在《中国文字学概论》的"绪言"(第三节)里已经说得很详细,读者可以参看,这里不再重赘了。

或者要有人说:"古书诚然该读,也诚然难读;但是应读的古书都已有了详细甚至重复的注解,例如一部《诗经》,有毛公的《故训传》,有郑康成的《笺》,有齐、鲁、韩三家的遗说,有魏晋人的旧训,又有唐人的注疏和音义,再加上宋元人的新义,清人的经解,几乎汗牛充栋,何止千百部?还不够入门的读本吗?还研究什么训诂学?"我说这话似是而非,请问你要想读《诗经》,是读毛《传》呢?朱《传》呢?还是注疏呢?经解呢?恐怕立刻就感到束手无策的。所以有不少学者都想给《诗经》另作一部新解。学问是时时进步的,旧日的训诂虽多,可是错误也不少,正因为众说纷纭,莫知何适,所以需要给它们一个是非评判的标准,给他们另作一个合理的新解。换言之,设无训诂学的知识,专凭旧训古注去治古书,仍是不十分可信的。旧日训诂的通病约有五端:

(1)守讹传谬——古书典册,钞刊屡易,错字讹文,层出不鲜。清以前的训诂家多不注意校勘的工作,虽然刘向校书,间举讹谬,如以立为齐,以肖为赵之类,但终因学派的关系,经师都死守己说,不肯改己从人。后来束晳、王劭、颜师古等人也曾匡正过诸书的讹谬,陆德明也曾"搜访异同,校之《苍》、《雅》"。不过他们的动机大多偏重于字体,与校勘很少关系。以致旧日的训诂家大多以讹传讹,曲意傅会,如《史记·酷吏列传》:"罪常释闻即奏事,上善之。"《集解》不知闻为閒字之误,乃断"罪常释闻"为句,引徐广曰:"诏答闻也,如今制曰闻矣。"

(2)妄改古书——清人校勘之学固然远胜前人而有很大的成就,但是过犹不及,一般训诂家就不免有些滥施权威,私以意改了。故有本不误而误改的,即以精博见称于时的王氏父子也不能免。

例如《墨子·经说上》曰："今久古今旦莫,宇东西家南北。"王念孙《读书杂志》谓上今字因下今字而衍,当为"久,古今旦莫"。因此为了对偶的关系,下句又删家字,即成"宇,东西南北"。案家为冡之讹,冡者蒙也。今为合之讹,原文应作"久合古今旦莫,宇冡东西南北。"孙诒让《札迻序》曰:"……及其蔽也,则或穿穴形声,捃摭新异,凭臆改易,以是为非。"这都是训诂校勘者的通病。

（3）望文生训——前人不明白归纳的方法,往往缘词生训,随文立解。如《诗》云:"维叶莫莫,是刈是濩。""莫莫葛藟,施于条枚。"毛《传》因有刈濩及施于字样,就说莫莫是"成就之貌",又是"施貌"。不知莫莫原是茂密之意,殊有失《诗》旨。又如《诗》云:"终风且暴",毛《传》以终风为"终日风",《韩诗》又以为"西风",实际上都完全错了。终既一语之转,终风且暴,犹既风且暴。《诗》云"终和且平",又曰"既和且平"可证。

（4）章句不一——汉人有章句之学,也是训诂的一支,因必须先明文义而后始可分章断句也。古书简策,数经错乱;经师传授,复不一致;故同是一书而章句颇有不同。例如《毛诗郑笺·周南篇》首题云:"《关雎》五章,章四句。故言三章,其一章四句,二章八句。"《释文》曰:"五章是郑所分,故言以下是毛公本意,后放此。"俞曲园《古书疑义举例》又谓应该分成四章,每章皆有"窈窕淑女"句。又如《论语》:"厩焚,子退朝,曰伤人乎？不问马。"《释文》:"曰伤人乎绝句,一读至不字绝句。"武亿《经读考异》又谓:"证之扬雄《太仆箴》:厩焚问人,仲尼深丑。若依箴言问人为丑,则不徒问人矣。汉时近古,授读必有所自,是不宜作一读,问马又作一读。依文推义,尤于圣人仁民爱物,义得两尽,从古读为正。"这样一来,就可有三个读法。何去何从,那就看读者的评选了。

(5)训释互异——同是一书,诸家所立训解,便各不同。《卫风·芄兰》:"虽则佩觿,能不我知?"毛公于能字无传,仅谓:"不自谓无知以骄慢人也。"郑《笺》则以能为才能之能,云:"其才能实不如我众臣之所知为也"。毛郑于此开口便错,可笑得很。清儒已攻其误,王引之《经义述闻》说:"能乃语之转,非才能之能也。能当读为而,言童子虽则佩觿,而实不与我相知。"俞曲园《群经平议》又谓能当训曾,其言曰:"《正月》篇宁或灭之,《汉书·谷永传》引作能或灭之,是能与宁通。《日月》篇宁不我顾,《笺》云宁犹曾也,能不我知与宁不我顾同。言此幼稚之君虽则佩觿,而曾不我知也。"案王氏谓能为虚字,实是一大发现,但释为乃为而,也不大妥。俞氏又谓能、宁、曾三字通而知比类其句法,固然很是,但释曾为肯定语气,亦非诗人原意。我前在《诗三百篇询问词之地域性》一文(《北大文院国文法参考资料本》)里考究的结果,知道《诗》中的询问副词计有:何、曷、害、遐、胡、盍、岂、斡、安、宁、能、曾、憯等十余字,其中安、宁、能、曾、岂、憯六词并为一语之转,现代国语中的哪、怎、恁等语便是从此中变来的。《诗·十月之交》的"故憯莫惩?"《节南山》的"憯莫惩嗟?"《沔水》、《正月》的"宁莫之惩?"三句语义全同,胡憯犹"胡宁忍予?"之胡宁,并是复语。《说文》:"憯,曾也。"郑《笺》:"宁,曾也。"(《日月》、《小弁》、《四月》)《方言》:"曾,何也。"可知"胡憯"、"胡宁"犹《孟子》之"何曾",都是询问副词。能既然和宁相通,而且音也相近,那么"能不我知"的句法,和"宁不我顾?""宁莫我听?""曾莫惠我师?""曾不知其玷?""憯不畏明?"等可以说是完全相同的,是"能不我知"即"怎不知我"也。不过《诗》中问语,多为反言加重之词,如"岂不尔思?"之类皆是。此处依上下文义看来,盖为颂美之意,言童子虽则佩觿而贵,安有忘我之理,赞其不忘故人也。

以上所举五种蹐错讹误的现象,如果不用训诂学的知识去衡量,怎样可以评判是非,改正谬说,自下新解呢？王引之为《经籍纂诂》作的序说得很对：

> 后之览是书者,去凿空妄谈之病而稽于古,取古人之传注而得其声音之理,以知其所以然;而传注之未安者,又能博考前训以正之,庶可传古圣贤著书本旨。

这种不仅"知其所以然",而且"正传注之未安"的工作,恐怕不是一个普通的读书人所能担当的了的。所以说训诂学的效用,不但可以直接去研读古书,还可以批判古书传注的错误,为古书重作个合理的新的训解。

(二) 探讨语言

训释古语固然得靠着训诂的法术,就是探讨现代方言也得借重于训诂的技巧,因为语言不是孤立的东西,古今音转语变常是有迹可寻的。今语有仅知其音而不知其究应为何字者,有知其字而不识其为古语之遗或流变者,故欲考音问字,探原溯流,搜罗方言,证以古籍,舍训诂学之外,是没有旁的捷径的。这里且先举一个元曲俗语的考证来作例子吧。元曲中常见到"曲律"的形容词,字的写法和词的单复不大一样：

(1)(《酷寒亭》)丑扮店小二上。诗云："曲律"竿头悬草穆,绿杨影里拨琵琶……

(2)(《黄粱梦》)不争夫人死呵,枉"乞两"的两个小冤家不快。

(3)(《杀狗记》)将这双"乞量曲律"的肷膝儿罚他去直僵僵的跪。

(4)(《魔合罗》)你看他吸留忽刺水流"乞留曲律"路。

(5)(《李逵负荆》)那老儿一会家便怒吽吽在那柴门外哭道:我那满堂娇儿也!他这般"乞留曲律"的气。

(6)(《鲁斋郎》)我一时间不认的人,您两个恁做的出,空教我"乞留乞良",迷留没乱,放声啼哭。

(7)(《望江亭》)这桩事你只睁眼儿觑者,看怎生的发付他赖骨顽皮。……你休得便"乞留乞良"捶跌自伤悲。

这七个例子里面,单言"乞两"、"曲律"和复语"乞量曲律"、"乞留乞良"的意思是一样的,都是屈曲不伸,冤郁不舒的意味。如以音义求诸古语,则为"伛偻"、"穦留"、"蛙律"等语之遗存于今日者。如追溯其语族,将见其子孙绳绳繁衍之状如下:

(1)考老——考老转注,二字义同音转,盖因老翁背驼而得名。语转作耇老(《国语》)、耆老(《孟子》)、黎老(《书经》)。物名则为栲栳,元曲《渔樵记》量米器具有栲栳,《玉镜台》等曲中又有栲栳圈银交椅之名。推广言之,物之空甲曰壳,洞穴曰窝,曰坎,曰科,曰窍,曰坑,曰孔,曰窟窿。都是圆曲之意。

(2)伛偻——《通俗文》曰"曲脊谓之伛偻",伛偻犹曲律也。字亦作偊旅(《汉书》)、偊偻(《文选》)。而背驼之病则书作痀瘘(《庄子》),亦作曲偻(《庄子》)、伛偻(《淮南》),可见其为一词之异写。劳苦则背驼,故曰劬劳(《诗经》),亦作拘录(《荀子》)、劬禄(《淮南》)。以言动作则为拘搂(《尔雅注》),语转作搜牢(《后汉书》)、搜略(《方言》)。以言物名则为籧筐(《月令》)、筥筐(《淮南》),籧筥一音之转。木之柔曲者名杞柳,或作柜柳(《后汉书》)、榉柳;柳之性状均有榉聊之意,故可以为栲栲。寇宗奭《本草衍义》说:"榉木今人呼为榉柳……嫩枝取以缘栲栳箕唇。"《诗》中有樛木,《尔雅》谓下句曰朻,故束物缠绕曰纠缭,又曰绸缪、缱绻。

(3)坑阆——单言曰坑(阮)曰潢(《尔雅》),复语则为㴠㴠(《方言》),㴠㴠(《说文》),闶阆(扬赋)。语转作窐窱(宋玉赋),亦作巧老,马融《长笛赋》:"宁窕巧老,港洞坑谷。"巧老犹考老也。语转作角落,亦作硌落(《图书集成》)、阁落(《元曲选》)。牛马圈则曰厩牢,或曰栏牢(《墨子》);囚所则曰牢狱,语转为囹圄(《月令》),字亦作囹圉(《史记》),又转作岸狱(《诗》)。遮栏曰干阑(《北史》)、钩栏(《水经注》)、句栏(《广韵》),俗谓院落篱藩曰格栏,宋元俗语谓教坊曰勾阑。以言动作,则曰拘留(《汉书》)、稽留(《淮南》)、拘挛(《后汉书》)。疑轨范(《礼记》)、轨范(《书序》)、规范等与此并为一语之转。

(4)诘诎——屈曲不申为诘诎,字亦作诘籀、诘屈、诘曲、结曲。又为䐒肭(《广雅·释亲》),转为却曲(《庄子》)、迟曲(《广雅》);曲木曰枳枸(《毛传》)、枝拘(《淮南》)、枳椇(《礼记》)、樛枒、樛枒(《说文》)。道路高低屈曲曰踦驱(《汉书》),踦驱(《文选》);邪坐不直曰箕踞(《史记》)、箕倨(《淮南》)、跂踞(《文选》);虫之屈曲者曰蜘蛆(《庄子》)、蜘蛆(《尔雅》);心情忧迫曰切促(《后汉书》)、戚促,亦曰戚戚(《论语》)、感感(《广雅》);方圆准绳曰规矩。以言动作则为执拘、絷拘,语转作鸠聚、逎聚。

曲局亦诘诎之转,屋隅曰区隅(《论衡》)、陬隅(《吕览》)、区陬(《文选》);疆域或区宇(《后汉书》);草木钩萌曰权舆、灌渝(《说文》),语转为蛙律(《方言》)、蛙蕶(《广雅》),又转为规率、法律。

上面列举"乞两曲律"的连语之最明显易知者,已经不胜其多,假如再将它们的单字重言也收集到一块儿,恐怕尚不止此,这里不过略举大概以见一斑罢了,研讨俗语固有待于训诂学的帮助,而训释古言也颇有借重于方言的地方,扬子云作《方言》,就是想在方俗习语中寻求五经训诂的证验,因为古音古义的存遗也和礼失而求诸野的道理是一样的。宋元曲本话本中有不少的当时方言俗语,近来颇有人注意考释,但是如果不从训诂学语言学文法学等方面着眼,恐怕所得的成绩仍是靠不住的。

又如现代国语中"打盹""打水""打油""打伞"等语的打字,由来已久,宋欧阳修《归田录》已经就说当时的人,上自士子,下至走卒,几乎无语不打,人人皆然。究竟这个打字是什么意思,一般人都是习而不觉。章太炎在《新方言》里解释道:"(打)自训撞击而外,有所作为,无不言打,如打坐,打躬,打招呼,此犹有所作为者。……从某处过曰打某处过,此打即是丁字,《尔雅》:丁,当也。其以声假借者:如言打饭,打酒,此打乃借为盛,《说文》:盛,黍稷在器中也。占卜谓之打卦,此打乃借为贞,《说文》:贞,卜问也。廉察谓之打听,此打乃借为侦。……"章氏所说,仍嫌繁而不要,而以打为盛、贞、侦等字之声借,尤为牵强巧合,我前曾作《释打》一文(未发表),证说较详,惜限于篇幅,不能多加引录。

此外对于民俗学的研究,与训诂学也很有关系,日本的《言语志丛刊》的《发刊趣旨》里曾说:"在言语的发达与变迁里反映出民族生活。"这正可说明语言学和民俗学的关系。周知堂在《古音系研究序》里说：

> 又如《尔雅》云科斗活东，北京称虾蟆骨突儿，吾乡云虾蟆温，科斗与活东似即一语，骨突与科斗亦不无关系，至虾蟆温之温是怎么一回事我还不能知道。虾蟆骨突儿这几个字的语感我很喜欢，觉得很能表出那小动物的印象；一方面又联想到夜叉们手里的骨朵，我们平常吃的酱疙瘩和疙瘩汤，不伦不类的牵连出许多东西来。不过要弄这一类的学问也是很不容易，不但是对于民俗的兴趣，还得有言语学的智识，这才能够求其转变流衍，从里边看出国民生活的反映。……

这种由"语感"的兴趣而引出的一大串联想，无形中是以"印象"来作线索的，假如我们再就音义双方的关系上求之，将发现更大的一串圆形的物事：

(1)科斗——科斗亦作蝌蚪，《本草》说"蝌蚪状如河豚，头圆，青黑色，始出有尾无足。"汉人以漆书古文，渴笔形似科斗，故名科斗文，王隐《晋书》曰："其文头粗尾细似科斗之虫，故俗名之焉。"盖科斗之得名因其头圆故也。今科斗音转为骨突，所以京中呼为虾蟆骨突儿。

(2)活东——亦科斗之转音，字或作颗东，蛞蟗。颗字有圆意，圆物每以颗计。活东亦为活师（《山海经》），师音盖读如自（堆），活师犹骨堆、骨垛、骨突也。

(3)骨突——科斗之转音。《诗》云"彻彼桑土"，土一作杜，《方言》"荄杜，根也。"今谓树根曰树骨突。楚人谓乳曰谷，今曰奶头骨突儿。此外凡圆形之物如蒜头、花苞等无一不可叫骨突儿。

光棍曰鳏、夫亡曰寡,伶仃曰孤独、孤特、惸独、茕独、介独、介特;疑亦一语之转。盖就其形言为鼓,为凸(突),为秃,就其势言则为孤,为独也。骨突亦作骨都,都有聚集团止之意。

(4)骨朵——即骨突之异写。兵器之于棍棒端以铁或坚木为首如锤者曰骨朵锤,《宋史·仪卫志》云:"执擎骨朵充禁卫。"宋祁《笔记》说:"国朝有骨朵子,值卫士之亲近者。余尝修日历,曾究其义,关中人以腹大者为胍肫(音孤都),俗因谓杖头大者亦为胍肫,后误为骨朵(平声)。"案《说文》云:"笩,筵也。"字亦作笡。花曰朵,禾堆土堆曰垛。

(5)疙瘩——亦科斗之音转,字从病旁,如酒刺疙瘩,鸡皮疙瘩之类,然圆形之物亦称之,如咸菜疙瘩,疙瘩汤等。石土顽结则写作矻磴或圪塔。语转为疙疸,清人顶戴俗曰琉璃疙疸,屎壳螂推车俗呼为滚疙疸,疸亦作蛋,与卵、团、胆等音义都相近。卵音转为瘤,《释名》:"疣,丘也。"疣、丘、球亦圆状物之名。山西有种面食似北京之饸饹而粗短,俗名疙豆,豆、痘、头首,也都是圆状物,疑疙豆即科斗音之仅存者。

(6)骨堆——骨朵音转为骨堆,《楚辞》书作魁堆。开州城南有土垛数十,大者曰霸王骨堆,韩信骨堆,野老相传项羽与韩信曾于此对敌,筑骨堆以大小分胜负(见《考信录》)。俗谓蹲踞曰骨堆,或曰骨就,《越语肯綮录》说:"呆坐候人曰䏾",连语曰堆堆。今谓呆坐曰骨都都的坐,不语曰嘴骨都。语转为敦,为蹲,木制坐垫似蒲团而高曰骨墩。骨堆单言曰堆,骨朵亦名锤,字亦作槌,作椎,《方言》:"椎,齐谓之终葵。"

(7)块垒——骨堆音转为块垒,堆积曰垒,累亦曰赘。土聚曰块,石貌曰磈礧,不平曰镆镥,积石曰磊磊,累累;病肿曰瘰疬,胸中不平曰磈磊,阮籍云:"胸中磈磊,须以酒浇之。"晋冀之交食物中有以菜块拌面蒸之者曰块垒,因其为块状也。木偶象人而圆小,故曰傀儡,或名窟礧子。凡物之圆全者谓囫囵。

(8)蓓蕾——魁儡之转音,花苞含葩未放之名也,字或作碚礌,亦取圆形之意。小丘曰培塿,亦曰附娄。瓶形椭圆,故亦名瓴甋。

(9)果蠃——瓜瓠曰果蓏。括楼曰果蠃,字亦作苽瓟,分甜苦二种,可入药。细腰蜂名蜾蠃,又名蒲卢。蚌蛤之属亦名蒲卢,紫螺曰苀蠃,蜗牛曰蚹蠃;而蜣螂、螳螂等名也都取圆形之意。木实曰果,包袱曰裹,头曰颗颅、项颅、髑髅。葫芦亦瓜蓏之类,瓜曰瓠,茶具曰壶,火具曰炉,苇曰芦,瓢曰蠡,鞋曰履,杯落又名豆筥。

(10)骨碌——滚转曰骨碌,因而圆形之物都缘此孳乳,车轮曰毂轮,车名辌毂,即骨碌之倒,犹言滚戾辗轹也。《方言》:"车、枸篓,宋魏陈楚之间谓之筱(音帼),或谓之篝笼;秦晋之间自关而西谓之枸篓,南楚之外或谓之隆屈。"车的异名虽多,然总不离乎骨碌之音。车又名辇,碓磨曰碾,压路车曰辗,追人曰赶,辇赶并毂音之转。汲水桔槔曰辘轳,亦曰鸘辘;兵器缵车曰轺辘。石滚用以平田或压禾者曰磟碡、碌碡,俗音如流周、流扭。霹雳之声如车,故名忽雷,古代雷字即像车轮由此至彼之状,至汉人则图雷如连鼓矣。雷声曰隆隆、殷殷,车声曰邻邻、辘辘、碌碌。玩具圆转不息者曰陀螺,又名地雷公。因而劳转忙碌谓之碌碌,凡庸谓之录录,他如流离、离离、历历、累累、屡屡、罗缕、淋漓、淋漉、滴沥等都是圆转不绝之意。

这样看来,科斗、疙瘩这一族的语词,语根似乎原于模仿圆转物的声音,因而以为圆状物之名及形容之词。若言其音,则不出下列数式:g-g-或 k-k-;g-l-或 k-l-;b-l-或 p-l-;g-t-或 k-t-;d-l-或 t-l-;d-d-

或 t-t-; l-l-。这里限于篇幅,单词复语,别体或写,不能畅所欲言,实是憾事。周先生又说:"理论与应用相得而益彰,致力于声明,愿仍无忘风物之检讨。将来再由音说到科斗(魏建功已有《科斗说音》一文),则于文字学、民俗学二者同受其惠施矣。"五年前读此文,即跃然欲试,曾为《科斗骨都》小文以记之,现在略为端绪如上,愿同道共勉之。

第四节　训诂的工具

　　训诂及训诂学的重要既然如此,那么,要想研究这门学问之先应该具备些什么知识呢?与训诂学有关系的学科很多,最重要的莫过于声韵学、文字学、文法学、语言学等。训诂在从前本是小学的附庸,《汉志》以《尔雅》、《小雅》之属附于"孝经类"之末,《隋志》又把《尔雅》、《广雅》、《方言》之属附于"论语类"之末,直到《唐志》里面才把训诂一类的著作并入"小学家",和体势、音韵鼎足而三。王应麟在《玉海》里说:

　　　　文字之学有三:其一体制,谓点画有衡从曲折之殊,《说文》之类;其二训诂,谓称谓有古今雅俗之异,《尔雅》、《方言》之类;其三音韵,谓呼吸有清浊高下之不同,沈约《四声谱》及西域反切之学。

自此以后,目录分类,多沿斯例,其实说来,与其谓之为字义学,不如谓之为语义学比较妥当。它和语言文字的关系可列如下表:

```
              文字学 ─────────────── 形 ┐
              (1) 语音学：声韵学(历史语音学) ── 音 ├ 语言文字学
    语言学 ┤  (2) 语义学：训诂学(古代语义学) ── 义 ┘
              (3) 语法学：文法学(古代语法学)
```

从历史上看来，其中以训诂的著作发生最早，《尔雅》虽非周公所作，但至迟也是西汉初年的作品；其次是文字学，再次是声韵学，文字学到了许慎的手里，可以说是集大成的研究，声韵学的崛起，乃是受了佛教徒翻译经典的影响。至于文法学根本是受了西洋文法的刺激，独立成为一科更是近来的事情了。训诂可以说是兼括形音义法的四位一体的学术，而研究声韵、文字、文法的终极目的也无非是研究字义，因语言的本质原为以音表义之符号，而文字又为以形表音之记识，因形以知音，因音以知义，三者实有不可须臾离也的密切关系。段玉裁在《广雅疏证序》里说得很好：

  小学有形有音有义，三者互相求，举一可得其二。有古形，有今形；有古音，有今音；有古义，有今义；六者互相求，举一可得其五。……圣人之制字，有义而后有音，有音而后有形；学者之考字，因形以得其音，因音以得其义。治经莫重于得义，得义莫切于得音。

这种把形音义三者打成一片的小学，确是戴、段诸大师的超越前人的卓识。不过三者虽似等量齐观，内中实分轻重，语言所重者声音，文字所重者亦声音，声音好比灵魂，字形犹骷髅耳，声音明而形义皆无不明。所以段氏作《说文注》先为《六书音均表》，戴氏治小学先作《转语》二十章了。

（一）训诂须以声韵学为机枢。

清儒提倡以声韵为中心去治小学的领导者当然要推戴东原了。他在《论韵书中字义答秦尚书蕙田》的信里说：

> 字书主于故训，韵书主于音声；然二者恒相因：音声有不随故训变者则一音或数义，音声有随故训而变者则一字或数音。大致一字既定其本义，则外此音义引申咸六书之假借。其例或义由声出，如胡字，惟《诗》"狼跋其胡"与《考工记》"戈胡"、"戟胡"用本义；至于"永受胡福"，义同"降尔遐福"，则因胡、遐一声之转而胡亦从遐为远；"胡不万年"，"遐不眉寿"，又因胡、遐、何一声之转而胡、遐皆从为何。又如……凡故训之失传者，于此亦可因声而知义矣。或声同义别，如蜥易之易借为变易之易，象犀之象借为象形之象。或声义各别，如户关之关为关弓之关，燕燕之燕为燕国之燕。六书假借之法，举例可推。（《东原集》）

上面"义由声出"这句话，不但说明了"依声托事"的假借，文字的语义，而且道破了训诂的奥妙。古书用字，假借特多，训释者的最大任务，无非是破其假借而读以本字。但是古音不同于今音，欲知古人假借，必得先通古音。所以戴氏在《六书音均表序》里又说：

> 今乐睹是书之成也，不惟字得其古人音读，抑又多通其古义。许叔重之论假借曰：本无其字，依声托事。夫六经字多假借，音声失而假借之意何以得？故训音声，相为表里。

因为"故训音声相为表里"，不但"义由声出"，而且"故训之失传

者,亦可因声而知义",所以他曾作《转语》二十章,想"以声求义,以义正声。"其书世未之见,仅存其《序》,《序》曰:

> 人之语言万变,而声气之微有自然之节限,是故六书依声托事,假借相禅,其用至博,操之至约也。学士茫然莫究,今别为二十章,各从乎声以原其义。夫声自微而之显,言者未终,闻者已解,辨于口而不繁,则耳治不惑。人口始喉下底唇末,按位以谱之,其为声之大限五,小限各四,于是互相参伍,而声之用盖备矣。参伍之法:……凡同位则同声,同声则可以通乎其义;位同则声变而同,声变而同则其义亦可以比之而通。……用是听五方之音,及少儿学语未清者,其展转讹混必各如其位;斯足证声之节限位次自然而成,不假人意厝设也。……
>
> 昔人既作《尔雅》、《方言》、《释名》,余以为犹阙一卷书,创为是篇,用补其阙,俾疑于义者以声求之,疑于声者以义正之。……

从前人说:"鸳鸯绣取从君看,不把金针度与人。"现在如果把金针度与人,那么,这支金针就是那"其用至博,操之至约"的音转之理,所以一般训诂家常好说"一声之转"的术语了。可惜这部天下第一奇书竟至不传,否则它将是训诂学上的圭臬,唯一的利器了。戴氏虽首先提倡"从声原义"的理论,但在实绩方面却尚无暇去建树具体的表现。当时在训诂方面功业最著的要算是高邮王氏父子了,段玉裁曾誉为"天下一人",实非虚语。王念孙《广雅疏证自序》说:

窃以诂训之旨本于声音,故有声同字异,声近义同;虽或类聚群分,实亦同条共贯。譬如振裘必提其领,举网必挈其纲,故曰本立而道生,知天下之至赜而不可乱也。此之不寤,则有字别为音,音别为义,或望文虚造而违古义,或墨守成训而尟会通,易简之理既失而大道多歧矣。今就古音以求古义,引申触类,不限形体,苟可以发明前训,斯凌杂之讥亦所不辞。

这段话可以说是说尽了训诂的秘诀,训诂之本为声音,而音义的关系不外"声同字异,声近义同"两大类,假如把握住这个枢纽,那么至赜不乱的易简之理就可以豁然贯通,然后引申触类,打破形体,随心所欲,无往不利,即呵毛骂郑,亦无不可。无怪乎他的《广雅疏证》及《读书杂志》等作,左右逢源,妙得自然,一经道破,涣然冰释。其子引之承受家学,克绍箕裘,对于训诂,更为发扬光大,他在《经义述闻》的开端自序其家学渊源及治学方法说:

年廿一,应顺天乡试,不中式而归,亟求《尔雅》、《说文》、《音学五书》读之,乃知有所谓声音文字诂训者;越四年而复入都,以己所见质疑于大人前,大人则喜曰:"乃今可以传吾学矣。"遂语以古韵廿一部之分合,《说文》谐声之义例,《尔雅》、《方言》及汉代经师诂训之本原。大人曰:"诂训之旨,存乎声音,字之声同声近者,经传往往假借,学者以声求义,破其假借之字而读以本字,则涣然冰释,如其假借之字而强为之解,则诘籋为病矣。故毛公《诗传》多易假借之字而训以本字,已开改读之先,至康成笺《诗》注《礼》,屡云某读为某,而假借之例大明;后人或病康成破字者,不知古字之多假借也。"大人又曰:"说经者期于得经意而已,前人传注不皆合于经,则择其合经者从之;其皆不合,则以己意逆经意,而参之他经,证以成训,虽别为之说,亦无不可。必欲专守一家,无少出入,则何邵公之墨守见伐于康成者矣。"故大人之治经也,诸说并列,则求其是;字有假借,则改其读,盖孰于汉学之门户而不囿于汉学之藩篱者也。……

他又在《经籍纂诂序》里说:

夫训诂之旨,本于声音,揆厥所由,实同条贯。

又在《春秋名字解诂序》中说:

夫训诂之要,在声音不在文字,声之相同相近者,义每不甚相远;故名字相沿不必皆其本字,其所假借,今韵复多异音,画字体以为说,执今音以测义,斯于古训多所未达,不明其要故也。今之所说多取古音相近之字以为解,虽今亡其训,犹将罕譬而喻依声托义焉。

说来说去,简单一句话,训诂的主旨是以声音为枢纽,训诂之法只是破其假借而读以本字;但破读也并不是随便的以己意逆经,而是"取古音相近之字以为解",以古韵二十一部的分合为之准,然后再"参之他经,证以成训",便可以推翻前人,别创新说了。因此王念孙未完成的遗著中,除了《释大》七篇是取字之有大义者,依每字所隶之字母汇集分类而释之,并自为之注,意在阐明声义相通,音声相转之理外。又有《雅诂表》二十一册,是取《尔雅》、《方言》、《广雅》、《小尔雅》四书诂训,以训释字为经,而以古韵二十一部分列所释之字以纬之,如是诸书中同训之字尽在一览中,声义相通之理展卷便可一目了然。又有《雅诂杂纂》一册,和《雅诂表》性质相类,唯以字母分类,杂纂雅训中同母同义之字而疏释之。此数书者,都颇与戴氏之《转语》二十章相类,虽有以字母列字及以韵部列字之异,然欲以通训诂之捷径,明语言之衍变,其志则同,此外有清一代的经学小学大家,都能明达此旨,所以汉学颇盛极一时。阮元在给郝懿行《论尔雅书》中说:

> 言由音联,音在字前:联音以为言,造字以赴音;音简而字繁,得其简者以通之,此声韵、文字、训诂之要也。……今子为《尔雅》之学,以声音为主而通其训诂,余极许之,以为得其简矣。以简通繁,古今天下之言皆有部居而不越乎喉舌之地。(《揅经室集》)(郝氏与阮云台、王伯申诸人《论尔雅书》见《晒书堂文集》二,中亦有"训诂以声为主,以义为辅"之语。)

阮氏又在给宋定之《论尔雅书》中说:

> 窃谓注《尔雅》者,非若足下之深通乎声音文字之本原不能,何也?为其转注假借本有大经大纬之部居,而初哉首基,其偶见之迹也。山、水、器、乐、草、木、虫、鱼诸篇,亦无不以声音为本,特后人不尽知耳。……故以声音文字为注《尔雅》之本则《尔雅》明矣。……要当以精义古音贯串证发,多其辞说为第一义,引经传以证释为第二义也。

以上诸家所说，大体相同，戴氏所谓的"用博操约"，王氏所说的"易简之理"以及阮氏所说的"以简通繁"，都是驾驭文字的秘诀；天下之大，古今之久，文字的形体日见繁多，设无法术以治之，将要陷入文字障中而终身迷惘，不得其门路。换言之，耳治之音有限，目治之字无穷，以有限御无穷，所谓易简之理即在其中矣。故曰训诂须以声韵学为机枢。

（二）训诂须以文字学为辅翼。

训诂有字形的训诂，有语言的训诂；有主观的训诂，有客观的训诂；一在求文字的本义，一在求文字的语义。训诂既是顺释故言的工作，而故言之存留唯在于文字的纪载，欲晓故言，先识古字，所以对于文字学必须有彻底的了解才可。古书用字虽多假借，而六书中之转注、假借、形声三者也都是音符文字，固然可以用古音去读它们，但是字形组织与表音有莫大的关系，形之不明，何由知其音读？况且古今字体屡变，不知源流，何以知今字某即古字某呢？王念孙所谓"就古音以求古义，不限形体"者，并不是不注意字形，而是打破字形的表面障碍，不受形体的拘束罢了。

例如训诂家有所谓"声同义同而字异"之例，如《说文》云"佚，安也"，又云"憺，安也。"《广雅》云："佚、憺，安也"。《庄子》"恬恢"又作"恬淡"。淡、恢、佚三字并从炎声，憺、憺二字皆从詹声。炎、詹二声的相通，犹幨帷的幨字也作幨或作幨一样。《说文》云"澹，薄水也"，《素问注》云"澹，水静也"，淡薄与安静义亦相近。可见这些字都是一语的异字。又有所谓"并从一声而义同"之例，如《方言》云"于，大也"，"芋，大也"，"訏，大也"；《尔雅》云"訏、宇，大也"；《广雅》云"夸，訏、芋，大也"。段玉裁《说文》"芋"、"吁"二字《注》、郝懿行《尔雅》"大也"条下《疏》以及王念孙《广雅》"大也"条下《疏》,都谓从于声之字多有大义,可知芋、訏、誇、夸、迂、盱、弙、纡、宇等字并为一语的孳乳分化。凡此种种,都是形声字音符兼义的现象,不明乎此,何以稽考右文而通语言之孳乳呢?

其他像一字的重文或体,累增字,分别文,古今字等,莫不与训诂有关。例如籀文盘字,篆文作槃,古文作鎜,而甲文则止作般。其实原始应该作凡,般字左边的舟旁,并非舟船字,乃是竖着的皿字之讹变,古凡、皿二字并像盘形,仅有平置与竖立之别,故今音犹相近也。般像击盘之状,《诗》云"考槃在涧"是也。后又于般下增皿、增木、增金为名词,而凡、般则用为他义。盘之得名由于其形之圆旋而张大,故般桓、般旋都有旋绕之义;般、凡又都有大义,故全称曰大凡,大巾曰幋,大带曰鞶,大石曰磐。凡人忧则气凝,喜则气舒,故乐亦曰般。由此可知般、盘为累增字,槃、鎜为或体,幋、鞶、磐为分别文。

字形的构造而外,字体的变迁也与训诂有关。例如《诗》云"徒御不警,大庖不盈"等不字,毛《传》以为是助语之词,就训释道:"不警,警也;不盈,盈也。"其他此例尚多,如:《桑扈》之"不戢,戢也;不难,难也;不多,多也";《卷阿》之"不多,多也";《文王》之"不显,显也;不时,时也";《生民》之"不宁,宁也;不康,康也"都是。虽然后人曲为之解,说什么"一字不成词,则用一助字以足之"。但是我们从语法上看来,不字之下都为形容词,那么我们说不字是加重程度的副词未为不可,不过它只是个语音的借字,不是否定副词而已。可是词性虽然弄明白了,音义的原由也可以说是明白了——与弥、颇、偏、备等音义相近;然而字形仍是茫无所知。戴震《毛郑诗考正》才根据石刻上的材料,知道古字丕通作不,

《书·立政》篇的"丕丕基",汉石经作"不不其"。现在我们所见金文的材料日益增多,知道不、丕于古本为一字,丕字系不字于末笔下端增饰圆点而成者,后易点为横,故《隶释》及石经残碑丕作岕,隶书作岕,《吴录》阚泽论曹丕之名曰不十为丕,都可证明丕字非从一不声。《说文》云"丕,大也",是不字为加重程度之副词,于形亦可了然无疑了。由此言之,《诗》之"不显"、"不承",即"书"之"丕显"、"丕承",亦即《左传》之"丕显"。毛公、郑玄不明不、丕于古为一字,遂或谓为助语,或谓为反言了。

(三)训诂须以文法学为利器。

我国在《马氏文通》以前,是只有释词之学而无文法学的;再往前一点,连《释词》或《助字辨略》一类的著作也没有,文法仅是训诂的旁支。我国文字没有字头字尾的变化,而偏旁的改换也不关系词性,所谓"词类"也就是"义类",马建忠说:"字无定义,故无定类,而欲知其类,当先知上下之文义何如耳。"又说:"义不同而其类亦别焉,故字类者,亦类其义。"(《文通》卷一"正名")可见训诂家只要讲字义,文法便包括在里面了,所以黄侃《文心雕龙札记》说:"彦和此篇言:句者联字以分疆,……又曰:句司数字,待相接以为用。其于造句之术言之皙矣;然字之所由相联而不妄者,固宜有共循之途辙焉。前人未暇言者,则以积字成句,一字之义果明,则数字之义亦必无不明;是以中土但有训诂之书,初无文法之作,所谓振本知末,通一毕万,非有阙略也。"

汉人传注有"某,辞也"之例,如毛《传》云"薄,辞也"("薄言采之"),"载,辞也"("载驰载驱")。辞应作词,明其为语助无义也。又有"某,某貌"之例,"某,某然"之例,"某,某声"之例,如《诗》云"维叶萋萋",《传》云:"萋萋,茂盛貌。""行道迟迟"《传》云:"迟迟,舒行貌。""风雨凄凄"《传》云:"风且雨,凄凄然。""零露浼兮"《传》云:"浼浼然盛多也。""坎坎伐檀兮"《传》云:"坎坎,伐檀声。"凡此等例,都是指明为形容或状词的术语。到清儒研究小学,分别更为精细,于是创为"体用"及"动静"、"虚实"等等的名目。段玉裁在《说文》"梳"字下注解道:

> (梳,所以理发也。从木,疏省声。)所以二字今补。器曰梳,用之理发,因亦曰梳。凡字之体用同称如此。《汉书》亦作疏,疏通也,形声包会意。

又于《说文》"算"字下注云:

> (算,数也。)筭为算之器,算为筭之用,二字音同而义别。

大概段氏以为梳字列木部器名之间,故以为名词,加所以二字以别之;《注》中补所以二字以别其为名词者,所在多有,如竹部"箘"、"箠"等字下皆是,箠、捶之别犹锤、捶及鎚、搥之别;虽非许氏原意,亦可见后来分别字义较前人为精,故算、筭二字词性不同,即认为音同义别也。朱骏声《说文通训定声》则谓为动静,他在"攻"字下说:

> 《考工记》凡攻木之工七,按犹《诗》"雉离于罗","薪是获薪","景行行止","如涂涂附","行彼周行","载输尔载","于时庐旅","言授之絷,以絷其马",《仪礼》"士羞庶羞",《论语》"求善贾而沽诸",皆一静字一动字也。

这都是文法学上的事业。文法学的研究是以句为本位,句中的一词一字,都指出它们的职务及词性,就是一个常见而极普通的字,也是一样地去加以析词辨品,比较训诂的只解释难字僻句,对于虚字轻轻地放过,当然不可同日而语了。所以说文法学是更进一步的训诂,是科学的精密的分句析词的法术。汉人训诂,对文法不大了然,多以虚字为实字,王引之指责他们说:

> 自汉以来,说经者宗尚雅训,凡实义所在既明著之矣,而语词之例则略而不究;或即以实义释之,遂使其文扞格,而意亦不明。如由,用也,猷,道也,而又为词之于,若皆以用与道释之,则《尚书》之"别求闻由古先哲王",《大诰》"猷尔多邦",皆文义不安矣。……凡此者其为古之语词,较然甚箸,揆之本文而协,验之他卷而通,虽旧说所无,可以心知其意者也。(《释词序》)

王氏《释词》之作固然是训诂学上的一个新纪元,但方法仍然是不科学的,全书都是"某犹某也";说不出个所以然来,等到犹无可犹的时候,便以"助语"无义搪塞了事。《马氏文通》攻击高邮王氏及《释词》之处甚多,其言经生家者也是指王氏而言,如卷二云:

> (《檀弓》:"君无所辱命。"又见《左传》)高邮王氏以所字为语助无解,不知无所辱命者,即无辱命焉。焉,于此也,所代于此者,以转词在先,于字可省故也。
> 经生家谓经籍内有也、矣两字互相代用者,《论语》云:"从

我于陈蔡者皆不及门也。"以为也代矣字。《论语》云："其为仁矣。"又以为矣代也字之证。蒙谓"皆不及门也"者，决言同时之事，也字为宜。至"其为仁矣"之读，夫子自叹未见好仁者之真恶不仁者，故追忆真恶不仁者之曾已为仁之时，直使不仁者不得加乎其身云，此似追记已事，助矣字为宜。夫矣、也两字皆决辞，有时所别甚微，若非细玩上下文义，徒以一时读之顺口，即据为定论，此经生家未曾梦见《文通》者，亦何怪其尔也。（卷九）

经生家固未梦见《文通》，但马氏不读"葛郎玛"，恐怕也梦不见《文通》也。《文通》因为是"仿葛郎玛而作"，方法自较《释词》为进步，所以马氏曾骄傲地说："间尝谓《孟子》'亲之欲其贵也，爱之欲其富也'，两句中之，其两字皆指象言，何以不能相易？《论语》'爱之能勿劳乎？忠焉能勿诲乎'？两句之法相似，何为之、焉二字变用而不得相通？'俎豆之事则尝闻之矣，军旅之事未之学也'，两句之法亦同，矣、也二字，何以不能互变？凡此之类，曾以叩攻小学者，则皆知其如是，而卒不知其所以如是。是书为之曲证分解，辨析毫厘，务令学者知所区别。"这种对于字义的辨析毫厘，知所区别，确是一大进步，一大创举。假如我们不欲使训诂学成为一种科学则已，如果想把它作成古语言学的一部，那么，就非得以文法学为利器不可。其实好些字的意义，都是从它们在句中所处的位置前后上而知道的，这"文位"（词的顺序）正是文法学研究的对象。

（四）训诂须以校勘学为前提。

清儒治学最大的成就，一在辑佚，二在校勘，这两种工作是使古书本子完善可读的基础，所以校勘是训诂的第一步功夫。乾嘉以来经学大师的几部重要的训诂著作,都是训诂兼校勘和补遗的混合结晶。戴东原"从《永乐大典》内得善本,复广搜群籍之引用《方言》及《注》者,交互参订,改正讹字二百八十一,补脱字二十七,删衍字十七,逐条详证之。"以成《方言疏证》一书。王念孙的《广雅疏证》,也是"据耳目所及,旁考诸书以校此本,凡字之讹者五百八十,脱者四百九十,衍者三十九,先后错乱者百二十三,正文误入音内者十九,音内字误入正文者五十七,辄复随条补正,详举所由"。

汉人训诂,已及校勘,如《礼记·缁衣》郑《注》:"吉当为告,告古文诰,字之误也。尹告,伊尹之诰也。""天当为先,字之误也。""正当为匹,字之误也。"古注云当为者皆改其形误也。这都是根据上文句义而加以主观的校勘,纯是训诂学的见地。主观的推理式的校勘固然不如诸本互校的科学校勘为可靠,但是若无善本、古本、别本可校时,主观的校勘也略胜于无吧。何况到有许多读法优劣莫辨的时候,选择的标准常是以训诂学的知识作决定的。例如王念孙《读书杂志·史记》:

"天下于是大平治。念孙案:太当为大,大、太字相近,后人又习闻天下太平之语,故大误为太耳。《群书治要》引此正作大平治。"(《五帝本纪》)(按古书大、太、泰三字用为副词常相通,《诗》"昊天泰怃",《释文》作大音泰;又"亦已太甚",即"旱既太甚"。《说文》泰字古文作夳,形与太近。太宰、太子、周太王之太,古皆止作大,故大夫之大读如泰也。)

"依鬼神以制义。《正义》本制作剬,云剬古制字。又论字例云:制字作剬,缘古少字通共用之,《史》、《汉》本有此古字者乃为好本。念孙案:张说非也,制与剬声不相近,无缘通用剬字;篆文制字作刺,隶作制,形与剬相似,因讹为剬,非古字通用也。"(《五帝本纪》)

"比三代莫敢发之。念孙案:莫敢发之本作莫之敢发,浅学人改之耳。(僖三年《左传》"未之绝也",今本作"未作之也",亦浅人所改。)《郑语》作莫之发也;《文选·幽通赋注》、《运命论注》引《史记》并作莫之敢发,《列女传·孽嬖传》同;《论衡·异虚篇》作皆莫之发。"(《周本纪》)(按若作"莫敢发之",文义虽通,但不合古代语法惯例。)

书中凡言文不成义、文义不明、义不相属、义无所取、于义为长等语者皆此类,非通晓古代语文者不能也。

(五)训诂须以语言学为基础。

普通语言学的内容,不外论述语言的起源、性质、功用以及语音、语义、语法的构成和演变,文字、文化、思想和语言的关系,世界语言的系统等等的问题,这些原理和规律,是治训诂者必须参考的知识。我国语言学萌芽虽早,但向不发达,因此训诂学一向就视为文字学的附庸,被形体所拘束,开口本字,闭口本义,奉《说文》为圣经,丝毫不敢违背,因此治《尔雅》的小学家,便专有《匡名》(严元照)、《小笺》(江藩)、《古义》(钱坫)、《文字考》(戴震)一类的著作,以《说文》为准,正《尔雅》之字体。并且学者之间还提倡什么"《尔雅》、《说文》相为表里","《说文》为纲,《尔雅》、《方言》、《释名》、《广雅》诸书为目"的论调。郝懿行的疏《尔雅》也是先明本字,后及假借。这固然不一定是浪费的工作,但去语学益远;而且旧日的小学家,对于时地及语境的变异太不注意,保守一点的人处处死守《说文》,失之于拘;通达一点的又以为字字可通,无声不转,往往泛滥无涯,失之于过;都缺乏严格的科学的观念及方法。例如"弗、不"两个否定词的用法,普通都以为没有分别,注释家遇到弗字也只说"弗,不也。"《广雅》:"否、弗、俩、牰,不也。"王念孙《疏证》云:"皆一声之转也。"《释词》也说:"不,弗也。常语。"最先注意其分别的是何休的《公羊传注》:"弗者,不之深者也。"段玉裁《说文注》云:"言不者其文直,言弗者其文曲。"究竟怎样的深浅曲直,恐怕他们也不知道,《马氏文通》卷六云:"《正义》云:弗者不之深也,与不字无异,惟较不字辞气更遽耳。《论语》:'弗如也,吾与女弗如也。'极言其不如之甚,有不待思索而急遽言之之状。故《孟子》历数大人之巍巍者,即遽断之曰'我得志弗为也';至以后总言其不足畏之理,则用不字,故曰'在彼者皆我所不为也'。……"从何休到马建忠,二千年里可以说是丝毫没有进步。最近才有人归纳古书中弗、不的用法,指出详细的分别,立了三条规律:(见丁声树的《释否定词"弗""不"》,文载《集刊》外编第一种。)

(1)弗字只用在省去宾语的外动词之上;内动词及带有宾语的外动词之上只用不字。

(2)弗字只用在省去宾语的介词之上;带有宾语的介词之上只用不字。

(3)弗字绝不与状词连用;状词之上只用不字。

例如《礼记》上说:"虽有嘉肴,弗食,不知其旨也;虽有至道,弗学,不知其善也。"又如《论语》说:"吾与女弗如也。"但"吾不如老农"则用不字而不能改为弗字。这是何等谨严的用法,何等精密的区别!这岂是经生家及《文通》所能梦见的?所以要想使训诂脱离了文字形体的拘束,抛弃了玄学的空疏的不科学的氛围,走入现代比较语言学的领域,那么就非得以比较语学的理论作出发点不可。

总起来说,一切学问都有联系,治学的工具越多,成就也越大;所谓专门,并不像钻牛牴角似的越走越狭,只是分出主辅而已。如此看来,不但上举五种学科是训诂的工具,就是史学、哲学、文学、民俗、礼制等也都与训诂有关,因为要注释某一方面学术的著作,至少得先对某种学问有个简括的认识,例如为《诗经》作新解,不但须有训诂学的知识,而且还得有文学的修养,甚至那些草木虫鱼鸟兽之名的解释,植物学、动物学的研究也很需要呢。墨子《墨辩》里面有好些讲到几何学、光学、力学的地方,无怪乎从前的注解都讲不明白了。

本章参考书举要:

(1)《汉书·艺文志》,班固。(民五涵芬楼影印殿本。)

(2)《毛诗诂训传名义考》,马瑞辰。(《毛诗传笺通释》附,道光十五年刻本,广州局本,《续经解》本。)

(3)《研究文字学形和义的几个方法》,沈兼士。(《北大月刊》第八期。)

(4)《释大》第六下及第四下,王念孙。(《高邮王氏遗书》第三种,上虞罗氏辑本。)

(5)《经义述闻》三十二《通说》"经文假借"条、"语词误解以实义"条,王引之。(自刻本,江西刻本,道光七年京师重刻本,扬州覆刻本。)

(6)《中国哲学史大纲》第四篇第四章"正名主义",胡适。(商务本。)

(7)《古书疑义举例》,俞樾。(《续经解》本,《俞氏丛书》本,单行活字本,民十三长沙鼎文书社刻本后附刘师培《补》,杨树达《续补》,马叙伦《校录》。民十六大东书局又据长沙本增入姚维锐《补附》一种重印行世。)

(8)《经读考异》,武亿。(原刻本、《经解》本。)

(9)《中国文字学概要》第一章第三节,齐佩瑢。(华北编译馆本。)

(10)《诗三百篇询问词之地域性》,齐佩瑢。(《北京大学文学院国文文法参考资料讲义》本。)

（11）《新方言·释言》，章炳麟。(《章氏丛书》本。)

（12）《古音系研究·周序》，周作人。(《苦茶随笔》一三一页，北新印本。)

（13）《科斗说音》，魏建功。(《女师大学术季刊》二卷二期。)

（14）《转语二十章序》，戴震。(见《戴东原集》,《戴氏遗书》本,《经韵楼丛书》本,《四部丛刊》本。)

（15）《广雅疏证自叙》，王念孙。(家刻本,江宁局本。)

（16）《经义述闻序》，王引之。(见前)

（17）《经传释词叙》，王引之。(家刊本,守山阁本,商务本。)

（18）《马氏文通序》、《例言》，马建忠。(商务本。)

（19）《读书杂志·史记杂志》，王念孙。(家刊本,江宁局重刻本,北京坊本,石印本,学海堂本及《续经解》本皆不全。)

（20）《释否定词"弗""不"》，丁声树。(《中研院史语研究所集刊》外编第一种。)

第二章　训诂的基本概念

第五节　语义和语音

　　人类之间为了要唤起同类的行为而从喉咙里发出声音,听到的人为了要了解说者的心意而对于这种声音加以意会和解释,这样就成功了语言。所以语言的功用一方面在于表示说话人的思想感情,把他所要指示的物或事用一种声音的符号表现出来,作为交通的媒介;另一方面就可以影响听话人的意思行为,完全是一种唤起或感动的作用。这样看来,语言纯粹是一套交换意思的符号。

　　因为心与心之间不能直接传达情意的缘故,自然非藉赖一种媒介不可。这种媒介可以有种种的不同,如面部表情语,感官接触语,手势语,旗语等等,都可以达到交换的目的;不过手势语、旗语等的变化有限,而且还受到时间地域的限制,不能自由运用,难表无穷的思想。因此人类就选定了自己本身器官所发的语音,作为传达情意的媒介。虽然也有用图画形象来表示意思的,但文字制度的成立端在乎约定俗成的公认,这种公认的过程仍然是心与心交通的结果,还得有赖于语言的帮助。如此,语音表意的方法就高乎一切的表意手段;喉咙所发的音类固然有限,但许多声音相加相连起来就可有千万种不同的变化了。语言的根本问题便在建立人类心与心间交通的方法,这也是人类异于其他动物的特点之一。

所谓符号,它只是一种事物的代替,谁代表谁,其间并无必然的理由和因果的关系,完全是一种武断的臆定,强力的配合。符号与表征不同,表征是一种原由的结果,由某因而发生的连带现象,它是有因果的联系的。例如一个人心里感到羞惭的意识,脸上常生出面红耳赤的行为,我们管这种表情叫做"羞耻"。脸红是羞惭的表征,"羞耻"两个声音是这种事的符号。前者心理作用与生理现象之间的关系是必然的,因果的,不自主的动作;而后者语音与意思中间的关系则是偶然的,武断的,自主的行为。因此,各国有各国的语言,一代有一代的语言。或有人说:羞之为言收缩也,因其有畏惧、萎缩、戚促、侷束之情,故谓之羞;所以熟食曰馐,久熟曰酋,急迫曰遒,急行曰趥,干肉曰脩,亦曰腒腒,干粮曰糗,聚敛曰逑,急促曰𦁐,弓角之貌曰觩,曲木曰樛,缠绕曰缪,拘执曰收。……这类声音所表之义都很相近,可见音义之间也有点因果关系。我说这话不是那样说,凡某音多含有某义或声近义通的现象,并非全体必然如此,只是多数的倾向而已;即使有的全体如此,那也仅是一个语根的分化孳乳,音原本同而字形各异,从语言方面看,某义与某音的关系既经强定之后,复从其音孳乳出许多枝大同小异的语族,因而字形方面写成许多不同形的分别文,这完全是音义关系既定以后的动作,不能提前与语言发生时相提并论,作为因果关系的证据,果而,则倒果为因了。再举例来说,我国叫作"火"的东西,英语中则叫作"Fire",而各国各地还有许多不同的名称,固然我们的训诂家已经说过什么"火之言化也","火言毁也",但火、化、毁三字只是音义相近,并不是说它非用火这个声音来名之不可。即一国也有不同的方言,《方言》:"虎,陈魏宋楚之间或谓之李父,江淮南楚之间谓之李耳,或谓之于䖘,自关而西或谓之伯都。"可见以某音表某义并不是先天的,必然的,只是约定俗成的偶然连系。我国古代的名家也曾用这点名实的偶合关系来作辩论的材料,如公孙龙所说的"犬可以为羊","白狗黑"等等的话,都恰好用来说明语言是人为的臆定的符号,犬羊白黑都是人定的名称,用以表实的,当名未约定之时,呼犬为羊,呼白为黑,都无不可。唐朝无名氏作了一部《无能子》,其《纪见第八》说:

……且万物之名,亦岂自然著者?清而上者曰天,黄而下者曰地,烛昼者曰日,烛夜者曰月;以至风云雨露,烟雾霜雪;以至山岳江海,草木鸟兽;以至华夏夷狄,帝王公侯;以至士农工商,皂隶臧获;以至是非善恶,邪正荣辱,皆妄作者强名之也。人久习之不见其强名之初,故沿之而不敢移焉。昔妄作者或谓清上者曰地,黄下者曰天,烛昼者曰月,烛夜者曰日,今亦沿之矣。

这段话说得淋漓痛快,虽似愤世不平,实得"强名"之理。所谓沿之而不敢移者,并非不敢,乃是一种习惯性——经验习惯造成的条件反应,例如小孩子初次学语时,看见一个果子,大人告诉他这叫"苹果",一次两次,渐渐他把"苹果"两个声音和那实物就联系在一处而成为一定的关系,以后虽然没有实在的果子,只说"苹果"两个音,他立刻就明白所指的是什么,而且爱吃的人还会馋涎三尺呢!此所以前人有"望梅止渴","画饼充饥"的故事了。《荀子·正名》篇说:

>名无固宜,约之以命。约定俗成谓之宜;异于约者谓之不宜。名无固实,约之以名实;约定俗成,谓之名实。

大概在某时某地的范围里,一物之名初起的时候,或名甲,或名乙,或名丙,这种命名完全是依据个人的意志;以后在经过大众公认的历程中,就有幸与不幸的命运,结果有的被采用,有的被淘汰,有的立刻消灭,只剩下一个或两个较为普遍的称呼。名实关系既定之后,如果再有人想起来推翻改革,那就要被众人指为大逆不道,笑为愚翁,认为是惊俗骇众的举动了,除非你是素孚众望的领袖而在合理的范围内来正名,或是政治者用权势来改定,不过如非必要,也仅是暂时的一现而已。所以说语音与义的关系是人为的、强定的、偶然的,习之既久就不觉其偶然,反而认为必然的了,这都是历史的经验的约定俗成的结果。

音义之间虽无必然的因果,但是语言中有一小部分的声音是模仿自然界的声音而来的,这就是语言学者所谓的"象声词"。自然界的声音可分成物体本身自发的声音,和物体受到外力而发的声音两大类。今姑以《诗三百篇》为例:

>关关雎鸠、雝雝鸣雁、鸡鸣喈喈、鸟鸣嘤嘤
>呦呦鹿鸣、萧萧马鸣
>喓喓草虫、营营青蝇、鸣蜩嘒嘒、虫飞薨薨
>肃肃鸨羽、泄泄其羽
>有车邻邻、大车槛槛
>虺虺其雷、殷其雷
>坎坎鼓我、坎其击鼓、奏鼓简简、伐鼓渊渊、鼓咽咽、击鼓

其镗、鼉鼓逢逢

鼓钟将将、鼓钟钦钦、鼓钟喈喈

坎坎伐檀、伐木丁丁、伐木许许、凿冰冲冲

椓之橐橐、椓之丁丁、筑之登登、削屡冯冯

卢令令、和铃央央、鸾声将将、八鸾玱玱

北流活活、施罛涘涘、鳣鲔发发

以上都是模仿自然界的声音而成为语言中的形容词和状词。至于以自然界之音为事物之名的也有一些,章太炎《语言缘起说》:

何以言雀?谓其音即足也;何以言鹊?谓其音错错也;何以言雅(鸦)?谓其音亚亚也;何以言雁?谓其音岸岸也;何以言驾鹅?谓其音加我也;何以言鹔鸹?谓其音磔格钩辀也。此皆以音为表者也。

兹广其例,显而易知者如:

牛鸣为牟,就叫作牛(牛牟古音同,犹缪之有穆音)。猫叫如苗,就叫作猫(猫从苗声声)。

鸦鸣呱呱,即名为鸦,俗呼老呱;或名曰乌,音亦相似。鸭声甲甲(ㄍㄚ),即名为鸭。

蛙声阁呱,名为虾蟆(蛤蟆),或名曰蛙。促织唧唧,名曰蟋蟀,俗名蛐蛐。

铃声丁令,即名为铃;又名铃铛。钟声丁东,即名为钟。

车声骨隆,即名毂轮;车之古音当如毂,读居读舍,乃后之变音也。雷声轰隆,名曰忽雪。

动作之名也有模仿自然界之音而成者,如:

圆转之音——曰滚,曰骨碌,曰碌碌,曰轹戾,曰流离……

冲撞之音——曰顶,曰钉,曰打,曰考,曰敲,曰击,曰逢,曰碰,曰舂,曰杵,曰冲,曰撞,曰押,曰拍……

爆裂之音——曰分,曰爆,曰判,曰卜,曰粤逢,曰澎湃,曰蓬勃……

切磋之音——曰斯,曰磢,曰撕,曰切,曰错,曰磋,曰锯,曰磨,曰龃龉,曰枝梧……

碎细之音——曰散,曰洒,曰碎,曰抖搜,曰瑟缩,曰筛,曰数……

象声词的现象,清儒张行孚的《说文发疑》,刘师培的《物名溯源》(《左盦集》),潘尊行的《原始中国语试探》(《国学季刊》一卷三号)诸书都早已见及,惜所论多似是而非,仍有点玄想意味也。这类象声词虽然原则上是效法自然,但是因为事物本身有种种的不同,而人类的音感也有一些差异,所以拟声只是得其大概,不能逼真,何况我国文字根本上不适于严格表示确切的音素,如此一折再扣,有些声音后来就觉得不很相像了。加以字音屡变,而物音永恒,因此牛、牟异读,鸦、呱易音,同一事物之声,诸书所记不齐,固不能认真视之也。

此种象声词只是语言海中的一粟,占着个极小的位置,我们不能因为它们的存在就误认一切语言的音义关系都是必然的。过去的小学家往往好持这类的主张，便创出"声象乎意"，"象意制音"等等的玄想之谈，如陈澧在《东塾读书记》里说：

> 子思曰：事自名也，声自呼也（《中论·贵验篇》引）。此声音之理最微妙者也。程子云：凡物之名字，自与音义气理相通，天未名时，本亦无名，只有苍苍然也；何以便有此名？盖出自然之理，音声发于其气，遂有此名此字（《二程遗书》卷一）。此说亦微妙。孔冲远云：言者意之声，书者言之记（《尚书序疏》）。此二语尤能达其妙旨，盖天下事物之象，人目见之，则心有意；意欲达之，则口有声；意者象乎事物而构之者也，声者象乎意而宣之者也。……
>
> 声象乎意者，以唇舌口气象之也（此邹特夫说）。《释名》云："天，豫司兖冀以舌腹言之，天，显也，在上高显也。青徐以舌头言之，天，坦也，坦然高而远也。风，豫司兖冀横口合唇言之，风，泛也，其气博泛而动物也。青徐言风踧口开唇推气言之；风，放也，气放散也。"此以唇舌口气象之之说也。（原注：更有显而易见者，如大字之声大，小字之声小，长字之声长，短字之声短。又如说酸字，口如食酸之形；说苦字，口如食苦之形；说辛字，口如食辛之形；说甘字，口如食甘之形；说咸字，口如食咸之形。故曰：以唇舌口气象之也。）

以后还有好多人推衍这种说法，刘师培便是其一，他在《原字音》篇里说：

> 人声之精者为言，即为斯意，即象斯意制斯音，而人意所

宣之音即为字音之所本。例如喜怒哀乐为人之情,惟乐无正字,喜怒哀三字之音即喜怒哀所发之音(按古音怒近武),爱恶亦然。人当未睹未闻之物猝显于前,口所发音多系侈声,夥颐诸音本之;人当事物不能偿欲,口所发者多系敛声,鲜希诸音本之。推之食字之音象啜羹之声(当音试),吐字之音象吐哺之声;咳字之音验以喉,呕字之音验以口,兮字之音验以鼻;斥驱之音象挥物使退之声,止至之音象招物使止之声;奚字之音象有所否之声,思字之音象敛齿度物之声,均其证也。

近人朱桂耀的《中国古代文化的象征》一文(《晨报副刊》民十三年六月二十日),更用心理状态解释发音和思想的关系,他说:

> 例如 m 音是唇与唇的接触,而接触的部位很广泛,程度也很宽,不像破裂音的逼促,这时我们就起了一种宽泛的感觉;而发鼻音时又有一种沉闷的感觉,于是凡有 m 音的字,多含有宽泛沉闷的意义,例如渺、茫、绵、邈、梦、寐、昧、莫、眇、没、微等是。又如 d,t 等音,是舌端和牙床接触,牙床是凸出的部分,而舌端的部位也特别显著,感觉又最灵敏,所以发这种音时,我们就起了一种特定的感觉,于是凡有 d,t 等音的字多含有特定的意义,例如特、定、独、单、第、嫡、端、点、滴等是。又如 ts,s 等齿缝摩擦音,声音分碎了从极细的齿缝间泄出,这时我们就起了一种尖细分碎的感觉,于是凡有 ts,s 等音的字,多含尖细分碎的意义,例如细、小、尖、纤、碎、戈、散、撕、澌、沙等是。又如 l,r 等最容易滚,德文、法文里的就是滚的,凡物圆的容易滚,于是就用这容易滚的声音去称呼圆的东西,例如轮、炉、

庐、颅、橹、芦、螺、辘轳等是。

以上种种说法，表面上看来似乎都振振有词，实际上考察一下却极空洞，陈、刘二氏之说无论矣，即朱氏之论也似是而非，如果照着发音的感觉去测定发音所表的意义，恐怕语义的种类也就很有限制了，摩擦音表摩擦，爆裂音表爆裂，戛击音表打击，鼻音表沉闷，边音表滚转，那么旁的意义又用什么音去表示呢？不知《释名》一书以及王圣美的右文说，只是阐明语根及语言文字孳乳分化的现象，绝非论证"声象乎意，象意制音"的玄妙空想。

不仅我国有这样的谬说，即西欧十九世纪的语源学者也大多相信音义间有必然的因果关系，如因创立 Grimm Law 而享盛名的 Jakob Grimm（1785—1863）便是其一。丹麦的语学家 Jesperon 也持这样的见解，他以为凡含有合口细音的元音[i]的字，都有细小、精妙、脆弱的意思，例如：

little	微小	brittle	脆薄
fritter	琐碎	fickle	轻薄
flimsy	纤弱	nipper	小钳
niggling	精细	kidling	小羔
thin	稀薄		

他的例证虽多，可是我们很容易举出反证来，big、thick 等字也都有细元音，为什么含义却正相反呢？可见此说不攻自破也，现在这样的主张就很少听到了。

可是，语音与语义在起初配合时虽没有必然的因果关系，但后来在语言的演进过程中，因为词汇从同一语根孳生分化的缘故，音读相同相近者，其意义也往往相近相同，形成一个语族。从前的人论音义关系时常纠缠不清，混两种现象为一者，正缘分不清前期和后期的生和长的原故。过去讲到"音近义通"的著作很多，如王念孙的《广雅疏证》，郝懿行的《尔雅义疏》，钱绎的《方言笺疏》诸作，都能"以精义古音贯串证发"，引申触类，曲尽旁通，惜拘于原书体裁，只能随文释义，不能另具独立系统。此外阮元《揅经室集》中的《释门》、《释且》等篇，也很能得声近义通之理，而且泛滥及于转语和复音之词，极尽语文分化之致。近人著作之最有名的，当推章太炎的《文始》一书，惟囿于形体本义及《廿三部成均图》之假定，似乎尚不能够纵横旁达，以求语文流衍之势。今姑录旧作《释卯》一节，略示其例之一斑：

（一）卯　甲文卯字象物中剖两分之状，与非、北、辡、皿、步、比、竝、麸等字的笔意都很相似。卜辞屡见卯几牛之语，与藿、沈、燎等字同为用牲以祭之名，其义为剖杀。其音盖为复辅音 ml-，故后来分化为 m-及 l-两系，间有喉音，其变音也。

（二）分　别也。孳乳为份，文质兼备也，故曰文质彬彬，通作彬、斌、玢、璜。颁，头黑白半也。又孳乳为釁，罅隙曰釁，因之新铸钟以血涂其罅隙亦曰釁，犹补缝谓之缝也。《乐记》作衅。《方言》作璺，器破而未离之称。又孳乳为坋，大防也，《尔雅》："坟，大也。"故颁又为大头，物分则大也。

（三）别　分解也。券契中别为二，故曰傅别，犹符别。字亦作剫（《急就》）、莂（《释名》），㓼（《广韵》），均别之分别文也。

（四）半　物中分也。孳乳为胖,半体肉也;判,分也;叛,离背也;畔,田边也。伴,伴侣之义亦自分别之义引申而来,盖自分离言为半,自其符合比并言则为伴也,先分而后始能相并合,故又有拌字,义之相反相成有如此者;犹副之为判又为辅,剖之为判又为陪也。心广体胖之胖又引申为大义。

（五）片　判木也。孳乳为版（板）、牖。版、牖为片之转注字,犹半之有叛,判之转为副也。《尔雅》云"昄,大也",《释名》云"板,昄也,昄昄平广也"。

（六）辨　判也。古书辨、判、班、别四字声同通用。孳乳为辩,治也,治必分而理之。瓣,瓜中实。辨,驳文也,字亦作㔯。辫,交也,先分而后交之。辨、辩、辨、辫皆从辡声,《说文》云"辡,罪人相与讼也"。案此字既为声又象其相对之意。

（七）班　分瑞玉也。《周礼》以颁为班,音与分相近也。班或体作𤦲,是班有𣪊音,故义与辜近。孳乳为斑,即辨之俗字;虎部彪下云虎文,彪下云虎文彪也,文部斐下云分别文也,盖斑、辨、彪、辫、彬、斌、㔯、份等字皆一词。从非声之字多有分违之义,斐字即其一例。

（八）副　判也。籀文作疈,兼象其义。《诗》云"不坼不副",《字林》引作"剖"。《周礼·大宗伯》"以副辜祭四方百物",故书"副"作"罢",郑司农《注》云"罢辜披磔牲以祭"。副既通披,从皮声之字如破为石碎,披为析木,披为散离,诐为辩论,皆有分析之义。副又引申为副贰之义,俗作福,凡物副之则一为二,因之分而合者亦曰副,故符为分而相合,辅、俌、朋、比、弼、棐、傅、扶等字均为相助也。崩从朋声而为分义。富从畐声而为大义。

（九）剖　判也，孳乳为倍，《说文》倍训反，今则以倍为倍二字，相反义则用背，故《坊记》、《投壶》、《荀子》等书倍亦作偝。陪为重土，与倍二义同，与配、妃、合等义亦近，皆相反相成者。背为北之孳乳，北亦反也。

（十）劈　破也，与披破义同。孳乳为辟，开也。雷曰霹雳，犹仳离劈裂，言其能分碎物也。通作擘，别也，诸书以擘为之，敝、败等字亦破也。又通作批，比为并而批为分，犹匹、媲、比、粥之为合而仳为离也。辟之训法，盖从劈杀义引申而来，五刑一曰辟。分半为劈，故又引申为偏义，僻、癖、避等字是也，犹半之为畔。

（十一）剥　裂也。剥从录声而或体作刂，可见此族语原之音为 ml-，犹彬之有林音，卯之有刘音，戮之有缪音也。卜者灼剥龟也，剥即爆字。

（十二）割　剥也。《释言》："盖、割，裂也。"盖、害音同，害亦割也。割、开音义俱近。

（十三）辜　罪也，《诗》中罪辜连文。《周礼》"杀王之亲者辜之"，郑注："辜之言枯也，谓磔之。"又《大宗伯》副辜连文，郑玄云："副，副牲胸也，副而磔之。"今俗谓剖胸曰豁，或谓之开膛，《广雅》："劐，解也。"《尔雅》："辜、辟、戾，罪也。"犹副劈裂，皆由剖杀之义引申，辜、副一声之转，犹福之为祜。

（十四）磔　辜也。段玉裁《说文注》云："凡言磔者，开也，张也，刳其胸腹而张之，令其干枯不收。今俗语云磔破者当作此字。"字或作矺，见《史记》。音与塘（圻）、拆、兆等字相近。

（十五）刘　杀也。《商书》曰："重我民，无尽刘。"《周书》

曰:"咸劉厥敵。"《左传》曰:"虔劉我边陲。"劉皆训杀。案刘从卯金刀,即卯之累增字,增刀表杀,增金表器,故《广雅》云"劉,刀也",《书》云"一人冕执劉",因动作而以为物名也。《说文》作鐂,留亦卯声。

(十六)戮　杀也,杀下云戮也,二字互训。案卯、劉为对剖,而杀则为击毙,后人虽以杀为共名而统劉、戮诸义,然原始之动作实有分别。劉、戮一声之转,今皆知戮为杀,但鲜知劉之为杀者。

(十七)列　分解也。《大戴礼》"割列襈祭",卢辩注:"列,副辜也。"通作裂。俗作剛,戾训罪盖由于此。语转为勞,字亦作鑠、剠、劣、劙、劚、剫、劚等形,经典分别字则以离为之。语又转作掠,《方言》:"掠,杀也。"又有劚、霧、剺、剑等字,俗语曰另、零、利,犹伶仃、伶俐。

以上只就原稿删要而成,当然有不大详细的地方;不过即此一例,已足见我国语言中声近义通的现象乃是后期的孳乳分化,而非原始音与义间所示的联系。大概古来只有一个语根,后来因了所表的对象不同,意义也就有大同小异的分化,又因为时代地域的不同而语音有转异,字形随之亦易,加以汉字的表音方法无定,而字体又偏重目治,任意增改偏旁,于是文字的孳分就漫无涯际了。这里面如果除去重文或体,累增字,分别文,因音转而添造的新字,那么所剩下的恐怕也就寥寥无几了,还能说是凡某声皆有某义吗? 因此,声近义通,凡某声多有某义一类的话,只可施之于字形的孳分,而不可用之于语根,何况也只能说"多有某义"而不能说"都有"呢。即以从卯声者言之,无论是 m-系的贸、茆、昴等字,或是 l-系的柳、留、聊等字,都与卯为对剖之义相去甚远。明乎此,而后再看刘师培所说的古韵同部之字义多相近说,以及近人效颦而作的《古声同组之字义多相近说》(《制言》半月刊九期、刘赜本其师黄君古声十九纽以为说。)等文,都觉得有些倒果为因的强为归纳,以偏概全了。总之,语族和语根不可不讲,但绝不可就因此相信音义间的关系是必然的。

第六节 语义的单位

　　普通训释语言的意义,大多以"字"为最小的单位,这都是没有分清语言和文字的不同。语言的构成材料是声音,但仅有声音而无表意的作用也不能成为语言,声音有形而可以听见,意义却是无形的,非依附寄托于声音而不能存在,所以说:声音是语言的外形,意义是语言的内容,二者相依为命,不可须臾离也。这样看来,如果分析语言的成分而指出它表意的最小单位,应该是以音与意的配合作为基准了。换言之,意的单位和音的单位是完全相等的,合起来成为语言中的最小单位,这单位并非是指音节的单一而言,因为有时表意的单位需要一个以上的音节。在中国的语言里,这单位说它是一个"字",大体上认为是对的,尤其是古代的字,一个字或者并不像现在的字只有一个音节。但是严格的分析一下,上面的话并不能完全说得通,例如《诗经·七月》篇所说的"悉蟀"之名,在语言里只是一词,文字上却写成两个字,假如按字分开来,与原来的意义就不一样而完全失去。虽然章太炎曾作《一字重音说》之文,也以蟋蟀为例,他说:

> 中夏文字率一字一音,亦有一字二音者,此轶出常轨者也,何以证之?曰高诱注《淮南·主术训》曰:"鹓鶵读曰私鈚头。"二字三音也。(按私鈚合音为鹓,谆脂对转也,头为鶵字旁转音。)既有其例,然不能征其义,今以《说文》证之:凡一物以二字为名者,或则双声,或则叠韵,若徒以声音比况,即不必别为制字;然古有但制一字不制一字者,躐踔而行可怪也;若谓《说文》遗漏,则以二字为物名者,《说文》皆连属书之,亦不至善忘若此也;然则远溯造字之初,必以一文而兼二音,故不必别作彼字。如《说文》虫部有悉蟀,蟀本字也,悉则借音字,何以不兼造蟋?则知蟀字兼有悉蟀二音也。……(《国故论衡》上)

但此说甚辩,不足以证一字重音之说,一则古书无单称蟀以为蟋蟀者,二则《说文》录字以经典为主,无则缺如,焉能自造?况《说文》蟀下明注悉蟀之词,是《说文》亦不以为一字二音也。因此我们可以说,"词"是语言表意的单位,"字"是文字书写的单位;一个字只有一个音节,一个词却可以有一个以上的音节;一个词可以写成好几种不同的字形,而一个字又可作好几个词用。

从前训诂字义的人,都以为是文章和文字而非语言,所以只讲字而忽略了词,因此就生出许多错误,如扬雄《方言》说:"美心为窈,美状为窕。"可是窈窕淑女的窈窕并不见得就一定是幽闲贞专之貌,字亦作苗条,重言则为篸篸,皆细而长之意,故又为深,为高,为远。那么窈窕犹之乎苗条,根本是一个平列的复合词,就不能分心和状了。王筠在《毛诗双声叠韵说》里说得很好:"以上诸字皆合两字之声以成一事之意,故泥字则其义不伦,审声则会心非远,但当用《公羊传》之耳治，必不可用其目治者也。"窈窕虽非叠韵之正例，但正可用此数语治之。又如《尔雅·释诂》的"覭髳，茀离也"一条，郭《注》说：

> 谓草木之丛茸翳荟也。茀离即弥离，弥离犹蒙茏耳。孙叔炎字别为义，失矣。

以后邵晋涵的《尔雅正义》，郝懿行的《尔雅义疏》都推衍郭说，郝氏并列举二词之转语，以为覭髳即幂蒙、溟沐、蠛蠓、绵蛮、弥漫。茀离即弥离、迷离、幎历、幂䍐、幂䍥、幕络；弥离犹蒙茏、朦胧、蒙戎、尨茸；茀离犹纷纶、纷乱。都是双声叠韵之语，取其声不论其字，故郭氏讥孙炎字别为义之为失也。虽然武亿的《经读考异》六和潘衍桐的《尔雅正郭》二书反对郭说，赞成孙氏的一字一读，但是举证都有些牵强，不得语言之本原，所以仍然以两字连读为是。这两派的争论，也是"字"和"词"的不同的问题。

又如《诗·大雅·皇矣》："无然畔援，无然歆羡。"毛《传》："无是畔道，无是援取，无是贪羡。"按畔援和歆羡都是复音词，不可分解，郑《笺》："畔援犹跋扈也。"盖本《韩诗》"畔援，武强"之义以立训。《汉书注》作"畔换"，《玉篇》人部作"伴换"。俞樾《群经平议》云：《传》分畔援为二义，非也。畔援即畔喭也，《论语·先进》篇'由也喭'，郑《注》曰：'子路之行失于畔喭。'《正义》曰：'旧注作叛喭，字书叛喭失容也，言子路性行刚强，常叛喭失礼容也。'此与韩、郑义合，援喭音近，故得通用，犹美士曰彦，美女曰媛，亦取音义相近也。《玉篇》又引作'无然伴换'，盖古人双声叠韵之字皆无一定，畔援也，叛喭也，伴换也，一而已矣。《卷阿》篇'伴奂尔游矣',伴奂即伴换也;《笺》曰:'伴奂自纵弛之意。'盖即跋扈之义而引申之,美恶不嫌同词。《传》以为广大有文章,《正义》申明之曰:'伴然而德广大,奂然而有文章。'则分伴、奂为两义,与此《传》分畔、援为两义,其失维均。"吴树声《诗小学》又谓畔援即般桓,亦即重言之桓桓。又《周颂》:"继犹判奂。"《传》亦分释之云:"判分,奂散也。"《笺》云:"我所失分散者收敛之。"俞樾云:"……《传》、《笺》均未得其义。此《诗》判奂即《卷阿》篇之伴奂,亦即《皇矣》篇之畔援,古义存乎声,无定字也。说具《皇矣》篇。"从这条例子看起来,可见字和词的不同与意义大有关系,是训诂家所不能忽略的第一件要事。不过这也难怪,汉字没有词类连书的习惯,字字孤立,很容易被人误认以字为单位。补救之道,除了词类连书的方法外,最紧要的还得靠着语言学、文法学的知识去析句辨词了。

　　语言表意的最小单位既然是词而非字,那么训诂时也当以词作最小的单位。现在一般文法学家大多认清了字和词的区别,所以《马氏文通》的名字、代字、动字等名,近来都改称名词、代词、动词了。词这个字亦通作辞,但在《说文》上是有分别的。《论语》云:"辞达而已矣。""出辞气。"《孟子》云"宰我子贡善为说辞",即"言语,宰我子贡"之义,可见在春秋战国间都以辞字为言语之辞。汉人传注有"某,辞也"之例,毛《传》:"思,辞也。"(《汉广》"不可求思。")《正义》曰:"以泳思、方思之等皆不取思为义,故为辞也。"又于《小雅·白驹》"贲然来思"、"勉尔遁思"句下申毛云:"此来思、遁思二思皆语助,不为义也。"看起来好像辞是有音无义的助语,但是语言既以音表意,那么有音就不能无意,此处说是不为义者,只是说它不甚要紧耳,思即兮、斯等字之同音同义字,犹今语之啊也。所以毛《传》又训"于嗟"为叹辞,"追其今兮"的今为急辞,

"执讯获丑"的讯为辞也,《尔雅》则曰:"讯,言也。"可见也以辞为言辞之义。到《说文》里面,因为分别造字本义的原故,于是就说辞为"讼也,从𢎞辛,𢎞辛犹理辜也。𤔲,籀文辞从司。"又于词字下解说道:"意内而言外也,从司言。"我们从祠字下许君所说的"品物少,多文词也"以及书中"者,别事词也","皆,俱词也","只,语已词也","乃,词之难也","𢎞,词也"等训解看来,大概他以为辞是听讼之"辞听"(《周礼·小司寇》以五声听狱讼,一曰辞听。)的专字,以词为文词的专字,文词即语言之词,故曰意内言外,言者音也,正合以音表意,意为内容,音为外形的语言定义。清儒之治小学者,不明乎此,段氏《说文注》遂谓:"意者文字之义也,言者文字之声也,词者文字形声之合也。"不但把词和字混在一起,甚至目中有字无词,谓辞是篇章,词是摹绘物状及发声助语之文字,积文字为篇章,积词而为辞。于是就本《说文》以改经传,《毛诗小笺》说:"辞当作词,《说文》作词,意内而言外也。《说文》凡文辞作辞,辞,说也;凡形容及语助发声作词,如《芣苢》之薄,《汉广》之思,《草虫》之止,《大叔于田》之忌是也。"一时风靡景从,如王引之的《经传释词》的"词"便指虚字而言,如攸,所也,迪,道也,而又为"词之用";这个词之用就是说用字不作动词解,而作等于介词的以字解。凡文法上的介、连、助、叹等词都包括在"词"内,比段氏所说的范围更狭。近来还有沿袭这种说法的,如陈承泽《国文法草创》一书曾经替字和词下了两个新定义,以为字表意亦表事物,有客观的之体或相或用者;词只能表意,无客观的之体或相或用者。换言之,名、代、形、动四类为字,副、介、连、助、叹五类为词。实则此说混淆字和词的含义,更较前人为甚了。现在既然不把词当作诗词的专用字,那么我们斟酌旧说及习惯用法,规定词字为"语词"的简称(因为辞字已为辞谢义夺去了)。

词的成立既以意为单位,不以音为单位,所以一词就不限于一音,其类别可以分成单音的、双音的及多音的三种:

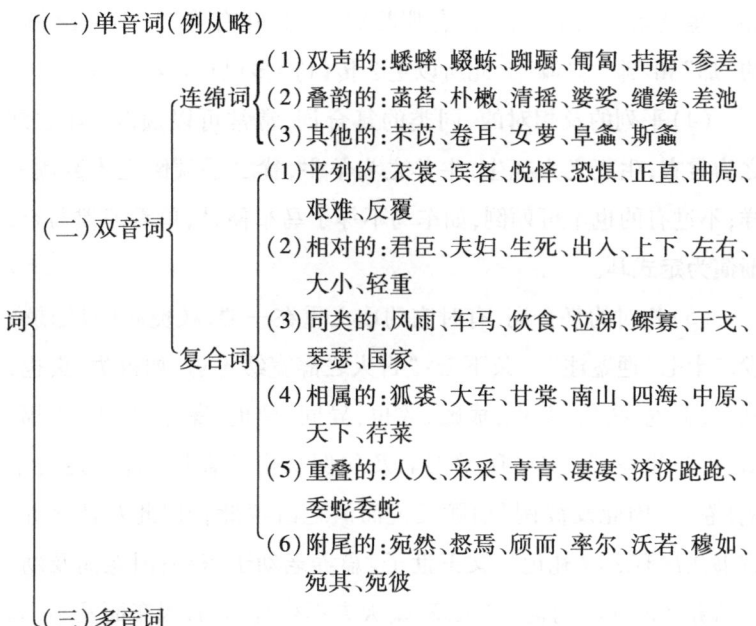

(三)多音词

这里要须说明的:

(1)连绵词多托名标识,故字无定写,如踟蹰可以写成:跦蹢、峙踱、峙崛、踦踱、蹢躅、次且、次雎、趑趄、趦趄、趁趄、踯躅、蹢躅、彳亍等十多种形式;复合词虽然也有这种现象,如依依即猗猗、薿薿、翼翼、彧彧、旂旂、绎绎、驿驿、抑抑、泥泥、耳耳、浟浟、奕奕等都有盛大之义;但是大多皆有定写。

(2)连绵词的音与音之间是黏结的,不可分离,分开则无义;复合词是词与词拼合的,可以分开而仍有意义。

(3)复合词中的重叠一种,有时与单言无异,有时因为同音异化的关系而变为双声叠韵的词,如《诗》中"猗彼女桑"、"绿竹猗猗"的"猗"和"猗猗","依彼平林"、"有依其士"、"杨柳依依"的"依"和"依依",就是"猗傩其华"、"猗与那与"的"猗傩"和"猗那",也就是"受福不那"、"有那其居"、"其叶有难"、"佩玉之傩"的"那"和"难"、"傩"。此所以毛公传《诗》多以重言释一言也。

(4)平列的及相对的、同类的复合词,常常可以颠倒,如衣裳之为裳衣,生死之为死生,牛羊之为羊牛,犹之乎颠倒之为倒颠一样;不过有的也不可颠倒,如车马不等于马车便是,单看习惯与否,渐演为定式耳。

(5)相对的复合词,有时它的取义重在一端,顾炎武《日知录》卷二十七"通鉴注"一条下云:"古人之辞宽缓不迫,如得失,失也,利害,害也,缓急,急也,成败,败也,异同,异也,赢缩,缩也,祸福,祸也,皆此类。"(文中所举书名及句例从略。)俞樾《古书疑义举例》卷二"因此及彼例"引顾氏说而演之曰:"此皆因此及彼之辞,古书往往有之,《礼记·文王世子》篇养老幼于东序;因老而及幼,非谓养老而兼养幼也。《玉藻》篇大夫不得造车马,因车而及马,非谓造车兼造马也。"按此实为造成复词之一法,原则与其他复音词同,非缓辞,亦非因此而始及彼也,今语犹存此例,如兄弟,弟也,姊妹,妹也,褒贬,贬也,国家,国也。近人黎劭西的《国语中复合词的歧义和偏义》(《学术季刊》一卷二期),刘盼遂的《中国文法复词中偏义例》(《文字音韵学论丛》),也都是讨论这个现象的文章。

(6)汉语因同音的单词太多,耳治易生误会,所以除了用后起的四声别义的方法加以补救外,较古一点的区别方法就是把单音词化为复音词,变化的方式:有的附加区别之词,有的就原词重叠,有的利用双声叠韵的同义转语词并合一起,有的取同类的或相对的词以为衬托,原则上都是一种陪衬烘托及加重听感的作用。汉语词类虽有单音、双音、多音之分,但事实上是以双音词为孳乳分化的主干,而且不仅把单音变为双音,有时还把多音省略为双音。这种演变与意义的分化是并行的,如《诗》云"道阻且长",《十九首》则云"道路阻且长";古语中用一个道字,包括后世的道路、道理、道德、道义、道行、道艺、引导、领导等复词。

(7)单音词有时即复音词之合音者,如蒺藜为茨,终葵为椎,中馗为菌,不律为笔等都是。林语堂的《古有复辅音说》一文以孔曰窟窿,不律谓之笔,团为突栾等例为古语中有 ki-(gl-),pl-(bl-)及 tl-(dl-)复辅音之证。此与章氏《一字重音说》不同,如林氏谓"螂"=tlang,依章说则为"螂"="堂螂"二音也。

(8)复合词中之平列的及相对的二种,也多有同声韵的关系,王筠谓此为双声叠韵之变例,即本非由声音取义,而按其声音则适合双声叠韵者也。古人的姓名,也多有双声叠韵的关系。有古本为同母或同部之双音词,后来因音变而不谐,如赵岐注《孟子》曰:"离朱即离娄也",朱娄叠韵,盖读朱为娄,犹邾亦名邾娄矣。是离朱为双声,离娄即玲珑伶俐、丽尔㲋尒,皆双声字。又《诗》"周道倭迟",倭迟在今音为叠韵,但《韩诗》作倭夷,《文选注》作威夷,亦即委蛇、逶迤,是倭迟于古为双声,迟之为夷,犹陵迟曰陵夷。

旧来的训诂著作,除了雅学中一脉相传的在《释训》一篇里收些重言的形况词外,其余的《释诂》、《释言》都以单字为主,直到明代朱谋㙔的《骈雅》,清代史梦兰的《叠雅》,吴玉搢的《别雅》诸作,才有专门集释䜣语重言的词书。(方以智《通雅·释诂》,洪亮吉《比雅·释诂》二书也都有一部分是属于这类的。)从语言学的见地说,词书较字书更为实用而合理。

假如一种语言只有些单纯的语词,恐怕在表意的应用上也就有些太简拙吧。所以欲想就外界的事物而说明它的动作或情形、性质或种类,表示思想中一个完全的意思,必得连接许多的词或短语(简称为"语",如主语、述语、宾语之类。旧称语为读或顿。)而成"句"不可。句的得名由亅,《说文》:"亅,钩识也。"《史记·东方朔传》:"东方朔至公车上书,公车令两人共持举其书,人主从上方读之,止,辄乙其处。"乙即亅,声转为曲为句。然此句只就声气之起止而言,与文法学上所说的句不同。句之类别有三:

(1)文法上的句以意义为主,凡语词相配而所表之义已经完全的才能叫作句。单句的主要成分有二:一为主语,二为述语,此外还有连带成分及附加成分。复句则包括主句和副句。

(2)诗歌上的句以音节为主,必须句读齐同,字数有定,例如《诗》以四言为主:"关关雎鸠,在河之洲。"歌诗时为两句,依文法言只一句而已。又如《七月》:"十月纳禾稼:黍稷重穋,禾麻菽麦。"《韩奕》:"王锡韩侯:淑旗绥章,簟笰错衡,玄衮赤舄,钩膺镂锡,鞹鞃浅幭,鞗革金厄。"也都是一句。

(3)声气上的句以呼吸为主,凡人语言,声气不能过长,过长则声气不足,呼吸不便,虽语义不完,无妨暂为停顿,再换气言之。如《左传》:"楚自克庸以来,其君无日不讨国人而训之于民生之不易,祸至之无日,戒惧之不可以怠。"读时为四句,文法上只是一复句耳。

词类的辨别,也就是词义的寻绎,完全凭藉它在句中的位置及职务而断定,因为汉语词类的变化,本身并无词头词尾的不同,而句法则有种种的顺序排列方式,所以词的意义纯粹是在句中前后的位置上表示出来,我们研究语义的人,不仅应以"词"为最小的单位,而且还该以"句"为本位,这句当然是文法上的句了。所谓"词的次序"或"词位",是词与词连接关系的表现,这互相间的关系就显示出每个词的职务及意义。例如《诗》中"黄鸟于飞"、"之子于归"的"于"字,旧来训于为往也,清人则以于为语助无义,现在则以于为表进行时的副词,于飞者,正在那儿飞也。何以知于训往之误?就因为于字上面多为主词,下面多为内动词,而此种内动,并非如"薄言往愬"和"且往观乎"之往愬往观,时间上有先后继承的关系,故飞上不能加往字,现在若说"黄鸟去飞",岂能像话?又如《诗》中"言告师氏,言告言归"、"陟彼南山,言采其蕨"、"驾言出游"、"受言藏之"等句的言字,毛《传》训言为我,固然言、我、予、吾四字的声音相近,但是声音相近的字很多,未必都一一移来适合,其所以如此立训者,盖因言下接动词,动词之上多为主词故也。胡适之作《诗三百篇言字解》,他说:

> 按《诗》中言字大抵皆位于二动词之间,如"受言藏之",受与藏皆动词也;"陟彼南山,言采其蕨",陟与采皆动字也。……据以上诸例,则言字是一种絜合之词,其用与而字相同,盖皆用以过递先后两动字者也。……若以言作我解,则何不用"言受藏之",而必云"受言藏之"乎?何不云"言陟南山","言驾出游",而必以言字倒置于动词之下乎?汉文通例,凡动词皆位于主名之后……若以我字位于动字之下,则是受事之名,而非主名矣。……今试举《彤弓》证之:"彤弓弨兮,受言藏之;我有嘉宾,中心贶之。""我有嘉宾"之我是主名,故在有字之前,若言字亦作我解,则亦当位于受字之前矣。且此二我字同是主名,作诗者又何必用一言一我,故为区别哉?据此可知言与我,一为代名词,一为絜合词,本截然二物,

不能强同也。

胡氏全文所得的结论,固然是用归纳的研究方法,但是个别的分析,则是以句为"本位"而分析其词与词间的关系,故云居两动之间的言字为连词,言字如为主语即不当位于动词之下也。还有一点注意的,文中说到"言采其蕨"的言字时,必定以"陟彼南山,言采其蕨"两句为一句者,这就是文法上的句与旁的句不同的缘故,此点是清代训诂家所不能及的地方。这是文法学的事情,也是训诂学的利器。总起来说,语义的最小单位是"词",表示一个完全意思的本位(大单位)是"句",研究文法应以句为本位,研究语义亦应以句为本位,因为汉语词类必"依句辨品,离句则无品"也。

汉代经师有章句之作。《学记》:"古之教者,一年视离经辨志。"郑《注》:"离经,断句绝也。"可见离析经理和断绝章句为初学最要的事务。大概章句明而文义亦无不明,而章句的分断又赖乎文义的明了,二者实在是一件事情。所以如果一经的家派有别,师说有异,则章句亦因之而生差别,《汉志》云:"《孝经》者,……各自名家,经文皆同;唯孔氏壁中古文为异,父母生之续莫大焉,故亲生之膝下,诸家说不安处,古文字读皆异。"《周礼·官正》:"春秋以木铎修火禁,凡邦之事,跸。"郑玄《注》:"郑司农读火绝之,云禁凡邦之事跸。"可见训诂和句读实有密切的联系。章句盖原于歌诗,其后训读他书文篇也有章句,《易》有施、孟、梁丘《章句》,《书》有欧阳、大小夏侯《章句》,《春秋》有公羊、穀梁《章句》,《左传》有尹更始《章句》,《离骚》有班固、贾逵《章句》。章句本在明析经理,训诂亦以诠明经义为主,故训诂可兼有章句之善,而无章句之烦,是以通人达士大多不屑于此小技,《扬雄传》说雄不为章句,训诂通而已矣;《班固传》亦说固不为章句,但举大义。章句虽然为识者所诟病,但并不因此而废,且训诂亦常及章句,如《汉志》云丁将军说《易》,训故举大义,今称小章句是也;毛公《训故传》也兼及章句。迨后郑康成注《三礼》,屡改旧读,何休《公羊解诂序》曾闵笑他人之"援引他经,失其句读,以无为有"的不可胜记也。清儒训故之作如《读书杂志》、《经义述闻》、《经传释词》等书都有改正旧读的地方,王氏父子知句读与文义关系的重要,所以自刻的书都自加圈点。经传章句之存而完整者,上有毛《传》,次有赵岐《孟子章句》,王逸《楚辞章句》。其体以毛公为最简洁,章旨具于序中,经文但举训故;至赵、王二氏则既作训故,又重复本文之义,较毛公已为繁杂了。

　　句的名称也称句读(何休《公羊传序》),或作句豆(《周礼注》云郑司农读火绝之,《释文》读字徐邈音豆)、句投(马融《长笛赋》)、句度(皇甫湜《与李生书》)。《说文》:"、,有所绝止,、而识之也。"此即读之标记也。盖语气未完而须停顿的叫作读,声气已完而停顿的叫作句,古者谓句为言,句读皆仅以声气为主也。古人于句读绝止之处,大概就用"、"或"↓"的记号,《流沙坠简·屯戍丛残》中有一简,上边还存留着以"<"为句读的符号。到了宋朝,馆阁校书的人才用旁加圈点的办法,岳珂《九经三传沿革例》云:"监、蜀诸本皆无句读,唯建本始仿馆阁校书式从旁加圈点,开卷了然,于学者为便。"《增韵》说:"今秘省校书式:凡句绝则点于字之旁,读分则微点于字之中间。"宋相台岳氏本《五经》即用此符号。句读一般人都视为容易而不加符号,其实是很难的事,《后汉书·班昭传》说:"《汉书》始出,多未能读者,马融伏于阁下从昭受读。"刘彦和《文心雕龙》特标"章句"之篇,韩愈《师说》亦曾论句读之要,故

杨仲愚请朱子点《尚书》以幸后学,而朱子难之。后来专论句读的书,如清武亿的《经读考异》,俞樾《古书疑义举例》之一部,近人杨树达《古书之句读》等都是这方面的著作。

第七节　语义的演变

社会进化,文物增繁,人类思想,日趋复杂,语言既是传达情意的符号,它的意义当然不能没有因革损益的演变。古今语义的演变方式,约可分为下列六种:

(1)缩小式

例如朕字,《尔雅》训朕为我为予为身,都是自称之词。案古籍惟《书经》用朕字最多,凡八十余见。《诗》仅四见,且均为《雅》、《颂》。《论语》两见,乃引《书》原文。《孟子》五见,也是引《书》原文及引舜弟象的话。诸书凡称朕之处,并不一定都是王者自称之词,《诗》云"莫扪朕舌",《离骚》云"朕皇考曰伯庸"是也。说者谓自秦皇以后始定为天子自称之词;疑或系自然的演变。

《诗》中"君子"为贵族之称,"小人"为贱民之名,如《采薇》:"四牡骙骙,君子所依,小人所腓。"《节南山》:"弗问弗仕,勿罔君子;式夷式已,勿小人殆。"《大东》:"周道如砥,其直如矢,君子所履,小人所视。"《角弓》:"君子有徽猷,小人与属。"皆君子小人对举,故《采薇》之小人君子,《朱子集传》谓即戍役与将帅也。到《论语》里面的"君子"和"小人",便由阶级贵贱之广义而渐缩为道德高下的狭义了,如:"君子周而不比;小人比而不周。""君子怀德;小人怀土。君子怀刑;小人怀惠。""君子喻于义;小人喻于利。""君子坦荡荡；小人常戚戚。""君子成人之美，不成人之恶；小人反是。""君子之德风，小人之德草，草上之风必偃。""君子和而不同；小人同而不和。""君子泰而不骄；小人骄而不泰。""君子而不仁者有矣夫；未有小人而仁者也。""君子上达，小人下达。""君子求诸己，小人求诸人。""君子有三畏，畏天命，畏大人，畏圣人之言；小人不知天命而不畏也。""君子学道则爱人；小人学道则易使也。""君子有勇而无义为乱；小人有勇而无义为盗。"这些例子也都是君子小人对举，多指道德方面而言，虽然在"子为政，焉用杀？子欲善而民善矣，君子之德风，小人之德草，草上之风必偃。"一节里，好像君子指为政者，小人指庶民而言，但是大体上则均偏重于道德方面，尤以"小人哉樊须也"，"君子哉若人"和"女为君子儒，毋为小人儒"等节所示更为明显。又："君子固穷；小人穷斯滥矣。""君子易事而难说也；小人难事而易说也。"可见君子非富贵者之称，而小人亦可为人所事也。到《孟子》里如"其君子实玄黄于篚以迎其君子，其小人箪食壶浆以迎其小人。""无君子莫治野人，无野人莫养君子。"似乎君子小人的意义仍然保存着古来的意味，但是大多数的例子则与孔子时代一样。再到后来，君子小人就专指道德而言了，现在犹然。

又如《诗》云"遵彼汝坟，伐其条枚。"毛《传》："坟，大防也。"《释丘》既云"坟，大防"，《释诂》又云："坟，大也。"《方言》云："坟，地大也，青幽之间，凡土而高且大者谓之坟。"盖语言里的"贲、丰、分"之音有大义，而"坟"则为土高之专字。故《诗》云"牂羊坟首"，"有蕡其实"，"贲鼓维镛"，坟、蕡、贲皆大也。亦作颁，《说文》"颁，大头也"，则为头大之专字。又丰亦大也，凡从丰声之字多有大义，封字亦作丰，封豕封狐，大豕大狐也；《诗》曰"瓜瓞唪唪"，盛大之貌;峰、桻、锋亦均有高义。峰、坟、冢一声之转,故冢为山顶而又为大,冢宰,大宰也。坟、阜亦音转,故阜为山陵而又为大,《诗》云"我马既阜",阜、肥大也;附为土丘而又为益,益亦增大之义。由此可证坟、冢都是土高的通名,后来却变为坟墓的专称了。所以《释名·释山》既云:"山顶曰冢,冢、肿也,言肿起也。"又于《释丧制》云:"冢,肿也,象山顶之肿起也。"今字作塚。推而至于丘陵也是如此,《方言》:"冢自关而东谓之丘。"秦汉以来,天子葬墓又谓之陵。

又如《小尔雅》云:"凡无妻无夫通谓之寡。"《左传·襄二十七年》云:"齐崔杼生成及疆而寡,娶东郭姜,生明。"杜《注》:"偏丧曰寡,寡特也。"《墨子·辞过篇》云:"内无拘女,外无寡夫。"又云:"天下之男多寡无妻,女多拘无夫。"后来寡字只用于妇人,故《孟子》云:"老而无夫曰寡。"夫亡为寡,有夫而独守空帏者也叫作寡,《越绝书》:"独妇山者,勾践将伐吴,徙寡妇独山上,以为死士示得专一。"陈琳诗:"边城多健少,内舍多寡妇。"鲍照《行路难》:"来时闻君妇闺中,孀居独宿有贞名。"孀居亦独守之意。再后就仅限于无夫之妇曰寡了。至于鳏乃"老而无妻"之名,《毛诗》:"哀此鳏寡。"《传》曰:"老无妻曰鳏,偏丧曰寡。"今谓为光棍。

以上所举四例,可以列作下表:

例词	古义	今义
朕	凡人自称之词	天子自称之名
君子	贵族阶级	道德高尚者
小人	贱民阶级	道德低下者
坟	土高大者	墓土
冢	山顶高大	坟墓(塚)

寡 { 男女无妻无夫者　　妇人亡夫者
　　 妇有夫而独居者　　（无）

这种缩小的例子,有时是由于修辞之关系,如《诗》云:"乃生男子,载弄之璋。乃生女子,载弄之瓦。"璋为大夫所执之圭,瓦乃妇人纺织之纺锤。《说文》:"瓦,土器已烧之总名。"是纺锤为瓦器中之一种,后瓦则专指屋上之瓦了。又如《孟子》:"许子以铁耕乎?""抽矢扣轮,去其金而后反。""木若以美然。"《左传》:"又如是而嫁,则就木焉。"铁代耒耜,金代箭头,木代棺椁,皆以原料称其物。大概因为说话当时环境的关系,双方都可意会,犹之乎现在说"来一碗饭!"饭指米饭也。

（2）扩大式

扩大的例子比较缩小的为多,差不多的语词的含义都有扩大的倾向。语义的扩大和字义的引申虽然有连带的关系,但两者之间的出发点根本不同,引申义是对本义而言,扩大义则对用义而言。扩大的例子如:

江河,《诗》云:"在河之洲。""江之永矣。"《孟子》曰:"决汝汉,排淮泗,而注之江。""江淮河汉是也。"江河在当时都是专有名词,故《说文》说:"江,水出蜀湔氐徼外崏山,入海。""河,水出敦煌塞外昆仑山,发原注海。"《尔雅·释水》:"河出昆仑虚,色白;所渠并千七百一川,色黄,百里一小曲,千里一曲一直。"称河为黄河盖自秦汉以后。今则以江河为水流的通名了。

又如牝、牡二词,在甲骨文里的写法虽然不一,然按其偏旁及行文看来,牝牡只限于羊牛犬豕马鹿等走兽之类,母亦称匕,即后之妣字也。《说文》云:"牡,畜父也。牝,畜母也。"或当时实际语义并不像造字本义范围之狭小。其后飞禽亦可称牝牡,如《尔雅》云:"鹑鹑,其雄鹊,牝痺。"《诗》云:"雉鸣求其牡。"《书》曰:"牝鸡无晨。"《山海经》:"阳山有鸟焉,其状如雌雉,而五采以文,是自为牝牡,名曰象蛇。"草木亦可称牡,《尔雅》有牡蔽、牡蕡、牡茅。《周礼》有牡樟牡鞠。《檀弓》有牡麻。《仪礼注》有牡蒲。《史记·封禅书》有牡荆。《本草》有牡桂。车箱也可称牝,《考工记》有牝服,《正义》云:"车较,即今人谓之平鬲,皆有孔,内辖子于其中,而又向下服,故谓之牝服。"镶钥也称牝牡,《汉书·五行志》:"长安章城门,门牡自亡。"《月令注》:"键牡闭牝也。"《正义》曰:"凡镶器入者谓之牡,受者谓之牝。"棺盖亦可称牝牡,《丧大记》:"君盖用漆。"《正义》曰:"用漆者,涂合牝牡之中也。"瓦亦称牝牡,《广韵》:"瓩,牝瓦。"牝牡含义的扩大,犹之乎雌雄并不如《说文》所说的"鸟母鸟父"意义的狭小一样,不但走兽可称雌雄,如雄狐、雄犬、雄兔、雌兔;即介虫之类、人、虹、金、石、符契、箭、剑等物凡以对偶相配者都可称雌雄。又如公母二词为称人之语,现在却可施用于禽兽草木等物了。

又如甲文巛字或象川流壅塞之状,或象洪水泛滥之形。《说文》:"巛,害也,从一雍川。"是古人以水为害也。后又以火为灾,故又有灾、烖、灾、灾等字,《说文》:"天火曰烖。"《春秋·宣十六年》曰:"夏,成周宣榭灾。"《左传》灾作火而释之曰:"凡火,人火曰火,天火曰灾。"又襄九年曰:"春,宋灾。"《公羊传》灾作火而释之曰:"曷为或言灾?或言火?大者曰灾,小者曰火。"《春秋》言灾者凡十余见,如御禀灾,西宫灾,新宫灾,桓宫僖宫灾,蒲社灾,雉门及两观灾,宋灾,陈灾(《公》《穀》作火),宋、卫、陈、郑灾等,灾字皆指火言。而三《传》中则凡水、旱、厉、疫、虫、螽、妖、乱无不称为灾矣,后来灾的含义就扩大而为一切的灾患祸难的通称了。

极狭意义的语词,如果不加扩大,恐怕它所发生的时代一过,就有被消灭淘汰的危险。例如《说文》说:

豕生三月叫豯,一岁叫豵,二岁叫豝,三岁叫豜。牝豕叫豝,牡豕叫豝。

马一岁叫马,二岁叫驹,三岁叫駣,八岁叫馴,马高六尺为骄,七尺为騋,八尺为龙。牡马为骘,牝马为騇。

二岁牛叫犌,三岁牛叫犙,四岁牛叫牭。犊为牛子。

这些繁琐细密的区别,大概是古代畜牧社会的遗习,后来离畜牧生活日远,这些区别也就没有什么用处了,所以差不多都被淘汰,只剩下一个驹字代一岁至二三岁的小马,一个犊字代二岁、三岁、四岁的小牛,现在连驹犊也不大常说了,只说小马小牛就得。阴阳性的分别也失掉了专词,只说"公猪,母猪。公马,母马。公牛,母牛"。这种在类名上加个区别词的办法,已经成为普通的公式,如《尔雅》所说的"藿、山韭,茖、山葱,蒚、山蒜",今则专名废而山韭、山蒜等名通行了,凡是专为一事一物所命的专名,大都如此,这可以说是语言的进步。

(3)变坏式

如臭字,《诗》云:"上天之载,无声无臭。"《论语》云:"色恶臭恶不食。"《礼记·月令》云:"其味酸,其臭膻。""其味苦,其臭焦。""其味甘,其臭香。""其味辛,其臭腥。"以上都是臭和味、色、声三者对举,是臭为气臭之义,所以《郊特牲》说:"至敬不飨味,而贵气臭也。"又说:"周人尚臭,灌用鬯臭;郁合鬯,臭阴达于渊泉,……萧合黍稷,臭阳达于墙屋,……"按《说文》:"臭,禽走臭而知其迹者犬也。从犬从自。"自,古鼻字,犬鼻的嗅觉最灵,渔猎时代赖犬以追逐禽兽,故从犬自会意,大概许君以为是动词,臭即鼻部之齅字,《论语》三嗅而作之嗅字的初文。闻味曰臭,因而所闻之对象(气味)亦谓之臭,《易·系辞》"其臭如兰"虞《注》、《荀子·王霸》"鼻欲綦臭"杨《注》皆云:"臭,气也。"《书·盘庚正义》曰:"臭是气之别名,古者香气秽气皆名为臭。"臭既是气之总名,有时可指香馨之气,有时可指腐臭之气,但食物气味以馨香为常,故或训臭为香:《诗》"胡臭亶时"郑《笺》:"以臭为香。"《孟子》"鼻之于臭也"赵《注》亦云:"臭,香也。"郭氏注《方言》更云:"苦而为快者,犹以臭为香,乱为治,徂为存,此训义之反覆用之是也。"此说实未达语言演变之理,徒以表面而论,谓之反训,不如《荀子·正名》注所说的"气之应鼻者为臭,故香亦谓之臭"为佳。至于《书·盘庚》的"若乘舟,女弗济,臭厥载","无起秽以自臭",《庄子·知北游》的"所恶者为臭腐"臭都是败味的意思。后来臭字专指腐臭,而香不与焉,故《说文》又有殠字,解为腐气。

又如逆字古有迎拒二义,《春秋》之"逆女",迎女也,《尔雅·释言》:"逆,迎也。"《说文》:"逆,遇也。"遇虽相逢,实亦相触,犹之乎现在说相逢为碰,顶撞亦为碰也,碰即逢之转语。《齐策》:"故专兵一志以逆秦。"高诱《注》:"逆,拒也。"《左传》云:"去顺效逆,所以速祸也。"《穀梁传》云:"朔入逆则出顺矣。"皆顺逆对言。《孟子》之"逆天者亡"、"其待我以横逆"、"水逆行"等逆字皆为犯忤之义,惟"以意逆志是为得之"之逆仍有逢迎之意。郝懿行《尔雅义疏》曰:"逆对顺言,故有拒意;逆以迎言,故有逢遇之意;诂训有相反而相同者,此类是也。"故《释诂》云:"遘、逢,遇也。"又云:"遘、逢、遇,遻也。"又云:"遘、逢、遇、遻,见也。"可见遇见与触遻二义相反而实相同也。潘衍桐之《尔雅正郭》不明此理,遂诬责郭《注》为非云:"郭《注》分为相遘遇、相触遻、相值见三谊,其实遘遇、值见与触遻谊不相属;且遘逢遇见是期会,又何至于触遻也?……又《释言》:逜,痦也,郭《注》相干痦,干痦即触遻,与此条遻字异谊,郭《注》似不得混而为一。"潘氏谓遻又作迕,当读为晤。案二说都各得全部之一面,彼此皆是亦皆非,逆为迎又为忤,犹牾为逆而晤为遇,迕为遇而忤为逆,迓为迎而枒为逆。兹列表如下:

例	古义	今义	分化字
逆	迎义	(无)	遻
	拒义	拒义	遻、愕
遻	遇义		晤、悟、痦
	逆义		牾、抵梧、枝梧、龃龉
午	交互义	交互义	迕
	相违义	(无)	迕、杵、忤、抵忤、低赿
牙	交互义	交互义	迓、讶
	相违义	(无)	杈枒、迦枒、(权桠)

又如在《论语》、《檀弓》两书著作的时代,尔汝两字同为上称下及同辈至亲相称之代词,到战国的时候,则尔汝同为亲狎或轻贱的称呼,《孟子》全书中无汝字,尔字也少用,对弟子都称"子"而不曰尔汝,《论语》则孔子称弟子为尔汝,弟子称孔子为"子",故《孟子》曰:"人能充无受尔汝之实,无所往而不为义也。"可见当时的人都以尔汝为不敬之词了。今京话你字为贱称,您字为尊称,您盖为

你们的合音,以多数之对称代名词作单数之称时,都是表示礼貌和敬意,西欧习俗也如此。

又如氓字,《诗》云:"氓之蚩蚩",《传》:"氓,民也。"氓、民一声之转,氓之义同于民而音有轻重,故就民字之旁加注亡声以别之,所谓"建类一首,同意相受"是也,于六书为转注。《孟子》:"君之于氓也。"又:"皆悦而愿为之氓。"氓皆百姓之意,本无贵贱之别。后流民谓之流氓,氓因流而遂有恶义,故《周礼·遂人》"凡治野以下剂,致甿以田里,安甿以乐昏,扰甿以土宜……"郑注:"变民言甿。"甿即氓之或体。或谓氓从亡从民,流亡之民也;其说虽嫌傅会,但正可表示氓义之转变?今则指无赖为流氓。其实无赖一词的古义也并不像现在程度之深恶。

(4)变好式

变好的例子比较变坏的不大多见。例如士字,《诗·国风》多以士与女对言,《雅》、《颂》中的周士、殷士、多士、卿士以及《书》中的卿士、众士、庶士、多士等的士不过是王的臣仆军士而已。士者事也,古事、吏、使为一字。春秋战国以后,学术解放,随着儒家的兴起,产生了一种异于古代"士大夫"和"军士"的"士"的阶级。虽然《论语》曾说:"行己有耻,使于四方,不辱君命,可谓士矣。"但这只是士之上者,其次不过能够孝弟,言信行果而已。观季康子之馈药,孟子之"传食于诸侯",齐宣王"欲中国而授孟子室,养弟子以万钟,使诸大夫国人皆有所矜式。"可知当时有一种非农非工非商非官的士,进而干禄,退而讲学,不治生产而专待诸侯之养已,所以《论语》云:"仕而优则学,学而优则仕。"《国语·齐语》所谓"士农工商"的士指军士,后来所谓居四民之首的士则为文人;现在军队中虽仍存上士下士之名,事实上士的含义已为文士所独占了。

又如臣字,甲文于目文不别,望、監、見、卧等字中之目文皆同臣形,只略分横竖耳。古人造字,于动物头首之象征,目最重要,所以首、頁等字都以目文为主,有时仅以一目文而代面代首。臣之初谊,本是俘虏的意思,《礼记·少仪》:"臣则左之。"《注》:"臣谓囚俘。"盖当时数俘以首计,犹后来数猪羊以头计一样,今俗语还说"数目","项目",目就是头的意思,故以首为臣,即以目为臣,一臣犹一头也。卜辞每言"乎多臣伐某方",大概是利用俘虏为奴仆而服劳役,《周礼·大宰》"八曰臣妾"《注》:"臣妾,男女贫贱之称。"《费誓》:"马牛其风,臣妾逋逃,……窃马牛,诱臣妾,汝则有常刑。"郑《注》:"臣妾,厮役之属也。"故臣用为动词则为屈服之意,《说文》以臣字象屈服之形者盖由于此。后来随着制度的变迁,臣字的意义也就变好了,于是就说臣为君之股肱耳目,事君不贰谓之臣,臣是在万人之上,居一人之下的人了。妾字亦然。

又如牧字本是养饲牛羊的人之意,《诗》云:"尔牧来思,何蓑何笠,或负其餱。"又云:"牧人乃梦。"牧民亦如牧畜,故《周礼注》云:"牧,州长也。"这犹之乎古法语的 Marescal(马夫)变为后来的 Marshal(司令),梵文的牧童(Go-Pa 牛护)后来变为保护者一样。

(5)变强式

例如干字,《诗》云:"干禄岂弟。"《传》:"干,求也。"干之训求,盖由音借,干与匄、给、丐、气、祈、借、假等音近。《小尔雅》训干为得,得又因求而生义。干又为犯,宣十二年《公羊传》"以干天祸"何《注》、《晋语》"则上下不干"韦《注》及文四年《左传》"其敢干大典以自取戾"杜《注》并云:"干,犯也。"郝氏《尔雅义疏》云:"犯与求,其义相反而相近。"其实干之为犯,只是求义的加强程度,强求则为干也,故今曰干涉。又奸字即干之分别文,《汉书·孔光及黄霸传注》并云:"奸,求也。"宣十二年《左传》:"事不奸矣。"昭二十年《左传》:"是再奸也。"杜《注》并云:"奸,犯也。"奸犯之最大者为奸淫,故《说文》云:"奸,犯淫也。"都是从干求义加强其程度而言者。

又如无赖一词,本非极恶之名,《史记·高祖纪》云:"未央宫成,高祖大朝诸侯群臣,置酒未央前殿,高祖奉玉卮,起为太上皇寿,曰:'始大人常以臣无赖,不能治产业,不如仲力;今某之业所就,孰与仲多?'"《集解》晋灼曰:"赖,利也,无利入于家也。或曰江湖之间谓小儿多诈狡猾为无赖。"又《吴王濞传》:"吴所诱皆无赖子弟,亡命铸钱奸人,故相率以反。"又《张释之传》:"文帝曰:吏不当著是邪? 尉无赖!"张晏曰:"才无可恃。"可见无赖原不过是无才无用的意思。至扬雄《方言》则云獜獜"江湘之间或谓之无赖,或谓之獜"。晋灼所说或曰云云,当即此意。今无赖则为流氓地痞之称矣。

(6)变弱式

例如走字,《诗》云:"来朝走马",《玉篇》引作趣马。《说文》:"走,趋也。"又云趋走也,趣疾也。趣、趋就是走的转注字,犹骤从聚(聚从取声)声,骀用为骤(《曲礼》:"车驱而骀。"),又用为趋(《荀子·正论》:"骀中韶护以养耳。"):虽然《礼记·玉藻》上说:"父命呼,唯而不诺,……走而不趋。"好像走比趋还快一些,可是走趋都是快跑的意思,故常常"奔走"连言。奔走亦作"奔奏"(《诗·大雅·绵》),奏者进也,凑、辏皆奏之分别文。《释名》:"走,奏也,促有所奏至也。"今走字的含义,程度上已削弱好些了。

又如取字原为夺获的意思,《说文》:"取,捕取也。从又耳,《周礼》获者取左耳;《司马法》曰:载献聝;聝者耳也。"《尔雅》:"探篡俘,取也。"李巡《注》云:"伐执之曰取。"故《春秋·隐十》曰:"宋人、蔡人、卫人伐载;郑伯伐取之。"庄九曰:"齐人取子纠杀之。"哀九曰:"宋皇瑷帅师取郑师于雍丘。"可见取地取人都可以说是取,不仅限于取物也。娶即取之分别文,古止作取,原始婚姻盖为掠夺而来。后来说取多用于取物,取人亦只限于婚嫁,词义词面都失去古来强暴野蛮的色味了。取之义盖原于拘,拘、及、逮一声之转,及字甲文象以手捕人之状,即今之逮字也。扱训取,汲训取水,皆及之分别文,故有连云"取扱"者。

  以上六种语义演变的方式,都是比较常见的例子,其余的方式还可以仔细区分出好些种:如闻字、听字本为耳闻耳听,今国语谓鼻嗅亦曰闻,浈县一带方言谓鼻嗅则曰听(广西南部也如此);犹淡白和厚薄本为视觉和触觉的称谓,现在说味觉方面的滋味也用淡白厚薄等词了。这叫作感觉互换式。又如《释草》说孟(似茅)亦名狼尾,荺亦名鼠尾;犹今云狗尾草、鸡冠花一样。这叫作形状相似式。又如《释亲》云父之姊妹为姑,今妇谓夫之姊妹亦曰大姑小姑;妻之姊妹同出为姨,故今有大姨小姨及姨太太之称,因而呼母之姊妹亦曰姨;犹媳妇本为子息之妇的意思,是公婆称说的口吻,现在北方通谓自己的妻子曰我的媳妇儿,他人亦指曰新媳妇儿、小媳妇儿,而公婆呼时则不得不再添儿字区别词曰儿媳妇儿。这叫作因此及彼式。又如《方言》十说:"颜,额也。"《说文》又云:"颜,眉目之间。"《鄘风》:"子之清扬,扬且之颜也。"毛《传》:"扬,眉上广;扬且之颜,广扬而颜角丰满。"但是《郑风》又云:"颜如舜华。"《秦风》也说:"颜如渥丹。"《小雅》亦曰:"颜之厚矣!"颜则指颜色颜面而言了。身本重伤纯孕之意,殷、隐、盈、溢、重、纯、敦、沈、珍等音俱有大重之义,金文身字象人侧面形而特大其腹部,故《诗·大雅》云:"大任有身,生此文王。"《说文》亦以反身为㠯(㠯与孕音近),迨后则以身为躯体之总称,而身孕字别作㾕。此犹肚本胃之别名(《广雅·释亲》),今谓腹为肚子,胃则曰肚儿。这叫作以偏概全式。又如颠本人顶,亦为山顶的名称(字别作巅);天本人颠,又为最高在上之称。这叫作地位相似式。又如亡本无没之意而又为遗忘之名,盰本目大而又为惊忧之词,瞿本鹰隼之视而又为惊懼之语(懼即瞿之分别文)。这叫作身心动作相易式。又如椅之由于倚,柴(烧柴祭天)之由于柴,箠之由于捶,掖之由于腋,袚之由于腋,導之由于道,畏、威、巍、伟、魁、愧、诡、怪……之由于鬼;这叫作虚实相因式。凡此种种,都极普通,举一反三,不暇多占篇幅了。

这里要注意的,就是研究词义的演变,不要忘了社会的背景,例如君子小人之变狭,灾字之变广,氓字之变坏,臣字之变好,无赖之变强,取字之变弱,都是极显明的例。社会进化之外,还有一个重要的原因,就是人类思想渐趋于细密而有条理,所以除了语义的分化(也是扩大)之外,凡是含义含混的词,都为之区分判别,使它们不再淆乱,如臭之为香又为腐,逆之为迎又为拒等皆是。广义的说起来,新词的增加及旧词的消灭,也可以说是一种演变,增的原因不外新事物的产生或输入,或外来语的翻译,减的原因当然是旧事物旧观念的灭亡了。即使旧事物虽亡而名仍存,或名存而事物的实质已变的,后人对于那旧名的观念也和古人不同了。因此,固然我们可以根据古代的语文来研究古代的社会,但是要了解古代的语文也必得设身处地的去想才行。

第八节　字义的种类

所谓字义是以每个字为单位，就其字形及用法上分析其所表之义。字义的种类大抵可分为三部：

（1）本义，凡文字都有本义，就是最初写这个字时候所表示的意义；六书中的象形、指事、会意三者是形符文字，形声和转注二者是半音符文字，从形象及声音上可以知道它们的本义。

（2）引申义，因了语言孳分和修辞的关系，每个字义在文句中所表的意常是由本义引申，或由于类似，或由于意近，也就是语义范围扩张。引申之后虽与原本大同小异，但仍不能离开本义的，所以引申义可由本义及文法修辞上看得出来。

（3）借义，当纪载语言时，如果没有适当的文字形式（本字）或有而仓卒忘记用它来表示语言，常常用一个同音的字来代替。所表之义与本义全无关涉，只是依声托事而已，在六书里叫做假借，是一种纯音符的文字，因此借义可由声音（当时的）和文法上研究出来。前一种是字形孤立时所表之意，后二种则是字与字音相联时的意义（语义）。

旧来都以为《尔雅》、《方言》一类客观的训诂是专言引申假借的书，《说文》是专言字形本义的书；不过一字之本义明而引申假借之义亦无不明，凡与本义相应者谓之引申，否则必为假借，故段《注》谓许书说其义（本义）而转注假借明矣，他说：

说其义而转注假借明者，就一字为注，合数字则为转注，

> 异字同义为转注,异义同字则为假借;故就本形以说义而本义定,本义既定而他义之为借形可知也。

这种说法也就是后来"《说文》、《尔雅》相为表里论"的滥觞,都源于戴东原的以互训为转注之说。清人之过尊《说文》以及郝氏疏《尔雅》之先求本字,都是以《说文》为本义、《尔雅》为转注假借义的潮流中之产物。因此朱骏声作《说文通训定声》一书,"于每字本训外,列转注假借二事,各以□表识,补许所未备。"(《凡例》中语)。其自叙"通训"之故说:

> 数字或同一训,而一字必无数训;其一字而数训者,有所以通之也。通其所可通,则为转注;通其所不通,则为假借。如网为田渔之器,转而为车网、为蛛网,此通以形;又转而为文网,此通以意。防为堤防之称,转而为邨坊、为埵坊,此通以形;又转而为劝防,此通以意。不得谓之本训,不可谓非本字也。
>
> 至如角羽以配宫商,唐虞不沿顼喾,用斯文为标识而意无可求;草木非言样斗,登乘乃作盈升,随厥声以成文而事有他属;一则借其形而非有其意,一则借其声而别有其形也。若夫麦为来而苑为宛,冢为长而虫为彤;污为浣而徂为存,康为苛而苦为快,以为假借则正,以为转注则纡。……此《通德》、《释名》似转注而实多假借,《方言》、《广雅》半假借而时有转注也。夫叔重万字,发明本训,而转注假借则难言;《尔雅》一经,诠释全《诗》,而转注假借亦终晦。欲显厥恉,贵有专书,述通训。

第二章 训诂的基本概念

他反对戴、段二君以互训说转注以及《尔雅》皆转注的主张,谓转注即"就本字本训而因以展转引申为他训者",他说:

> 窃以转注者即一字而推广其意,非合数字而雷同其训。……余故曰:转注者,体不改造,引意相受,令长是也。假借者,本无其意,依声托字,朋来是也。凡一意之贯注,因其可通而通之为转注;一声之近似,非其所有而有之为假借。就本字本训而因以展转引申为他训者曰转注;无展转引申而别有本字本训可指名者曰假借。依形作字,睹其体而申其义者转注也;连缀成文,读其音而知其意者假借也。假借不易声而役异形之字,可以悟古人之音语;转注不易字而有无形之字,可以省后世之俗书。假借数字供一字之用而必有本字,转注一字具数字之用而不烦造字。转者旋也,如发轫之后,愈转而愈远;转者还也,如轨辙之一,虽转而同归。试即以考譬之,胡考之休为本训,老也;考槃在涧为转注,成也;弗鼓弗考为假借,敂也,敂者考字之训也。又试以令譬之,自公令之为本训,命也;秦郎中令为转注,官也;令闻令望为假借,善也,善者灵字之训,实良字之训也。

这不但反对戴、段,而且攻击许君,臆改《说文序》了。上面所以不惮烦赘的引了一大段的原故,就是因为他说转注的话,恰好说明了引申义的实质。下面且举其童,僮二字之训以示例:

> 童:男有罪曰奴,奴曰童,女曰妾。从辛、重省声。……
> 《周礼·司隶》:"其奴男子入于罪隶,女子入于舂槁。"

《广雅·释诂》一:"童,使也。"《易·旅》:"得童仆贞。"《仪礼·既夕礼记》"童子执帛",《注》:"隶子弟若内竖寺人之属。"《汉书·货殖传》"童手指千",《注》:"奴婢也。"

假借为僮,《易·蒙卦》"匪我求童蒙",郑《注》:"稚也,未冠之称。"《礼记·内则》"成童舞象",《注》:"十五以上。"《穀梁·昭十九传》"羁贯成童",《注》:"八岁以上。"又《释名·释长幼》:"女子之未笄者称童。"《礼记·曲礼》"自称于其君曰小童",《注》:"若云未成人也。"

又《左·僖九传》:"凡在丧,王曰小童。"按不忍离父母之词。

又《贾子·道术》:"亟貌窕察谓之慧,反慧为童。"《郑语》"而近顽童穷固",《注》:"童昏固陋也。"《太玄·错》:"童无知。"《晋语》:"胥童亦曰胥之昧。"

又《释名·释长幼》:"山无草木曰童。"《庄子·徐无鬼》:"童土之地。"《荀子·王制》:"山不童而百姓有余材也。"

又《释名·释长幼》:"羊之无角者曰童。"《诗·抑》:"彼童而角。"《易·大畜》"童牛之告",虞《注》:"无角之牛也。"字亦作犝。

又《后汉·南匈奴传》"童子刀",《注》:"谓小刀也。"

又为同,《列子·黄帝》:"状不必童而知童。"

又叠韵连语,《小尔雅·广服》:"襜褕谓之童容。"《方言》作"襈褣"。《诗·谷风笺》:"帷裳,童容也。"按《周礼》巾车皆有容,短言之曰容,长言之曰童容。

又重言形况字,《广雅·释训》:"童童,盛也。"《释名·释兵》:"幢,童也,其貌童童然也。"《蜀志·先主传》:"有桑树童童如小车盖。"

又托名幖识字,《水经·淇水注》:"千童县,《史记》(《建元以来王子侯者年表》)曰故重也,一作千钟。"

僮:未冠也,从人童声。按十九以下八岁以上也。字亦作偅,经传多以童为之。《广雅·释言》:"僮,稚也。"《鲁语》"使僮子备官而未之闻邪",《注》:"僮蒙不达也。"《张公神碑》:"骖白鹿兮从仙僮。"《严诉碑》:"人僮儚儚。"

转注《广雅·释诂》三:"童,痴也。"《释训》:"僮,昏疾也。"《晋语》"僮昏不可使谋",《注》:"无知也。"字亦作瞳,《庄子·知北游》"汝瞳焉如新生之犊",李《注》:"未有知貌。"

又《埤苍》:"瞳,目珠子也。"按人对面则矑精中各映小人形,故呼眸子为僮子,《汉书·项籍传赞》:"舜目重童子。"以童为之。

假借为僮,《汉书·贾谊传》"今人民卖僮者",《注》:"谓隶妾也。"《司马相如传》"卓王孙僮客八百人",《注》:"谓奴也。"

又重言形况字,《诗·采蘩》"被之僮僮",《传》:"竦敬也。"

在这两字的通训里,朱氏以引申为转注的错误是如何也不能自圆其说的,虽然他以为是不易之言。他还有一点错误的地方,就是所谓本义本字,仍受《说文》说解的拘束,打不破字形的障碍,通不了语文的隔阂。固然本义以字形为主,但亦不可如《说文》之强为分别而必使一字一义,如僮本童之后起分别字,原系一语之分化。朱氏虽谓《说文》童僮字义互倒,仍是相隔之说。兹就童之语根说明其引申分化如下：

童：(d'ung:tuk 秃。童秃同类字，音义俱近。)

（1）秃义——《释名》："山无草木曰童。"《荀子·王制》"山不童而百姓有余财也"《注》、《管子·侈靡》"山不童而用瞻"《注》皆曰："山无草木曰童。"《庄子·徐无鬼》"童土之地"《释文》："童、土、地无草木也。"

（2）无角义——《易·大畜》"童牛之告"虞《注》："童牛，无角之牛也。"（《释文》："童，广苍作犝。"）《诗·抑》"彼童而角"《传》："童，羊之无角者也。"又《宾之初筵》"俾出童羖"《传》："羖，羊不童也。"（《广韵》犝，无角羊。亦作㸬。）《释名》："牛羊之无角者曰童。"

（3）童子义——《礼记·檀弓》"与其邻童汪踦往"《注》："童，未冠者之称。"又《玉藻》"童子之节也"《注》、《仪礼·丧服记》"童子唯当室缌"《注》、《论语》"童子六七人"皇《疏》并同上。《说文》："僮，未冠也。"《礼记·杂记》"称阳童某甫"《注》："童，未成人之称也。"又《少仪》"童子曰听事"《注》、《孟子》"有童子以黍肉饷"《注》并同上。《礼记·内则》"成童舞象"《注》："成童，十五以上。"《释名》："十五曰童。"又云："女子之未笄者称童。"（按今北方俗语有名小儿为"小秃"者，盖取童秃无发之意。）

以上三义都源于秃，山无草木，牛羊无角，幼无毛发，所指的对象虽不相同，但其为髡秃之状则一。都可以说是本字本义，不可强分先后也。

（4）僮仆义——《说文》："童，男有罪曰奴，奴曰童，女曰妾。从𢆉、重省声。"《仪礼·既夕礼记》"童子执帚"《注》："童子，隶子弟，若内竖寺人之属。"又《礼记·檀弓》："童子隅坐而执烛。"《广雅》:"僮,使也。"汉以后多作僮,《史记·货殖传》"僮手指千"《集解》:"僮,奴婢也。"《汉书·司马相如传》"卓王孙僮客八百人"《注》:"僮谓奴。"《贾谊传》"今民卖僮者"《注》引如淳曰:"僮谓隶妾也。"《卫青传注》:"僮者婢妾之总称。"

(5)愚昧义——《太玄·错》:"童无知。"《郑语》"而近顽童穷固"《注》:"顽童,童昏固陋也。"《晋语》"僮昏不可使谋"《注》:"童,无知。"《鲁语》"使僮子备官而未之闻邪"《注》:"僮,僮蒙不达也。"(《易·蒙》"童蒙"《释文》:"童,字书作僮。")《广雅》:"僮,痴也。"又:"僮,稚也。"《白虎通·嫁娶》:"夫人自称曰小童者,谦也,言己智能寡少如童蒙也。"《贾子·道术》:"反慧为童。"《庄子·知北游》:"汝瞳焉如新生之犊。"《释文》引《李注》:"瞳,未有知貌。"

(6)瞳子义——《汉书·项籍传赞》"舜目重童子"《注》:"童子,目之眸子。"(《史记·项羽本纪》作"瞳"。)

以上三义又都从童子义引申而来,僮、瞳皆为童之分别字,盖始于秦汉以后。

至如《小尔雅·广服》的"童容"(《方言》作"襱裕"),《广雅·释训》的"童童,盛也",《诗·采蘩》的"僮僮",则纯为依声托事的假借义了。

这样一来,对于一个字的意义之种类,就可了如指掌。《经籍籑诂》一书所列字义杂乱无序,《通训》虽取以为资而欲通转乎一字数训之间,但亦未能称善,此所以有重新改编《通训》之必要也。

字义的引申和字形的分别,字义的假借和本字的后起都有密切的关系。有字义引申而字形不加分别者,如考之为老,引申为成,字仍作考,不增偏旁;有字义引申为数义而字形因之各加偏旁

以分别者,如前举之童、僮、瞳,及、扱、汲等皆是。王筠《说文释例》谓之"分别文"(应称字)。例如:

> 句,曲也。筍,曲竹捕鱼筍也。鉤,曲也。拘,止也。雊,雄鸣而雊其颈。胸,脯挺也。(《曲礼注》:"屈中曰胸。")痀,曲脊也。跔,天寒足句也。翑,羽曲也。劎,镰也(字亦作鉤)。耇,老人背伛偻考老也。絇,纑绳絇也(读若纠)。軥,轭下曲者。劬劳,犹考老、伛偻、痀瘘,人劳则背曲。
>
> 丩,相纠缭也。芇,草之相纠者。纠,绳三合也。朻,木下句曰朻(或作樛,犹纠为缪也)。觓,角貌(或作觩)。疛,腹中急也(即今俗所谓绞肠痧。绞亦缪纠之意)。虬,虬龙即蛟龙,虬蟠犹纠盘。收,捕拘也。

这一类的字简直多得不可胜计,旧来或叫作形声兼会意,或叫作形声字声中有义,或叫作"右文说",都是指这种孳乳分化的现象而言。由此看来,对于《说文》所说的本义,不能不有些修正了;换言之,语词的本义并不是一定都像本字的本义那样狭小。最明显的是文字学上所谓"借象"一类的字,例如"大、凶、初、閒"等字,意极抽象,造字者无形可画,又无声可谐,于是借了人的正形,地的陷形,以刀裁衣之意,门闭而见月光之情来表示大、凶、初、閒等抽象的意思,形虽专狭,而立义原并不即如此狭小也。陈澧在《东塾读书记》里说得很好:"《尔雅》:初、哉、首、基,邢《疏》云:初者,《说文》云从衣从刀,裁衣之始也,……此皆造字之本意也。及乎《诗》《书》雅记所载之言,则不必尽取此理,但事之初始俱得言焉。澧谓近人之说多与邢氏同,以《说文》为本义,《尔雅》为引申义,其实不尽然也,造初字者无形可画,无声可谐,故以从衣从刀会意耳。……"又说:"一字有数义,古人取易见之义以造字形,许君即据字形以说字义。此有两例:其一,字形即本义,许君说本义又说字形,如止,下基也,象草木出有址;永,长也,象水坙理之长是也。其一,字形非本义,许君但说字形,不说本义,如侯,春飨所射侯也,从人从厂,像张布矢在其下是也。……"由此可知《说文》所说之本义不尽为语词之本义,而《尔雅》所载之义亦不尽借义也。又借字和后起本字的字形也常有关联,如遮姑之为鹧鸪,次且之作趑趄;讣告古止作赴,瞳子原本为童;此种增改偏旁的目的虽有形声化及分别字之不同,但说解文字者则一律以后起字形为本字,而以遮、姑、次、且、赴、童等为假借,这都是不明白文字形体演变史的错误。因为后起本字往往是就原来假借增改偏旁的缘故,所以笺注中就有"破字解经"的方法。

字义的分化(引申)和假借,常与声调(四声)有关,旧来把以四声分别字义的方法叫做"读破"。从记载上看来,这种办法本是汉语中的一个自然现象,例如现在说"丸散"(名词上声)和"分散"(动词去声),"教育"(教去声)和"教书"(教阴平),"数目"(去)和"数钱"(上),"度量"(去)和"量米"(阳平)等语,两字的声调和词性都不相同。古代经传中有同声为训的方法,里面有的是同字的,如《易经》的"蒙者蒙也","比者比也","象也者象也"(下象字后改作像),《孟子》的"彻者彻也",《公羊传》的"世室犹世室也,世世不毁也"。《公羊》为口说流行以后之书,当时两个世字在声调上一定有分别,否则不便于"耳治";故《公羊》说"春秋伐者为客,伐者为主",何休《注》曰:"伐人者为客,读伐长言之,齐人语也;见伐者为主,读伐短言之,齐人语也。"(顾炎武《音论》云长言则今之平上去声,短言则今之入声也。钱大昕《养新录》云长言若今读平声,短言若今读入声。)这样看来,古人口头上以声调分别字义的方法大概是有的,不过不很显著而重要,以致失于记载罢了。后来字的声调不同就被训诂家利用为纸上分别字义的方法,大概由于人类喜欢辨别的心理,于是推波助澜,漫无限制,一个字有几种意义便索性把它念成几种语音,尤以魏晋经师为甚,如王肃的《周易音》、葛洪的《字苑》、徐邈的《尚书音》、《毛诗音》等皆其著者;梁顾野王的《玉篇》、唐陆德明的《经典释文》以及《广韵》、《正字通》诸书都广加采录;集为专书的则有宋贾昌朝的《群经音变》,元刘鉴的《经史动静字音》(《切韵指南》中),明吕维祺《音韵日月灯》中的《音辨》。唐张守节《史记正义》书首又有《发字例》云:"古书字少,假借盖多,字或数音,观义点发,皆依平上去入,若发平声,每从寅起。又一字三四音者,同声异唤,一处共发,恐难辨别,故略举四十二字。如字初音者,皆为正字,不须点发。"依张氏所言,自隋唐以来的一般文人学士,早已就发明了四声点发的目治方法。但是这般文人的区别只是胜利于纸上,而在大众的口中却是失败的,即实际上的语音并不与之完全相合也。所以颜之推《家训》说:

江南学士读《左传》口相传述,自为凡例,军自败曰败,打破人军曰败(补败反),诸记传未见补败反,徐仙民读《左传》唯一处有此音,又不言自败败人之别,此为穿凿耳。

又说:

夫物体自有精粗,精粗谓之好恶;人心有所去取,去取谓之好恶(上呼号、下乌故反);此音见于葛洪、徐邈,而河北学士读《尚书》云:好(呼号反)生恶(于谷反)杀,是为一论物体,一就人情,殊不通矣。

贾昌朝的《音辨序》里虽然认为字音清浊阳阴为"信禀自然,非所强别",但也承认当时有"世或笑其儒者迂疏,强为差别"的反对论调。到清代古韵之学崛兴而日趋明朗,渐知声音有古今之别,于是反对群起,首先发难的是顾炎武,《音论》大声疾呼"先儒两声各义之说不尽然",他从古书押韵上来加以证明爱恶之恶,古读入声而不读去声。后来钱大昕在《养新录》里又推阐顾氏之说,从《释文》的兼存两读上证明好恶两读的无别(卷五一"一字两读"条)。又引魏华父观亭记跋语:"而参诸《易》《诗》以后,东汉以前,则凡有韵之语,亦与孙炎、沈约以后必限以四声,拘以音切,亦不可同日语。"《潜研堂集答问》中又许魏华父之非难为先觉,谓以动静区为两音之不合于古。卢文弨《钟山札记》也以为"字义不随音区别";段玉裁《说文注》于"数"字下说:"今人谓在物者去声,在人者上声,昔人不尽然。又引申之义,分析之音甚多,大约速与密二义可包之。"又"舍"字下云:"古音不分上去。""丧"字下说:"凡丧失字本皆平声,俗读去声,以别死丧平声,非古也。"王夫之《说文广义》说:"一字发为数音,其源起于训诂之师,欲学者辨同字异指,为体为用之别;古人用字义自博通,初无差异。"俞曲园《古书疑义举例》说:"以女妻人即谓之女,以食饣人即谓之食。古人用字类然;经师口授,恐其疑误,异其音读以示区别。于是何休注《公羊》有长言短言之分,高诱注《淮南》有缓言急言之别;《诗》'兴雨祁祁,雨我公田',《释文》曰:'兴雨如字,雨我于付反;……'苟知古人有实字活用之例,则皆可以不必矣。"大概清儒反对的理由有两方面:一自其义言,一字数义往往相因相通,义既无异,音也就不必专为动静体用而分别了;一自古人声调言,古声不同于今声,四声乃起于沈约,焉可以今律古。所以段氏《六书音均表》谓古有平上入而无去,顾炎武云平仄通押,去入通押是知一而不知二之论("古四声说"条)。又说:"字义不随字音为分别,音转入于他部,其义同也;音变析为他韵,其义同也;平转为仄声,上入转为去声,其义同也。今韵例多为分别,如……十一暮之恶为厌恶,十九铎之恶为丑恶者,皆拘牵琐碎,未可以语古音古义。"("古音义说"条)。现在对这两派的主张加以考察一下,未免各有所蔽,四声虽属后人所定,但声调为表义方法之一种,在古汉语里也不能完全抹杀,古人语言的声调无论是四个或多或少于四个,然而他们总是有的,魏晋经师不过是滥用罢了。其实这也是不必要的,文人学士之所以在纸面上分别四声者,其目的在于叫人明了不同的意义,却不知道社会上的平民早已发明了另一种便宜的方法——把单音词变为复音词来达到这种目的了。

由于字义的引申和假借,便演成"一字多义"的现象,普通对于这个问题往往有两种误解:第一,误以一字同时具有数种意义,例如来字,(1)麦也,《诗·思文》:"贻我来牟。"来本象麦之形,后因借为来往义,本义又别作秾。(2)至也,归也,还也,反也;挨近为来,因而招来亦曰来,《吕览》"不侵不足以来士矣",《注》:"来犹致也。"又为将来;《论语》:"来者犹可追。"都是和往字去字相对的意思。字又别作徕、迷。(3)来孙,《尔雅·释亲》:"曾孙之子为玄孙,玄孙之子为来孙。"曾之言层也、增也,玄,悬也,来,累也(郝懿行云:"来之言离也。"),都是远末递进之义。(4)劳来,劳为劬劳,因而慰劳、犒劳，其劳亦叫作劳，《诗·大东》"职劳不来"《传》："来，勤也。"《孟子》引放勋曰"劳之来之"，劳来同义。字别作勑。犒劳多行赏，故来又为赐贻，《仪礼·少牢馈食礼》"来女孝孙"《注》："来读曰釐。"《特牲馈食礼》"来女孝孙"《释文》："来，赐也。"皆用《诗》"釐尔女士"及"徂赉孝孙"之意。字别作赉。（5）动词前加词，《诗》云："万福来求"、"蛮荆来威"、"来假来享"、"反予来赫"，句法与"百禄是遒"、"以假以享"等相类，和"以、遹、聿、曰、越、云、言、于、爰、由、攸、载"等字为同族，都用在动词前表加重肯定之意（详见拙著《三百篇于字及其语族之研究》）。（6）语末助词，《庄子·人间世》："子其有以语我来?"又："尝以语我来?"《大宗师》："嗟来！桑户乎！"《孟子》："盍归乎来?"来，盖哉之假，《史记·夏纪》"来始滑"，古文《尚书》作"在治忽"。今语犹有以来字作问句语助的，如"这是何苦来?""所为何来?""你叫我更靠谁来?"又用以表示完成时，如"你去做什么来?""我去上课来（来着）。"来字虽有以上六种意义，但这都是因为时代地域的变异渐渐积累而成的，来被借为往来义的时候，本义已渐渐消失，另用麦或秾去替代了；而劳来义及动词前加词只用于《诗》《书》时代，句末语助仅见于楚地方言，现在所遗存的不过是来往、将来、来孙、语助等四种了。换言之，已死的意义和现存的意义不是同列的，新义产生后旧义大多就被消灭了。第二个错误观念，就是误认一字的几种意义都同样重要；严格说起来，在同时同地的区限里，一个字只能有一个较为通行而主要的意义，例如上举来字的意义虽多，但据古今的记载看来，只有来往义占优势，本义反湮没无闻，而借义也只是某时的暂且现象。就是将来的来，招徕的来，也都是从来往义引申而成的。

和一字多义相反的现象,就是"一义多字",《尔雅》便是集辑同义字的字书。如:"初、哉、首、基、肇、祖、元、胎、俶、落、权舆,始也。"所谓"始也",并不是说这十一个词(十二字)都只作始讲,只是说在某一种语境下某字才有始的意思,须知语义是临时的,唯一的,词和字的本身在孤立时并没有生命,等它到句子里才有生命。无论那一个字一到在句子里,它的意义就具有临时性,和别的时候的意义不一定完全相同;又具有唯一性,和别的词义也绝不至相混。换言之,它们表面好像相同而实不同,仅仅是在千百种用途中有一两种用法略较相似罢了,在下列初、始二字的用法比较上可见一斑。《诗经》初、始二字兼用,如"旭日始旦"、"其香始升"、"民之初生"、"我生之初"等句初、始尚可互换,但若在"居岐之阳,实始剪商"、"亟其乘屋,其始播百谷"、"自今以始,岁其有"等句就不能相易了,所以《礼记·礼运》云:"夫礼之初,始诸饮食。"二字连见一处而义各不同。即使二字在某一种语境里意义全同,其间也必有时地的差别,《马氏文通》云:"《史记》之用始字,与《左氏》之用初字,《汉书》之用前字同,可见诸书皆各有字例也。"至于首、基、肇、祖等字,与始字用法相去更远了。《尔雅》是客观的训诂,依据传注而成,传注的顺释虽是以今解古,但也仅是比拟取喻,说明二者相近相类,或在某句中可以相同,《春秋·隐五年》"初献六羽",三《传》俱以初为始,这只是说在此句中初、始相同,并未说它们一切用法都相同。

过去治雅学的人,对于同义的字常好说:"某与某一声之转",陈澧《东塾读书记》说:"《尔雅》训诂,其字多双声,郝兰皋《义疏》云:'凡同声、声近、声转之字,其义多存乎声。'澧谓此但言双声,即足以明之矣。……如'大也'一条内,弘、宏、洪三字双声,介、嘏、假、京、景、简六字双声,溥、丕二字双声,訏、恜二字双声,昄、废二字双声,弈、宇、淫三字双声;……又'大也'一条内,廓字以郭为声,古音读如郭,则与介、嘏诸字双声,坎字今轻唇音,古读重唇音,则与昄双声。……凡同在一条内而双声者,本同一意,意之所发而声随之,故其出音同,惟音之末不同耳。音末不同者,盖以时有不同,地有不同故也。其音之出则仍不改,故成双声也。"直到黄侃的治《尔雅》,还是这种老办法,例如《释诂》:"肃、齐、遄、速、亟、屡、数、迅,疾也。""寁、骏、肃、亟、遄、速也。"黄氏说:"肃、齐、速、数、迅、疾,寁、骏,双声相转;肃、速、屡、数、遄、迅、骏、齐、疾,叠韵相转;肃、速,声同同训;速、数,同字并见。"现在看来,这种说法是不大科学精确的,根据各方面的材料去拟测这些字上古音的音值,并不见得完全是双声或叠韵,大概声母、主要元音、韵尾三部分都有关系,或相同或同部。所以说这些字同义的原因,不全是音转的关系,每一个字都有它的特别语境和各种不同的意义,因为引申和假借的结果,许多用法中偶然有某一点相同罢了。固然声近义通、语根语族以及重文或体,正字假借、累增字、分别字等等的现象是我们不能否认的,可是讲字义一方面贵在"通",一方面又贵在"别",不可混淆而泥于一端。

本章参考书举要:

(1)《原始中国语试探》,潘尊行。(《北京大学国学季刊》第一卷第三号。)

(2)《毛诗双声叠韵说》,王筠。(《鄂宰四种》本。)

(3)《中国文法复词中偏义例》,刘盼遂。(《文字音韵学论丛》,人文书店版。)

(4)《古有复辅音说》,林语堂。(《语言学论丛》,开明书店版。)

(5)《语言缘起说》,章炳麟。(《国故论衡》,见前。)

(6)《十驾斋养新录》卷五"双声叠韵"条谓古人名多取双声叠韵,草木虫鱼之名多双声,钱大昕。(潜研堂本,《经解》本,杭州局本。)

(7)《文心雕龙札记·章句第三十四》,黄侃。(文化学社版。)

(8)《诗三百篇言字解》,胡适。(《文存》一集,亚东图书馆版。)

(9)《诸家区分词类的依据》,齐佩瑢。(北大文学院《国文文法讲义》第九节。)

(10)《古书之句读》,杨树达。(文化学社版。)

(11)《日知录》卷三十二"鳏寡"条,"雌雄牝牡"条,顾炎武。(原刻本,广州重刻本,武昌局本,扫叶山房刻本,坊刻小字本,《小方壶斋丛书》本。)

(12)《说文通训定声》,朱骏声。(原刻本,同治九年江宁局补版本,泾县洪氏刻本,光绪间上海坊间石印本。)

(13)《说文假借义证》,朱珔。(泾县朱氏家刻本,民十五中国书店影印本。)

(14)《国语问题之历史的研究》,"语言文字之纷歧"第(2)项"四声分别字义系人为的而非天然的",沈兼士。(《北大国学季刊》第一卷第一号,第 73—78 页。)

(15)《中国语文概论》第二章《语音》、第四章《辞汇》,王力。(商务《国学小丛书》本。)

第三章　训诂的施用方术

第九节　音训(上)

以语言释语言之方式有三：

一曰宛述(义界)，即就一事一物之外形内容，性质功用等诸方面而用语句说明其意义者。如《诗》毛《传》："草行曰跋，水行曰涉。"《尔雅》："谷不熟为饥，蔬不熟为馑，果不熟为荒。"《说文》："吏，治人者也。"等例是也。

二曰翻译(互训)，即以古今雅俗南北之语，同义之词，相当之事，相译相训者。如《尔雅》："初、哉、首、基、肇、祖、元、胎……始也。"毛《传》："匹，配也。""配，媲也。"《说文》："元，始也。""丕，大也。""薆，荌也，楚谓之荌。""荌，薆也。"《方言》："党、晓、哲，知也。楚谓之党，或曰晓；齐宋之间谓之哲。"这里面有的可以互训，有的不可，盖以今通古，以易解难，以常见释罕见，以已知推未知，乃训诂之通例，否则，也就无需乎训释了。

三曰求原(推原求根)，即从声音上推求语词音义的来原而阐明其命名之所以然者。如《说文》："天，颠也。""日，实也。"《释名》："天，显也。""天，坦也。"等例是也。

以上三种方式，都不外乎就音或义两方来立说，下面分音训及义训两项述之，形训不与焉。有人说训诂有文字的训诂，文章的训诂；不知文字在文章中始有生命，孤立时即失去生命也；普通认为孤立的一字一词为某义某义者，也只是就其在文章中之义言之耳，故《尔雅》为五经之辅翼，雅学乃经学之附庸，推而至于《苍颉》、《急就》，也都是择录其文义之常行者耳，是训诂离文句而即不能成立者也。至解说形体，求其造字之本，虽与训诂有关，然终非训释古语，应属于文字学的范围。现在先说音训（或名声训，如以音为包括声、韵之总名，则当称音训）。

音训为训诂之枢纽，语义的表示端赖乎音。文章为语言的符号，语言不能无变化，则文章不能无训诂。语言的变化约有二端：（一）由母语孳乳而生出分化语（语根及语族），（二）因时间和空间的变动而发生转语。二者多依双声叠韵或同类声韵为其变化的轨迹，此所以训诂之重声音也。音训之例约有三种：

（1）同字为训——《易·序卦》："蒙者蒙也，物之稚也。""比者比也。""剥者剥也。"《孟子》："彻者彻也。"《礼记·郊特牲》："夫也者夫也；夫也者，以知帅人者也。"又《哀公问》："大昏既至，冕而亲迎，亲之也；亲之也者，亲之也。"又《郊特牲》："婿亲御授绥，亲之也；亲之也者，亲之也。敬而亲之，先王之所以得天下也。"此以同字为训者也。

（2）同音为训——《易·象传》："咸，感也。""夬，决也。""兑，说也。"《论语》："政者，正也。"《礼记·哀公问》："政者正也，君为正,则百姓从正矣。"《孟子》:"征之为言正也,各欲正己也,焉用战。"《荀子》:"君,群也。"此以形声字与所从之声母相训者也。又《易·象传》:"需,须也。""晋,进也。""离,丽也。"此泛以同音字为训者也。

(3)音近为训——《易·说卦》:"乾,健也;坤,顺也。"《中庸》:"仁者人也,义者宜也。"《孟子》:"庠者养也,校者教也。"此以双声叠韵或声近韵近之音近字为训者也。

同字为训者,盖由于声调之异以及词性之不同,如蒙为童蒙,名词,若为愚蒙,则成形容词,犹童为童子而引申为无知之义一样。蒙为童蒙而原蒙昧,故曰"蒙者蒙也"。至其声调,虽不能确知,然由何休注《公羊》之例推之,必有分别,否则不便于耳治。他如比并之与亲比,亲自之与亲爱,彻赋之与彻取,都释者与被释者有名动静状的词性分别。虽然,这种方法总是有背于以已知释未知的训诂原则,所以仅行于口耳相传的说经时代,后来一到笔下就渐渐废弃了,因目治不便也。其他两法,汉代训诂者则屡加扩充应用,班固《白虎通》之解释礼制之名几乎全用此法,刘师培说它穷一字之义之例有三,其中之以他字释本字者,非系声同,即系声近,如子者孳也,男者任也之类便是。(见刘氏《中国文学教科书》)。许慎作《说文解字》,虽然是专门说解字形的构造,但九千文中形声居其大半,故许君不徒对于音符字是从声求义,即形符意符之文也多用音训的方法,盖不仅在明字原,且兼以明音原也。例如:

(1)天,颠也。日,实也。月,阙也。礼,履也。祺,吉也。祼,灌祭也。祈,求福也等类,音近为训之例也。

(2)帝,谛也。古,故也。羊,祥也。王,天下所归往也。又祮,告祭也。祫,大合祭先祖亲疏远近也。政,正也。娶,取妇也。又祡,烧柴焚燎以祭天神。禘,谛,祭也。帐,张也。姑,枯也等类,同音为训之例也。

清邓廷桢曾集为《说文双声叠韵谱》一书,由此亦足见其应用音训方法之广密。甚至许君于字形之不得其解者,也往往望形生音,望音生义,如于"丨"下云:"上下通也,引而上行读若囟,引而下行读若退。"此就义而定音也。又如丕训大而为从一不声,帝训谛而为从上朿声,旁从方声而形虽阙如,然亦可知其训溥也,此皆就音生义者也。至刘熙作《释名》,始集音训之大成,清顾广圻为之作《略例》曰:

《释名》之例可知也,其例有二焉:曰本字,曰易字是也。虽然,犹有十焉:曰本字,曰叠本字,曰本字而易字,曰易字,曰叠易字,曰再易字,曰转易字,曰省易字,曰省叠易字,曰易双字。本字者何也?则冬曰上天,其气上腾与地绝也,以上释上,如此之属一也。叠本字者何也?则春曰苍天,阳气始发色苍苍也,以苍苍释苍,如此之属二也。本字而易字者何也?则宿宿也,星各止宿其处也,以止宿之宿释星宿之宿,如此之属三也。易字者何也?则天显也,在上高显也,以显释天,如此之属四也。叠易字者何也?则云犹云云,众盛意也,以云云释云,如此之属五也。再易字者何也?则腹复也,富也,以复也富也再释腹,如此之属六也。转易字者何也?则兄荒也,荒大也,以荒释兄而以大转释荒,如此之属七也。省易字者何也?则绨似蜺虫之色绿而泽也,以蜺释绨而省蜺也之云,如此之属八也。省叠易字者何也?则夏曰昊天,其气布散皓皓也,以皓皓释昊而省犹皓皓之云,如此之属九也。易双字者何也?则摩挲犹末杀也,以末杀双字释摩挲双字,如此之属十也。

张金吾《言旧录》又引申其说,于本字易字外增一例曰"借字",分借字之属为五:

> 一曰借字:青徐人谓长妇曰稙,禾苗先生者曰稙,取名于此也;借禾苗之稙释长妇之稙。二曰借本字,弦,月半弓之名也,其形一旁曲一旁直,若张弓施弦也;以半月似弦,借弦释弦。三曰借易字,珥,气在日两旁之名也,珥,耳也,言似人耳之两旁也;以旁气似耳,借耳释珥。四曰借双字,土赤曰鼠肝,似鼠肝色也;以土赤似鼠肝,即借鼠肝释之。五曰省借字,四达曰衢,齐鲁间谓四齿杷为欋,欋杷地则有四处,此道似之也;借欋释衢,而省衢欋也。
>
> (于易字下增一类)曰"易字兼本字":七年曰悼,悼,逃也,知有廉耻,隐逃其情也,亦言是时而死,可伤悼也。以逃释悼,兼以伤悼释悼。
>
> (于省叠易字下增一类)曰"省再易字":颊,夹也,两旁称也,亦取挟敛食物也。以夹释颊,再以挟释颊而省挟也。(合顾氏例共得三例十七类)

近人杨树达不满于顾氏之"全以字形为说"而"泥于迹象"之论,以为《释名》乃以音为训之书,治之者宜于声音求其条贯",于是作《新略例》一文,虽"要以声音为主",然终"未能尽舍字形"也。其言略曰:

《释名》音训之大例有三：一曰同音，二曰双声，三曰叠韵。其凡则有九：一曰以本字为训，如以宿释宿，以阙释阙，以苍苍释苍天，以孚甲释甲之类是也。二曰以同音字为训，如以县释玄，以颢释昊，以竟释景，以规释瞡，……之类是也。三曰以同音符之字为训，如以闵释旻，皆从文声；以燿释曜，皆从翟声；以揚释陽，皆从易声；以遇释偶，皆从禺声之类是也。四曰以音符之字为训，如以止释趾，趾从止声；以却释脚，脚从却声；以殿释臀，臀从殿声之类是也。五曰以本字之孳乳字为训，如以愾释氣，愾从氣声；以蔭释陰，蔭从陰声；以爇释熱，爇从熱声之类是也。此属于同音者也。六曰以双声为训，如以坦释天，以散释星，以氾与放释风，以化释火……之类是也。七曰以近纽双声字为训，如以健释乾，以昆释鯤，以踝释踝之类是也。八曰以旁纽双声字为训者，如以假释夏，以祝释孰，以承释朕之类是也。此属于双声者也。九曰以叠韵字为训，如以阙释月，以显训天之类是也。此属于叠韵者也。

按杨氏虽较顾氏略胜一筹，然皆拘牵于文字声韵，支离琐碎，而终未得《释名》"名之于实，各有义类"之旨，夫《释名》者乃语言学之书也，我们应当就语言见地来研究事物名称的起原，而不宜仅就字形及音训来斤斤争辩。旧《略例》与《新略例》皆可以前面所举的音训三例包括之。

　　前面已经说过，语言的变化不外两端：以义变为主而音或易或仍者为语原及其分化孳乳语；以音转为主而义或易或仍者为因时地迁异所生之方言及古今语。因此，音训的目的也就有两个：（一）求语根及其孳乳分化语；（二）求方言及古今语之音转规律。

（一）求语根及其孳乳分化语

汉代训诂,虽尚音训,然专求语原而能自成体系之书,惟有《释名》,从来对于《释名》的批评,毁誉各半,毁谤者固无论矣,即赞誉者也多未认识它的真正价值。我曾作《释名音训举例及其在语言学上之贡献》一文（见三十年三月二十八日《南京中报·真知周刊》）,兹摘录其有关者如下：

（甲）论事物命名之所因。

《释名·自序》："夫名之于实,各有义类,百姓日称而不知其所以然之意；故撰天地阴阳四时,邦国都鄙,车服丧纪,下及民庶应用之器,论叙指归,谓之《释名》。"按事物得名的由来,不外实、德、业三者,细分之约有八：

（1）形貌——《释山》："土戴石曰崔嵬,因形（崔嵬）名之也。"又："大阜曰陵,陵隆也,体隆高也。"又："林,森也,森森然也。"又："山多大石曰礜,礜学也,大石之形学学然也。"《释用器》："齐人谓其柄曰檀,亶然正直也。"又《释姿容》："僵,正直亶然也。"《释兵》："幢,童也,其貌童童然也。"又："旛,幡也,其貌幡幡然也。"《释天》："庚犹更也,更,坚强貌也。"

（2）颜色——《释水》："海,晦也,主承秽浊,其色黑而晦也。"又《释采帛》："黑,晦也,如晦冥时色也。"又《释书契》："墨,晦也,言似物晦黑也。"又《释天》："风而雨土曰霾,霾,晦也,言如物尘晦之色也。"又："晦,月尽之名也,晦灰也,火死为灰,月光尽似之也。"

（3）声音——《释天》："雷,砢也；如转物有所砢雷之声也。"又："气,忾也,忾然有声而无形也。"《释姿容》："嚏,蹇也,声作蹇而出也。"

（4）性质——《释形体》:"脓,酿也,汁酿厚也。"《释饮食》:"饵,而也,相黏而也。"又《释地》:"土黄而细密曰埴,埴,胗也,黏胒如脂之胗也。"《释山》:"石,格也,坚捍格也。"又《释天》:"扞,扞格也。"《释形体》:"肉,柔也。"又:"骨,滑也,骨坚而滑也。"

（5）成分——《释兵》:"以犀皮作之曰犀盾,以木作之曰木盾。"又《释饮食》:"血脂,以血作之。"《释车》:"金路玉路,以金玉饰车也,象路、革路、木路,各随所以为饰名之也。"

（6）作用——《释形体》:"腕,宛也,言可宛屈也。"又:"腋,绎也,言可张翕寻绎也。"又:"掌,言可以排掌也。"又:"肋,勒也,所以检勒五脏也。"又《释首饰》:"冠,贯也,所以贯韬发也。"又:"笄,系也,所以系冠使不坠也。"

（7）位置——《释形体》:"背,倍也,在后称也。"又:"胁,挟也,在两旁,臂所挟也。"又:"阴,荫也,言所在荫翳也。"又:"角者,生于额角也。"

（8）比喻——《释天》:"氛,粉也,润气著草木,因寒凝冻,色若白粉之形也。"《释山》:"山锐而高曰乔,形似桥也。"《释天》:"珥,气在日两旁之名也;珥,耳也,言似人耳之在两旁也。"《释形体》:"足后曰跟,在下方,著地一体任之,象木根也。"《释天》:"害,割也,如割削物也。"（此兼括上数项而比方言之。）

外此八项,又有因系外来品而得名者,如《释饮食》:"韩羊、韩兔、韩鸡,本法出韩国所为也。犹酒言宜城醪,苍梧清之属也。"又:"貊炙,全体炙之,各自以刀割,出于胡貊之为也。"又《释兵》:"盾隆者曰滇盾,本出于蜀,蜀滇所持也。或曰羌盾,言出于羌也。"事物之得名有的并不限于一面,上列八例,同一事物或兼二者而有之,故有"亦因"、"亦言"、"又言"、"亦取"、"又取"之例。如《释形体》:"踝,确也,居足两旁硗确然也;亦因其形踝踝然也。"又:"颊,夹也,面旁称也;亦取挟敛食物也。"又:"吻,免也,入之则碎,出则免也;又取抆也,漱唾所出,恒加抆拭,因以为名也。"《释天》:"光,晃也,晃晃然也;亦言广也,所照广远也。"又:"云犹云云,众盛意也;又言运也,运行也。"《释形体》之"毛,貌也,冒也","腹,复也,富也"之类也当属此。

一件事物同时而有一个以上的名称的,其得名之由各有所受,故有"又曰"、"亦曰"、"或曰"、"又谓之"、"或谓之"之例;如《释形体》:"自脐以下曰水腹,水沟所聚也;又曰少腹,少小也,比于脐以上为小也。"又《释书契》:"传,转也,转移所在执以为信也;亦曰过所,过所至关津以示之也。"《释形体》:"脬,鞄也,鞄空虚之言也,主以虚承水汋也;或曰膀胱,言其体短而横广也。"又:"咽,咽物也;或谓之嗌,在颐下缨理之中;青徐谓之脰,物投其中受而下之也;又谓之嗌,气所流通厄要之处也。"他如《释首饰》:"绡头,……齐人谓之帞,言敛发使上从也。"《释衣服》:"荆州谓禅衣曰布襦。"《释宫室》:"大屋曰庑,庑,幠也,幠,覆也;并冀人谓之庌,庌,正也,屋之正大者也。"等,"某地谓之某"之类,虽系方言,然非转语,亦当属此。

（乙）论语原和词品的关系。

事物之得名既不外实、德、业三者,故其释语原也,也不外以名动静状等词互释,《释姿容》、《释言语》两篇虽多为动静字,但既谓之"名",则一律也以名词(抽象名词)视之。其例都与上面所举的得名之由相照应,如名与名相释者:"氛,粉也。"此言比拟其形。以动释名者:"腕,宛也。"此言其作用。以静释名者:"背,倍也。"

"脓,酞(浓)也。""海,晦也。""陵,隆也。"等,此言其形色性位。以状释名者:"雷,硠也。"此言其声音。在物在事为实为德为业,在语言则为名静动状诸词,故两方一定是相应的。

若以字形与词品之关系言之,有词异而字同者,有词异而字因之亦异者,其例约有三:

(1)词异而字同者,即同字为训之例。如:"履,以足履之,因以名之也。""弟,弟也,相次弟而生也(今次弟字作第)。""阙,阙也。""观,观也。""易,易也。""示,示也。""约,约束之也。""炙,炙也。"之类,皆字同而词异,盖有声调之别。文法学家谓之"词类活用"。

(2)词异而字亦异者,一即声母与其得声字相释,或同从一声之形声字相释之例,如:"坐,挫也。""亲,襯也。""曾祖,从下推上祖位转增益也。""道,导也。""敬,警也。""发,拨也。""非,排也。""事,傅也。""委,萎也。"等类;"掣,制也。""挟,夹也。""姻,因也。""悌,弟也。""谊,宜也。""智,知也。""铭,名也。""彊,畺也。""清,青也。""政,正也。"等类;"载,戴也。""戴,载也。""捉,促也。""慢,漫也。""序,抒也。""拽,泄也。""纪,记也。""识,帜也。""功,攻也。""躁,燥也。""荡,盪也。"等类;皆词性有别。形声字的形旁,原系意符,表示事物性质的类别,故间或与词性相应。

(3)词异而字亦异者,再即声同声近字为训之例,如"地底、天显、肌枝、胁挟、背倍、负背、伏覆、顺循、威畏、断段、砚研、帷围、仓藏、户护"等类,虽与前一例同,但字形全异。不过其中的或体重文也有声母互通者,如帷作帏,则与围同声母,肌作肢,则与枝同声母;由此可知求语原固在打破语言文字间的隔阂,我们自然不必斤斤于字形的辩说了。汉语词类本来没有声音上的变化(四声别词只是漫无规律的一种现象),同一音(字同或字异)也,可为名词也可作动词静词,所以表音的字形如果加以分别,反多一层障碍,难于记认,倒不如字形只是一个,等他用到语句里,词性的不同自然就从句中的位置上显现出来,用不着再从字形上去辨认的。可是事实上积重难返,那么,我们只有凭着语学的知识来沟通语文中间的隔阂了。

(丙)论同根名动诸词的先后问题。

章炳麟的《语言缘起说》:"一实之名必与其德若,与其业相丽,故物名必有由起。虽然,太古草昧之世,其言语惟以表实,而德业之名为后起,故牛马名最先,事武之语乃由牛马挚乳以生;世稍文则德业之语早成,而后施名于实,故先有引语,始称引出万物者曰神,先有提语,始称提出万物者曰祇。"章氏根据《说文》所云牛事马武,引神提祇的语根解释,兹姑不必先指责其错误,现在所讨论的乃是名动诸词的前后相生的问题。若依"砚,研也。""仓,藏也。"等例看来,动词在先而名词在后;若依"负,背也。""断,段也。"等例看来,似乎又名先动后了。那么,《释名》的以段释断,以背释负,是否有背于语言挚乳的自然次第呢?不过我觉得这些地方不必强分先后,事实上也不能分别也。何以言之?例如负之得名由于其位置在背,而其主动者为背,好像名先动后丝毫不成问题;但是如果从字原上看来,背为北之分别字,北象二人相倍或大人负小人之状,是背之得名反原于负倍也。盖古人造字,借形取象,意多笼统,而词性之别则至语句中才显现出来,况且汉语名动静状同音的很多呢。这犹之乎冒帽、见眼等例一样,冒字本象首上戴冕之状,名动之意都包括在内,后人以冒为动词,就又增巾旁作帽为名词了,故《释名》曰:"帽,冒也。"或者有人反对说:"冒为烘托象形字,下面附加目首者,乃是衬托上面帽形的作用,冒字原来应为名词才是。"但是试问帽之所以为帽者,还不是因为它功用是覆冒吗？名动在造字时不分的情形,在见眼二字上更为明显,甲骨文字体反正不分,艮字原是见字的反文,亦即眼字的初形,古人只画一个眼的形状,名动就都在其内。又如監字原象一人张目伏身临盆照面的形状,你说这是指动作呢？还是指所以照面的物体呢？后来由監分化出来的鑑、鑒、覽、臨等字就有名动之别了。（详见拙编《国文文法讲义》第十节《词类活用问题在语言学上及文字学上的观察》。）所以我们只能分别字形的先后而不能区别词类的早晚；只能说帽字在冒字之后,不能说由戴冒（动）引申而为冕帽（名）,或说由冕帽引申而为戴冒,因为词性的分别是存在语句中的词位上的。这样看来,解释语原的目的既然是打破语文中间的隔阂,当然可以用同根的名动静状诸词互释而不必以字形为主强别其先后了。因为字形的构造及其分化,往往不能与语原及其孳乳完全密合无间,自宜各别观之。

（丁）论研究语原及其分化语之"通"与"专"。

语原是什么？沈氏兼士《右文说》第八节云："语言必有根,语根者,最初表示概念之音,为语言形式之基础。换言之,语根系构成语词之要素,语词系由语根渐次分化而成者。"语根既以音为基础,自不得不于其分化语之字音中归纳综合而求之。语词的分化,于音方面,或仍为单音节而有双声叠韵之变,或附加他音而成复音节；于形方面,或连书二字为一词,或就原字而增改其偏旁以为区别。其类例约有四：

（1）音不变者（字形即就一声母而增改其偏旁）,如：

《释形体》："颈,径也,径挺而长也。"

又:"胫,茎也,直而长似物茎也。"

《释水》:"泾,径也,言如道径也,水直波曰泾。"

《释典艺》:"经,径也,常典也,如径路无所不通可常用也。"

《释道》:"径,经也,人所经由也。"

颈、胫、茎、泾、经、径等字皆从圣声而以形旁别其词性和义用,音同义近,并有"长常细直"的概念,是由一根而孳乳分化者。

（2）音不变者（字形以另一字表之）,如:

《释山》:"冢、腫也,言腫起也。"

《释疾病》:"腫,鍾也,寒热气所鍾聚也。"（又《释形体》:"踵,鍾也,鍾聚也,体之所鍾聚也。"）

又如:

《释床帐》:"筵,衍也,舒而平之衍衍然也。"

《释言语》:"演,延也,言蔓延而广也。"

《释姿容》:"引,演也,使演广也。"（引之为演又为延,犹蟎之或作蚓,又作蜒。）

"腫、冢"、"筵、衍、演、引"的字形及词性虽完全不同,但语根则为一。

（3）音由双声叠韵转迤者（字形以另一字表之）,如:

《释长幼》:"兄,荒也,荒,大也,故青徐人谓兄为荒也。"（兄荒犹怳慌,一声之转。《诗》云:"兄也永叹","职兄斯弘",兄训兹,滋亦大也。）

《释言语》:"（事,倳也;）倳,立也,凡所立之功也,故青徐人言立曰倳也。"（按倳立犹植之为立,甲文事、吏、使三字形同,事即职、帜、识等语之义。）

《释宫室》:"库,舍也,物所在之舍也,故齐鲁谓库曰舍也。"

《释天》:"火,化也,消化物也。亦言毁也,物入中皆毁坏也。"(按《方言》:"煤,火也,楚转语也;犹齐言烢也。"《说文》火、烢、燬三字互训。可证火、毁一语之转音。)

《释言语》:"祸,毁也,言毁灭也。"(按祸、毁犹火、毁音转之例。)

《释天》:"天,豫司兖冀以舌腹言之,天,显也,在上高显也。青徐以舌头言之,天,坦也,坦然高而远也。"(风下云"风,氾也","风,放也"同,并一声之转。)

以上并以方音证明数语的根同而音小异,至于不言之例当亦多有此类。

(4)音由单音而变为复音者(先以单音释之,再以复音释此单音之训释字而别其义。)如:

《释天》:"雾,冒也,气蒙乱覆冒也。"

《释形体》:"髦,冒也,覆冒头颈也。"(此外如木冒、毛冒、帽冒、矛冒等皆覆冒义。)

《释天》:"卯,冒也,载冒土而出也。"(载冒义。)

《释形体》:"牟子,牟冒也,相裹冒也。"(此外如母冒等并为裹冒义。)

又如:

《释丘》:"当途曰梧丘,梧,忤也,与人相当忤也。"

《释宫室》:"梧,在梁上两头相触梧也。"

《释姿容》:"寤,忤也,能与物相接忤也。"(按梧之为逆忤又为遇晤,犹逆之有迎拒二义,故由单音变为复音以别其义。)

外此,如:"序,次序也。""屏,自障屏也。""堂犹堂堂。""梁,彊梁也。""舍,于中舍息也。"等,并见《释宫室》,亦属单音变复音之例。

　　按语根的探求本为一种归纳的公式，系构拟的而非确知的，换言之，探求语根是以语言（音义）为主，而不以字形为主。但此种事业浩大，非暂时所能及；况训诂的目的虽为古代语言的研究，事实上多偏重实用而忽略理论；尤其现在古音系统尚未弄清，构拟语根（音）实属不易。所以直到现在为止，所谓音训者，只是以音同音近的同根语互相训释而已。明乎此，则在理论上语原的推求贵乎观其汇通，而在实用上分化的辨析则在别其精专也。通则不隔，可以打破文字形体的束缚；专则知用，可以明了文章义用的神微。不过通往往弄得动辄声转而无所不通，专往往闹得张口本字而拘于字形，这都是不能串通两方面的弊病，探源析流本是一件事呵。

　　严格的说起来，一个词同时在同一个语言方域里只能有一个本义——主要的意义，其余的次要意义可以说是伸缩义或假借义，假如它同时同地包含着两个或以上的势均力敌的主要意义的时候，那么我们只好把它们当作两个词（两个同音词那样的）看待，虽然它们之间有相生的血缘关系；法国的语言学家 J. Vendryes：*Le Langage*，（有 Paul Radin 英译本）一书里把当作羽毛义的 Plume 和当作笔义的 Plume 认为两个词便是这种道理。这样看来，义变音变者固为分化孳乳语，即义变而音不变者亦属分化语也，旧日所谓"引申义"者便是，此所以一字可以为数词。（文法上所谓"词类活用"的纠缠问题，实际上只是一字活用，而非一词活用，因既活用即为数词。）《释名》体例有事类之别，故一字而为数词者则分见于数类之中，如《释山》之冢为山顶，陵为大阜，而《释丧制》之冢陵则为坟墓丘垄之名；此虽音无差读，然义实不同。又如《释宫室》之"传"为传舍，《释典艺》之"传"为传记，《释书契》之"传"为传信；

《释天》之"阴"为阴气,《释形体》之"阴"为阴部,《释车》之"阴"为遮阴;凡此诸例,盖有声调(四声)之异。说者或谓《释名》一书拘于体例,枝节为之而不能得语言流衍转化之妙,然自语言的词类言之,是亦不足为病也夫?

以上四点,都是研讨语原及分化者的当今急务,岂知于千五百年前成国已启发其端绪欤?虽然,《释名》之病弊也不必为之隐讳,《四库提要》讥其"中间颇伤穿凿",盖不独成国为然,汉代训诂家都不能免,因音训之法只是任取相同相近的一字之音,傅会说明一字之义,音同音近之字多矣,自然难免皮傅穿凿的流弊;此所以音训之法有待于"右文"及全盘归纳的佐证也。例如"君"字诸书音训便多不同:

(1)《荀子·王制》:"君者善群也。"《韩诗外传》:"君者群也。"《白虎通》:"君,群也,群下之所归心也。"《春秋繁露》:"君者不失其群者也。"(群从君声,《管子·大匡》、《问》两篇之"君臣",王引之谓君借为群;故王氏以《尔雅》"林、烝,君也"之君读群。)

(2)《荀子·君道》:"君者民之原也。"《春秋繁露》:"君者元也、原也、权也。"(君、元、原犹颥为头大,愿亦为头大。)

(3)《说文》:"君,尊也。"(《仪礼·丧服传》:"君,至尊也。")

(4)《春秋繁露》:"君者温也。"(《说文》莙从君声而读若威,《左传·隐三》"蕰藻"即莙藻。)

(5)《荀子·君道》:"君者仪也。"(威仪犹委蛇,俱一声之转。)

(6)《贾子·大政下》:"君之为言也考也。"

案君有威音,《说文》威下引汉《律》之威姑,即《尔雅·释亲》的君姑;《集韵》八未收寯字,巨畏切;犹军之为围,辉、晖从军声而音况韦切。又君有美义,与祎、徽(训美)等音近;《诗》云:"颜如渥丹,其君也哉!"俞樾《平议》云君应训美;又"彼君子女"和"彼都人士"对文,都、君皆美丽义,犹言"彼美孟姜"也,故"君子"为贵族的美称。这样看来,君之得名盖由于美盛伟大之意,与"皇侯"用为君王之称,由于美盛之义同例。诸家音训都嫌牵强。

清人训诂,上追两汉,然其以音韵为治小学的中心实超越前人百倍;其疏证小学诸书,如王氏之于《广雅》,郝氏之于《尔雅》,钱氏之于《方言》,都能因声求义,深得"声近义通"、"音义贯串"的妙旨。惟郝氏尚拘牵于本字本义,不若王氏之"则就古音以求古义,引申触类不限形体"之为善也。《广雅疏证》中屡言"某之言某也。"如:"鼻之言自也"、"郎之言良也"、"祐之言硕大也"、"临之言隆也"、"封之言丰也"、"衮之言浑也"、"鲭之言奢也"、"薄之言傅也"、"养之言阳阳也"、"甬之言庸也"等,都是以声通其义,这一点可以说是王氏训诂的特色;实则不过是把《释诂》、《释言》中的动静诸词,和《释训》中的静状诸词以及《释宫》、《释器》、天地、山水、草木、虫鱼、鸟兽等篇中的实体名词,两相对照,以精义古音贯串证发,明其源流分合而已。如:

《释器》:"膞,脔也。"《释诂》:"剸,断也。"王《疏》云:"膞之言剸也,卷一云剸断也。"(按膞脔犹剸断、团圞也。)

《释器》:"膊、腊、脩、膴、脯,脯也。"

《释器》:"糇,糒也。"
　　又:"馈谓之餐。"
　　又:"渳,澌也。"

《释诂》:"膊、脯,曝也。"
　　又:"焙、暵,乾也。"
《释诂》:"脩,长(久)也。"
　　又:"酋、羞,熟也。"
　　又:"蹴、瘗、挼,缩也。"
　　又:"戚、怩忺,惭也。"

王《疏》云:"腊之言昔也,见卷二焟乾也下。""餐之言羞也,卷三云羞熟也。"(按此族语词并有收缩老久干熟积渐畏惧拘束之意。糗犹脩也,今俗言干粮,粻糗音转。王云糗之言炒,非是。)

《释器》:"浑谓之乳。"王《疏》云:"案浑者重浊之意,故《广韵》云:浑,浊多也。卷三云禫幠厚也,禫与浑,幠与乳,声义并相近。"

他如"铍之言破"、"糠之言康(空)"、"柄之言秉",诸如此类,不胜列举。可谓触类旁通,左右逢源者矣。

段氏注《说文》亦屡言"某之言某也"。如"岵之言瓠落也,屺之言芜滋也",此以音训正《说文》说解之字讹也。"裸之言灌","斑之言挺然无所屈也",此引旧说以补证之也。至于《尔雅》之注疏尚无如王氏其人者。王茂才《尔雅草木虫鱼鸟兽同名考》一文谓草木鸟兽异物同名者,并非偶然,大概"古人命名不嫌相假,或因其色同,或取其象类",故"《释虫》果蠃(唐石经如此作)为细腰虫,《释草》栝楼之果蠃亦有长而锐者。……又《释草》茨蒺藜言其多刺不可近,故名蒺藜;而《释虫》蝍蛆之蒺藜今蜈蚣也,蜈蚣亦难近,非犹之蒺藜欤?又《释草》莪萝蒿属也,其色多白,今《释虫》之蛾罗即蚕蛾,其色亦白矣。……"(《经义丛钞》十二)。近儒罗、王二氏亦有见于是,王国维引述罗振玉之言曰:

栖霞郝氏《尔雅义疏》于诂言训三篇,皆以声音通之,善矣!然草木虫鱼鸟兽诸篇以声为义者甚多,昔人于此似未能观其会通,君盍为部居条理之乎?又曰:文字有字原,有音原。字原之学由许氏《说文》以上溯诸殷周古文止矣,自是以上我辈不获见也;音原之学自汉魏以溯诸群经《尔雅》止矣,自是以上我辈尤不能知也。明乎此,则知文字之孰为本义,孰为引申假借之义,盖难言之。即以《尔雅》权舆二字言,《释诂》之权舆始也,《释草》之其萌虇蕍,《释虫》之蠸舆父守瓜,三实一名;又《释草》之权黄华,《释木》之权黄英,亦与此相关。故谓权舆为虇蕍之引申可也,谓虇蕍、蠸舆用权舆以名之可也,谓此五者同出于一不可知之音原而皆非其本义,亦无不可也。要之欲得其本义,非综合后起诸义不可。而亦有可得有不可得,此事之无可如何者也。

罗氏虽无专书以尽此理,然此寥寥数言,也很够作我们探讨语根(音原)的圭臬了。王国维本之以作《尔雅草木虫鱼鸟兽释例》一书,其"雅俗古今之名,凡同类之异名与异类之同名往往于其音义相关"条下论列异类同名者之关系举证凡二十有四条,今略录一二如下:

(1)果蓏之实栝楼草、果蠃蒲卢虫

案果蓏、果蠃者,圆而下垂之意,凡在树之果与在地之蓏,其实无不圆而垂者,故物之圆而下垂者皆以果蓏名之。栝楼即果蓏之转语。蜂之细腰者其腹亦下垂如果蓏,故谓之果蠃矣。

(2)茝苻离草、瘣木苻娄木、果蠃蒲卢虫、蚹蠃蠣蝓鱼

案苻离、苻娄、蒲卢、蚹蠃,皆有魁瘣拥肿之意。又物之突出者其形常圆,故又有圆意茝之名苻离,以其首有台也;瘣木之名苻娄,以其无枝而臃肿也;蒲卢之腹与蚹蠃之壳亦皆有魁垒之意,故四者同名。《释诂》毗刘暴乐也,毗刘、暴乐皆苻娄之音转,其义亦由是引申矣。

(3)葵芦萉草、蜚蠦蜰虫

案芦萉、蠦蜰乃苻娄、蒲卢之倒语，亦圆意也，芦萉根大而圆，蜚形亦椭圆如芦萉，故谓之蠦蜰。后世谓之负盘，亦以此矣。

（4）菟奚颗涷草、科斗活东鱼

案颗涷科斗活东，皆谓活动圆转，如宋时言筋斗，今言跟兜矣。

（按上列四例，都不出本书第四节中所举科斗、疙瘩、骨突、块垒、骨碌……之范围，盖王氏拘于《尔雅》一书，不能触类旁通，罗列尽致，读者可以参照上文。）

（5）权黄华草、权黄英木

其萌虇蕍草、蠸舆父守瓜虫、权舆始也释诂。

案权及权舆皆黄色之意。黄华黄英，《雅》有明文。虫之蠸舆父，《注》以为瓜中黄甲小虫，是凡色黄者谓之权，长言之则为权舆矣。余疑权即虇之初字，《说文》虇黄黑色也，《广雅》虇黄也，今验草木之萌芽无不黄黑者，故菟葵之萌谓之虇蕍；引申之则为凡草木之始，《逸周书·文酌解》"一幹胜权舆"，《大戴礼记·诰志篇》"百草权舆"是也；又引申为凡物之始，《诗·秦风》"不承权舆"，《逸周书·日月解》"日月权舆"是也。始之义行而黄之义废矣。

按上举数则，清人固已发其端，如王茂才之论草木虫鱼同名之故；孙星衍、钱大昕之驳陆佃《尔雅新义》析权舆为二（权，衡之始；舆，车之始。）之不当，又斥郭《注》以"其萌虇"为句而以蕍属下读之谬；王念孙《广雅·释草疏证》亦谓《说文》之"梦灌渝"即《释草》之"萌虇蕍"，亦即《释诂》之"权舆"。罗、王二氏又以音义通之于黄华、黄英及蠸舆父守瓜之虫，可以说是实发前人所未发，较旧说进步多多矣。虽然，犹有剩义而未尽，故沈氏兼士《右文说》一文中又以右文证之，谓从雚声之字多有曲义，音义通于从关声（卷）之字；且萌即"句萌"、"句芒"、"区萌"、"萌区"，亦即"蓲蘛"、"菣

箭"、"敷蕍"、"权舆",更可明权有屈曲之义也。单音为权,复音即为权舆。沈氏又曰:

窃以为"权"之音素含有多角之意义:句曲,一也;始,二也;黄色,三也。昔人只知其一,王氏国维乃得其二;至于权即句萌之义,诸家皆不得其解。王氏辄以黄为本义、虇为本字说之,可谓未达一间也。

观此可知明一词之义易,而通数词(同根之族语)之义难,求其共同之语根(音、义)尤难。

近来研究训诂的学者,首先标举"语根"以为研究之出发点,而能独成体系著为专书者,当推章炳麟的《文始》,他于作《文始》之前,曾在《语言缘起说》(《国故论衡》)里说:

语言不冯虚起,呼马而马,呼牛而牛,此必非恣意妄称也,诸言语皆有根,先征之有形之物则可睹矣。何以言雀?谓其音即足也,何以言鹊?谓其音错错也,……此皆以音为表者也。何以言马?马者武也,何以言牛?牛者事也,……此皆以德为表者也。要之以音为表,惟鸟为众;以德为表者则万物大抵皆是;乃至天之言颠,地之言底,……金之言禁,风之言氾,有形者大抵皆尔;以印度胜论之说仪之,实德业三各不相离:人云马云,是其实也;仁云武云,是其德也;金云火云,是其实也,禁云毁云,是其业也;一实之名必与其德若,与其业相丽,故物名必有由起。……(中略)

语言之初当先缘天官,然则表德之名最夙矣。然文字可见者,上世先有表实之名,以次扩充,而表德表业之名因之;后世先有表德表业之名,以次扩充,而表实之名因之;是故同一声类,其义往往相似,如阮元说从古声者有枯槔、苦窳、沽薄诸义,此已发其端矣。今复博征诸说:如立为字以为根,为者母猴也;猴喜模效人举止,故引伸为作为,其字则变作伪;为之对转为蝯,讹之对转复为谖矣。如立禺字以为根……

由所举之例看来,章氏所谓"语根",如以音为表之类,乃是物名的由来;如立为字以为根之类,乃是文字形体的孳乳之根而非语言之根,虽然"名原"和"字原"二者都和"音原(语根)"有莫大的关系,但是与上面我们所说的"语根"稍有些不同;况且文字的形体孳分和语言音义的孳分并不能完全相谐而密合无间呢。所以我们求语根,非和文字的形体隔离而不以字形为主不可。后来他的作《文始》,大概动机于此,不过方法上又有些变更。《文始·叙》说:

……独欲浚抒流别,相其阴阳,于是刺取《说文》独体,命以初文;其诸省变,及合体象形指事,与声具而形残,若同体复重者,谓之准初文;都五百十字,集为五百四十七条。讨其类物,比其声均;音义相雠,谓之变易即五帝三王之世改易殊体者;义自音衍,谓之孳乳;比而次之,得五六千名。……

"略例甲"曰:

诸独体皆仓颉初文,……今叙《文始》,悉箸初文,两义或同,即从并合。其准初文或自初文孳乳,然以独立为多;若准初文无所孳乳，亦不可得所从受者，不悉箸也。

所谓"初文"及"准初文"者，仍是"立为字以为根"的一脉相传的老法，脱不开字形的束缚；即使"初文"与"语根"相应，这种"初文"也当求之于最古的文字形式，不宜死守《说文》部首及其说解，须知部首是许君分析字形构造单位的结果，据形系联的方法，虽皆有音有义，但大多都是许君及当时小学家的"望形生义，就义定音"，不惟经典不用，实际上也有许多不是代表语言的"字"，故许君亦有疑不能定者，如丨、口八丿乚之类皆是。至如章氏之言"孳乳"，一以彼之《二十三部成均图》假定的学说为依从，表面看来好像是语言的，但实际上能合于古吗？

古音的系统既还未弄清晰，那么求语根及其分化语者，似乎只有从声母与形声字的自然分化上来着手，或者比较以成均图为准者尚为可信。沈氏《右文说》第八节"应用右文以探寻语根"目下云：

> 近世学者推寻中国文字之原，约得三说：一于《说文》中取若干独体之文，定为初文，由是孳乳而成诸合体字，此章氏《文始》之说也。一于古文字中（包含卜辞金文）分析若干简单之形，如·丨×等体，绅绎其各个体所表示之意象，而含有此等象形体之字，其义往往相近，是此等象形体即可目之为原始文字，余曩曾主张此说，近魏建功君更有进一步之研究。一即余所主张之文字画。然三者所论皆是字原而非语根。且前二说近于演绎法，其弊易流于傅会。余以为审形以考谊，似有若右文就各形声字之义归纳之以推测古代之字形（表）与语义（里）

为较合理,此余所以推阐右文之故也。

或谓右文所据之对象,多为晚周以来之字,奚足以语古?余以为形声字固为后起之音符字,然研寻古代语言之源流,反较前期之意符字为重要,盖意符字为记载事迹之文字画之变形,直接固无与于语言也。且形声字之声母,泰半借意符之象形指事字为之,即欲研究意符字,则综合各形声字之音义以探溯其声母之所表象,不犹愈于但取独体文或剖析象形体而假定其孳乳字之为自然有系统乎?且右文所表示之古义,本非如清代古音学家据《诗三百篇》韵脚研究所得之结果,辄目为三代古音尽在于是者然。虽然,欲凭古文字以考古语言,则舍形声字外,实无从窥察古代文字语言形音义三者一贯之迹。故右文之推阐,至少足以为研究周代以来语言源流变衍之一种有效方法。……

观乎自来音训方法之偏重右文以及右文本身所表示音义分化之现象,我们不能不说是右文与训诂学及语言学的关系大而且密。章氏在《文始·略例》里面表示因为形声字的声母有的是借音,只要音同便可代替,"夫同音之字非止一二,取义于彼见形于此者,往往而有,若农声之字多训厚大,然农无厚大义。"所以他反对"随流波荡","复衍右文之绪","深恐学者或有锢桎","而欲于形内牵之。"其实从农声之字既多厚大之义,则"农声"就是它们的"音原",自不必一定拘牵形体,说"农字"没有厚大之义,农为乳声之借。须知语根重在"音",它只是利用文字的音来归纳构拟成为一个较为近古的"音式"(义原包含在音原之内)而已。究竟是谁被形体所"锢桎"呢?况且《文始》所说亦有专取本声者,虽"无过十之一二",

亦足见右文之重要了。

　　右文说的发端始于宋人，如王圣美(《梦溪笔谈》十四引)以及王观国(《学林》五)、张世南(《游宦纪闻》九)、戴侗(《六书故》)等人皆曾道及，惟零金碎玉而不成条理，盖为偶然之发见，未尝为有意之研究也。明黄生《字诂》于"纷雰鴌衯棼"、"疋疌䟛疏梳"等条下所说，比较宋人已稍知归纳演绎而立为通则。至清儒小学大倡，始从而论及声音诂训相通之理，最著者如段氏《说文注》(凡、于、䙷、䶂、真、濂等字下)，王氏的《广雅疏证》，郝氏的《尔雅义疏》，焦循的《易馀籥录》，宋保的《谐声补逸》，陈诗廷的《读说文证疑》，黄承吉的《字义起于右旁之声说》(《梦陔堂文集》卷二)等都是。近人如刘师培的《字义起于字音说》(《左盦集》四)，梁启超的《从发音上研究中国文字之起源》(《饮冰室文集》六十七)等都是，可惜自宋以来，直到民初，诸家所说，陈腐相因，只有材料多少详略的不同，而无方法之革新研究，换言之，即缺乏历史眼光、科学方法以及对于语言文字深刻的认识也。沈氏研究语文之学久而且精，其学虽源于章氏，然方法眼光并有革新，颇能当仁不让，青出于蓝，曾作《右文说在训诂学上之沿革及其推阐》一文，揭载于《中央研究院史语研究所集刊》外编(《蔡先生六十五岁庆祝论文集》，民二十二)，长约六万余言，共分九节：(一)引论，(二)声训与右文，(三)右文说之略史一，(四)右文说之略史二，(五)右文说之略史三，(六)诸家学说之批评与右文之一般公式，(七)应用右文以比较字义，(八)应用右文以探寻语根，(九)附录。文长不便征引，兹录其论语根与形声字之关系如下：

　　(1)语根之分化语词，虽与形声有关，而不能即是一事，形声为演绎的，而推寻语根为归纳的。

（2）音符不尽为语根，即主谐字不皆为语根，被谐字不皆为语词。

（3）同一主谐之音符，有在此形声字为语根而在彼形声字非语根者。

（4）本音符非语根，别有一与此音符同音之字为此语词之语根者。

（5）同一语根，有时用多数音符表之者。

（6）语根之与语词，有不取音符与形声字之关系，而别以音近字为之者。

诚能以右文为主，再辅以音韵学之知识，就古音以求古义，不拘泥于本字本义，纵横旁达，以求语文流衍之势，则语言文字之变虽多歧路，庶几亦可以没有亡羊之虑了。

上列六条可列如下表：

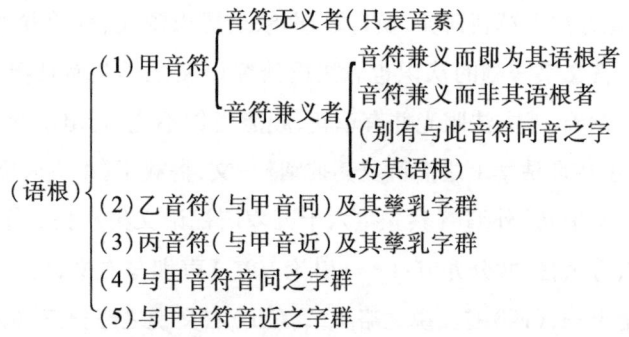

此外魏建功的《古音系研究》一书里，也曾论到"语根"（三〇三页），和"语根转变考释"（一九五页），惜仅是提出问题而无具体的构拟方案。不过如他提出来的那个途径——"所谓语根，是音义源派同一的意思。我们可以由其义同而罗列许多音异的例子，在音异的中间又可以考其变迁关系和历史。例如旧称泥纽与各韵读成的音,包含第二身人称代名词和指示、疑问、推拟的形容词或副词的语根,文字上往往相通,有许多例子可以考见音变的线索。"这虽是着眼在"音变"的研究,倒是值得探讨构拟语根的人的注意。

第十节 音训(下)

(二) 求方言及古今语之音转规律

因时地纵横的变迁而生之"转语",也可以视为"分化语"。凡音变义变或音变义同(包括四声别义)以及音同义变(引申义)者都是语根分化词,不过"转语"仅就其"音变"言之耳。《尔雅》一书以及汉人训诂,虽然都是"释古今之异言,通方俗之殊语",如《释诂》:"初、哉、始也。"初、哉、始并一声之转,犹初之为裁制,裁之为植偆。但皆随文释义,杂然混陈,使人知其然而不知所以然之故。《方言》亦语言的著作,卷一"皆古今语"下曰:"初别国不相往来之言也,今或同,而旧书雅记故俗语不失其方,后人不知,故为之作释也。"其书之组织在以"通语"证明"转语",书里所收的语言约分五类:

(1) 通语(通名、凡通语、凡语)——没有地域性的普通话。

(2) 某地某地之间通语(四方之通语、四方异语而通者)——通行区域较广的方言。

(3) 古今语(古雅之别语)——纵的方面语言生灭之际所残留的古今异语。

（4）某地语（某地某地之间语）——横的方面因地域不同而生的各地方言。

（5）转语（语之转、代语）——兼包纵横两方面而生之一词音变的转语。

转语有系乎时者，有因乎地者；或双声相转，或叠韵相迆。如卷一第一条云："党、晓、哲，知也。楚谓之党，或曰晓，齐宋之间谓之哲。"知、哲、党三词古为双声，大概出于一根，党即今之懂也。晓似别出一源。此不过以通语"知"疏证方语"党、晓，哲"而已，其说明语言变衍的现象虽较《尔雅》为具体，然其材料及方法，似乎也很凌杂无次。此二书者固皆研究语根及其转语之材料，然终非自觉的有系统的说明音转规律之书也。至于《说文》，根本以文字为主而不以语言为主，然其说"考老"转注之类，实即转语之表现于造字者，前人论转注之义者多未能窥见此理。拙著《中国文字学概要》第二十六节说："转谓声转，注谓注明，意符字之声有转变，则加他音符以注明之；老之声转为丂，便在老旁加注丂声以明之，即成考字。"盖语言有转语，而文字表示之法：一为转注，一为其他五书，如《尔雅》："永、羕、引、延、融、骏，长也。"并语之转，其中惟永、羕为转注，永、融、延、引则否，羕字即就永字增羊声而成者。转注字之形首即原来意符字之形，故曰"建类一首"，转注字之义即原来意符字之义，音转而义不变，故曰"同意相受"。准是以求，如气氛、走趋、止歱、是媞、言語、音響、革鞨、隶隸、卜卦、盾瞂、羽翼翅翄翨翹翱翻等，下一字并上一字之转注，全书约可得二百余事。惜许君未明言某为某之转注字，仅以次字先后以见意，盖意符字多为部首，而音转义同形从之音符字即接次部首之下，或系偶然如此欤？而且许君重分别，联形体，所以有转注字见于他部或部中而说义不同者,如鼻为自之转注而别立一部,翼为羽之转注而定为𩙿之或体,翉为羽之转注而说为飞貌,都是显然错误的地方。章氏云方语有殊,名义为一,则为更制一字,此所谓转注也。这种转注因于转语的解释固较戴段的互训之说为优,然实是语言分化之现象而非造字的方法,所以说:六书中的转注字只是转语之一部分的表现于造字者,并非转语尽在转注之中也。

其后郭璞注《方言》,多言"声之转",如卷一"大也"条"皆古今语也"下注"语声转耳",卷二"㺈也"条下注"(芳)音指㧖,亦㺈声之转也",卷二"芳讹哗,化也"条中注"皆化声之转也"等皆是。其注《尔雅》多引《方言》,故亦云"方俗语有轻重耳"(如硕犹陨也),"语之转耳"(如叩犹㚒也)。清戴震精于审音,悟声转之理系自然而成,以为《尔雅》、《方言》、《释名》以外犹阙一卷书,故作《转语》二十章以补其阙,序曰:

> 人口始喉下底唇末,按位以谱之,其为声之大限五,小限各四,于是互相参伍,而声之用备矣。参伍之法:台、余、予、阳,自称之词,在次三章;吾、卬、言、我,亦自称之词,在次十有五章;截四章为一类,类有四位,三与十五,数其位皆至三而得之,位同也。凡同位为正转,位同为变转。尔、女、而、戎、若,谓人之词,而、如、若、然,义又交通,并在次十有一章;《周语》"若能有济也",《注》云"若,乃也",《檀弓》"而曰然",《注》云"而,乃也",《鲁语》"吾末如之何"即"柰之何",郑康成读"如"为"那",曰乃曰柰曰那,在次七章,七与十有一,数其位亦至三而得之。若此类遽数之不能终其物,是以为书明之。凡同位则同声,同声则可以通乎其义;位同则声变而同,声变

而同,则其义亦可以比之而通。更就方音言,吾郡歙邑读若摄失叶切;唐张参《五经文字》、颜师古注《汉书·地理志》亦然,歙之正音读如翕,翕与歙,声之位同者也。用是听五方之音,及少儿学语未清者,其展转讹溷,必各如其位。

书已不传,或许是就未有成书;不过按照他的《声类表》也可以明其条例。近人曾广源有《释补》谓《声类表》即《转语》本书。惜昧于音理,说多隔膜。今不从。大概有如下表:

发音部位(同位) \ 发音方法(位同)	第一位 塞爆塞擦 清正 浊次	第二位 塞爆塞擦之送气 清正 浊次	第三位 鼻声 清正 浊次	第四位 通声擦声 清正 浊次
一类	喉牙	见 ○(一章)	溪 群(二章)	影 喻(三章)	晓 厘(四章)
二类	舌头	端 ○(五章)	透 定(六章)	○ 泥(七章)	○ 来(八章)
三类	舌上正齿	知照 ○(九章)	彻穿 澄床(十章)	○ 娘日(十一章)	审 禅(十二章)
四类	齿头	精 ○(十三章)	清 从(十四章)	○ 疑(十五章)	心 邪(十六章)
五类	轻重唇	邦 ○(十七章)	滂 并(十八章)	○ 微明(十九章)	非敷 奉(二十章)

例如台、余、予、阳在次三章(即喻母),吾、卬、言、我在次十五章(疑母);尔、女、而、戎、若、如、然在次十一章(娘日),乃、奈、那在次七

章(泥母)。这样发音部位同者为"同位",发音方法同者为"位同";同位为"正转",位同为"变转";同位则同声,位同则声变而同;同声则可以通乎其义,声变而同则其义亦可比之而通。于是就可以"疑于义者以声求之,疑于声者以义求之"。虽然他的声母排列还有不妥之处,如第二位之浊与第一位也有同位的可能,何以只在第二位?第三位齿头音何以有浊疑?第四位唇齿非敷奉属此似以今音为主,何以第二位的浊不按今音分配?但是他的精神全在启发风气,实是用语音学的发音基础分别音素的部位而阐明音变条例的先导者,欲令学者准是以求语音之转的自然规律,声义变迁的法则及声义相通的原理。这是训诂学的事业,也是语言学的事业。他想以这个表来贯串《尔雅》、《方言》、《释名》的材料,以后王念孙的《雅诂杂纂》、《释大》、《雅诂表》诸书,都是这种精神及方法的发挥光大。王国维《高邮王怀祖先生训诂音韵书稿序录》云:

《雅诂杂纂》,一册。杂纂雅诂中同母同义之字而疏释之,以字母分类,存见母四十一条,匣母一条,精母一条。

《释大》七篇,二册。取字之有大义者,依所隶之字母汇而释之,并自为之注,存见溪群疑影喻晓七母,凡七篇,篇分上下。《雅诂表》,二十一册。取《尔雅》、《方言》、《广雅》、《小尔雅》四书诂训,以建首字(即用以训释之字)为经,而以古韵二十一部分列所释之字以纬之,其建首字亦各分为二十一部,故共为二十一表。(此外尚有《尔雅分韵》四册,《方言广雅小尔雅分韵》一册,皆《雅诂表》之长编。)

这样看来,上列三书前二种以声母为准,后一书则改以韵部列字,此又于戴氏方法之外别辟蹊径者了。按王氏《广雅疏证》之作,已屡言"语转",并且常常汇聚义异声同而声转相同的字例说明"事虽不同,而声之相转则同"之理,又常以义近声转相同的字例说明声义相通之理,至于仅泛言声转语转、方俗语有轻重侈弇者更是所在皆是。兹举数则以见例:

(甲)泛言声转者。

"或有也"下云:"域、有一声之转,故《商颂·元鸟》篇'正域彼四方',毛《传》云:'域,有也。'"又"方抚有也"下云:"抚、方一声之转,方之言荒,抚之言䭇也。《尔雅》'䭇,有也',郭《注》引《诗》'遂䭇大东',今本䭇作荒,毛《传》云:'荒,有也。'"(卷一,下同。)

"厉赚方也"下云:"厉亦廉(赚)也,语之转耳。"又"盈臆满也"下云:"盈、健亦语之转也。"

"郎君也"下云:"良与郎,声之侈弇耳,犹古者妇称夫曰良,而今谓之郎也。"又"超逴远也"下云:"逴亦超也,方俗语有轻重耳。"(其云"声近"者亦多声转之例。)

(乙)义相近者声转之理亦比之而同。

"大也"条下云:"善犹大也,故善谓之佳,亦谓之介;大谓之介,亦谓之佳,佳、介语之转耳。"又云:"封、坟语之转,故大谓之封,亦谓之坟;冢谓之坟,亦谓之封,冢亦大也。"又云:"大则无所不覆,无所不有,故大谓之䭇,亦谓之奄;覆谓之奄,亦谓之䭇;有谓之䭇,亦谓之抚,亦谓之奄;矜怜谓之抚掩,义并相因也。"又云："厚与大同义，故厚谓之敦，亦谓之庬；大谓之庬，亦谓之敦矣。""有也"条下云："有与大义相近，故有谓之庬，亦谓之方，亦谓之荒，亦谓之芜，亦谓之虞；大谓之庬，亦谓之方，亦谓之荒，亦谓之芜，亦谓之抚，亦谓之吴，吴、虞古同声。""远也"条下云："凡远与大同义，远谓之荒，犹大谓之荒也；远谓之遐，犹大谓之假也；远谓之迂，犹大谓之訏也。""张也"条下云："凡张与大同义，张谓之芜，亦谓之扞；犹大谓之芜，亦谓之訏也；张谓之磔，犹大谓之祏也；张谓之彊，犹大谓之廓也。""弌也"下云："案凡物之大者皆有獨义，……獨谓之蜀，亦谓之介；大谓之介，亦谓之蜀，义相因也。""美也"条下云："美从大与大同意，故大谓之将，亦谓之皇；美谓之皇，亦谓之将；美谓之賁，犹大谓之墳也；美谓之肤，犹大谓之甫也。"（卷一）

（丙）事虽不同而声转之理相同者。

"血也"条下云："衊与衁，一声之转也。上文云'㐭衊樸也'，㐭之转为衊，犹衁之转为衊矣。""潞也"条下云："长谓之修，亦谓之梢，亦谓之擢；臭汁谓之潞，亦谓之淯，亦谓之濯。事虽不同，而声之相转则同也。"（卷八）

惜拘于体裁，只能随文解说，不能独立创为训诂学之系统，要是长编性质的训诂材料而已；有识的学者大抵先借疏证古书之机会以搜集材料，材料具备，而后综合之以成一有系统的学说，王氏《释大》之作，大概就是综合《广雅疏证》的材料，说明训诂的原则及方

法，惟不及待其完成，还有需于后人之推阐也。兹取《释大》一节以为代表：

> 冈，山脊也，亢，人颈也，二者皆有大义。故山脊谓之冈，亦谓之岭；人颈谓之领，亦谓之亢。强谓之刚，大绳谓之纲，特牛谓之犅。大贝谓之魧，大瓮谓之瓬，其义一也。冈、颈、劲声之转，故强谓之刚，亦谓之劲，领谓之颈，亦谓之亢；大索谓之絙。冈、絙互声之转，故大绳谓之纲，亦谓之絙；道谓之堩，亦谓之㫰。

王国维受了王氏遗稿的启发以及罗氏的怂恿，乃思为《尔雅声类》以观其义之通，不过部分之法辄不得其衷，若以喉、牙、舌、齿、唇五音分之，则同音字声义关系似不甚显；若以字母分之（或假定古音为若干母，或即用戴氏古二十字母之说），则又破《尔雅》之义例，欲类之而反分之；结果悟此事之不易，遂改变方法，作了一部《尔雅草木虫鱼鸟兽释例》。

王氏曾提出一个问题，就是声转由于声者多呢？还是由于韵者多呢？王氏《释例序》曰：

> 近儒皆言古韵明而后诂训明，然古人假借转注多取双声；段王诸儒自定古韵部目，然其言诂训也，亦往往舍其所谓韵而用双声，其以叠韵说诂训者，往往扞格不得通。然则与其谓古韵明而后诂训明，毋宁谓古双声明而后诂训明欤？

这话的确有大部分道理。郝氏疏《尔雅》，他在《又与王伯申学使书》(《晒书堂集》二)里自述其方法说:"鄙意欲就古音古义中博其旨趣,要其会归,大抵不外同、近、通、转四科以相统系。"故《疏》中辄言"声同"、"声近"、"声转"。陈澧《读书记》曰:"《尔雅》训诂同一条者,其字多双声。郝兰皋《义疏》云:凡同声声近声转之字,其义多存乎声。卷一释"大也"条。澧谓此但言双声即足以明之矣,有今音非双声而古音双声者,可以其字之谐声定之,又可以古无轻唇音及古音不分舌头舌上定之,郝氏所谓声近声转即指此也。"丁显的《丁氏声鉴序》云:"双声之说,系乎经术,关乎史学,而兼识乎方言者也。解经而不知双声,则诸家之改异不明;读史而不知双声,则各书之歧疑不别;宦游而不知双声,则外省之方音不识;且博览群书而不知双声,则转注之义,训诂之学,均不明矣。"所以他作的《群经异字同声谱》以及《谐声谱》诸书,都是以声为纲的。

"转语"的第二部著作就是程瑶田的《果蠃转语记》,这部书似乎是推明双声叠韵的复音词的声音组织(音式),大概受戴氏《转语》二十章的影响而拟另辟门径以求转语,故与戴书性质稍不类。其文开头即曰:"双声叠韵之不可为典要,而唯变所适也。声随形命,字依声立;屡变其物而不易其名,屡易其文而弗离其声。物不相类也而名或不得不类,形不相似而天下之人皆得以是声形之,亦遂靡或弗似也。姑以所云果蠃者推广言之;……(中言果蠃蒲卢之转语约三百事)……凡上所记,以形求之,盖有物焉而不方;以意逆之,则变动而不居;抑或恒居其所也,见似而名,随声义在;愚夫愚妇之所与知,虽圣人莫或易焉者也。"由原文的首尾所云看来,似乎"不方"、"变动"是语根的义,而语根的音则未明言,只以"果蠃""蒲卢"二词推广言之,它们是"肖物形而名之,非一物之专名。"至于转变的规律,他仅于果隋即果蓏下说:"蓏转为隋,索隐隋音徒火反,是收声转为送声;以视都朵,则发声转为收声;盖口中界限,一位有发送收三声,都朵发,陁送,菰卢收也。"又于"伊利俱卢"下云:"伊利俱卢,所谓双声叠韵也,伊俱、利卢为双声,伊利、俱卢为叠韵;然以字母言之,伊为影母属喉,俱为见母属牙音,牙喉声不同矣;今证之以此,则二母不得别为两声,益信戴东原以见为喉之发声,影为喉之收声,为得自然之音位也。"由此可见程氏是受了戴氏的方法影响而又以双声叠韵的复音词为主来加以证明的。可惜他只举了那些个例证,甚而有时还有些牵强的例证,对于转变的条例毫未加以综合,比起戴氏的二十章来可以说是大有逊色了。王念孙的跋语说:"盖双声叠韵出于天籁,不学而能,由经典以及谣俗,如出一轨,而先生独能观其会通,穷其变化,使学者读之而知绝代异语,列国方言,无非一声之转,则触类旁通,而天下之能事毕矣。"王氏遗稿有《叠韵转语》一种,杂记复音词,以字母二字为纲目,如见溪下列"具区",来见下列"胪句、辀录、觚卢、蠑蛄、蜗蠃、萉离"。所记寥寥,都无解说,盖为未完成之草稿,似欲上追程氏发凡起例之作而为之列谱罗证,以窥一声之转的奥妙,触类旁通,极尽能事之预备工作即在于是。王国维得见石臞未完之作,思有以成之,于是作《连绵字谱》三卷,卷上为双声(重言附入)之部,计二十三组,卷中为叠韵之部,计二十一部;声母韵部多少一依王念孙《释大》及古音二十一部表之数。卷下为非双声叠韵之字,以首字之声母为次。其采辑范围,不出群经诸子小学之列,共得二十七种。按中国语词向以复音词为基干,而复音词中以连绵字为最多,这实是探讨我国原始语言以及语言分化的惟一捷径。魏建功的《古音系研究》一书特别注重连绵词及古成语的材料,他在"连绵词及古成语释音"一节里说:

> 双声连绵的可以有对转或通转的异字重言的存在。
>
> 叠韵连绵的可以有同音的异字重言的存在。
>
> 非双声叠韵连绵的可以有复声的存在。
>
> 非双声叠韵连绵的可以有自双声叠韵方面变来的。

不但应当把重言、双声、叠韵、非双声叠韵的连绵词视为声韵的变迁，就是那些单音词（一字）也该和上面的连绵词会合在一起，以音义为准而观其演变及分化。魏氏又想完成一件"中国语连绵格"的伟大工作，在同书"音轨"一节里已粗具端倪了。（见下文所引。）

　　戴氏于"韵部"一方面，又有"音声相配"及"正转"、"旁转"之说，盖戴氏精于审音，便以审音之功定考古之事，故其研究古音分部独能另辟蹊径。他一面利用韵书的韵目次第说明"音之流变有古今"，"声类大限无古今"（见《声韵考》卷二）；另一面又从审音上讲明"音声相配"的道理，相配的条例有"正转"、"旁转"之别，以入声为相配之枢纽，暗暗列成"阳""阴""入"的部类（见《答段若膺论韵》）。孔广森继之作《诗声类》，不过是在古书叶韵和谐声系统的归纳统计以外又加上一点阴阳相配对转互转的新方法而已。这种古音的研究虽非训诂学的范围，然而古语的探究非借赖古音学的帮助不可，所以段氏注《说文》先为《六书音均表》，王怀祖欲伯申之传其学，首教以古韵二十一部之分合及《说文》谐声之义例了。例如《诗声类》卷三说："案阳唐为鱼模之阳声，二韵多互相转，如亡可通为无，荒可通为幠，放可通为甫，莽有姥音，广有鼓音（《说文》弓部彉从弓黄声，读若郭。），迎有遌音，推此，则卬之训吾，阳之训予，或亦皆可转读欤？"由此可见欲晓转语，先得明白音转之理。

　　正式以音声相配的原理来推求语言文字的本始和流别的学者

是章太炎。章氏根据戴孔二氏的理论精神而又加以扩充和音理的说明,开创了以音系为研究语言文字学的基础的风气。他的著作及其主旨大约是如此的:

(1)《小学略说》——语言文字学的总论。

(2)《成均图》——韵部说。

(3)《音理论》、《二十三部音准》——韵部之审音论。

(4)《一字重音说》、《古音娘日二纽归泥说》、《古双声说》——声纽之审音论。

(5)《语言缘起说》、《转注假借说》——语文孳乳转变的条例。这都是音声相配的理论,后来的《文始》和《新方言》便是应用音声转变关系去说明语文孳乳流衍的例证。他不但注意音理,确定了"阴声"、"阳声"的界说,古韵二十三部,古声二十一纽的分合,而且拟定了韵转声转的条例。《成均图》是韵转的公式表,其转法有六:

正声 { 旁转 { 近旁转——同列相比
            次旁转——同列相远
       对转 { 正对转——阴阳相对
            次对转——自旁转而成对转

变声 { 交纽转——阴阳非相转而以比邻相出入
       隔越转——隔轴、声不得转,间有以轴声隔五相转

《古双声说》里面指明声类间的关系如下:

(1)同一音者,虽旁纽则为双声。(是故金、钦、禽、唫一今声具四喉音,汗、吁、芋、华一于声具四牙音。)

(2)喉牙二音,互有蜕化。(募原相属,先民或弗能宣究。证以声类:公声为翁,为窓,工声为红,段声为遐,古声为胡……)

(3)百音之极,必返喉牙;喉牙足以衍百音,百音亦终辄复喉

牙。(攸声有條,由声有笛,……此喉牙发舒为舌音也;天音如显,地训为易,……此舌音遒敛为喉牙也。……)

由论音变的法则,进而"以明语原","以见本字","以一萌俗"。兹节录《文始》一则以见一斑:

《说文》多,重也,从重夕。孳乳为奓,有大度也;为哆,张口也;为炒,盛火也;为庌,广也;多与广大盛厚义皆相应,故孳乳得此。对转寒,孳乳为亶,多谷也;为觯,富觯觯貌。自此旁转真,又孳乳为腆,设膳腆腆多也。然多有重义,故又孳乳为迆,重次弟物也;古音迆亦当如佗。迆旁转支为弟,韦束之次弟也;弟又孳乳为齞,爵之次弟也,则由支旁转至矣;弟又孳乳为程,程,品也,则由支对转清矣;凡诸次弟未有不重者,故弟齞程亦重次弟物也。

多又引申为功,《夏官·司勋》:战功曰多;引申为自多,《吕览·谨听》:听者自多而不得,《注》:自多,自贤也;由此孳乳为垑,恃也。(见阴声歌部甲)

《成均图》之弊,近来多已知之,二十三部及二十一组之多少分合固可人自为说,然对转旁转已不可深信,何况次对转次旁转,甚而至于交纽隔越者乎?若然则无不可转了。钱玄同在《文字学音篇》里批评他们说:"对转之说当然可以成立,惟诸家所举对转之韵,彼此母音不尽相同,尚待商榷。"至"旁转之说,则难于信从",因"韵部之先后排列次第,言人人殊,未可偏据一家之论,以为一定不易之次第"。况且"古今语言之转变,由于双声者多,由于叠韵者少,不同韵之字,以同组之故而得通转者,往往有之,此本与韵无涉,未可便据以立旁转之名称也"。可见言声转者遗于韵,言韵转者遗于声,必得声韵兼顾,证以右文通假,或体重文,然后始能较为完善也。还有讲声音转变的重要依据和限制就是"字义",这义应是语义;章氏拘囿于《说文》本字本义而反讥王怀祖之不推求本字为瑕适,也有些蔽惑形体而不得语言之本始。

近日学者间之首先根据音理来试为创建"音轨"——音变轨则的人,那就是古音系研究的著者魏建功了。所作《音轨》"凡三部,二十轨,百又六系;古今绝代,殊方别邑,语言变异之迹,可按而求其递异和同之邮也。"今录其《音轨》三部二十轨如下:

声类轨部一:同位异势相转轨,异位同势相转轨,同位或异位增减变异轨,同位或异位分合变异轨,韵化轨。

如《说文》遭遇相训,二字叠韵,声母塞鼻相转,塞鼻同位异势。《尔雅》:格怀,来也,探,试也,降,下也,虹,溃也,昆,后也,之子者是子也。皆塞通相转,塞通亦同位异势,即戴氏之"同位"。而异位同势即"位同",并是取戴氏遗意而用语音学方法拟定的。至同位或异位之增减分合的变异,那又是会通单音词与复音词的法则,因为连绵字及古成语大多别有一字与之音近义同,此又涉及语言分化之范畴者也。

韵类轨部二:同位异势相转轨,异位同势相转轨,同位上下变异轨,同位异势变异轨,异位同趋衍变轨,同位异趋衍变轨,分合轨,增减轨,鼻韵化轨,声化轨。

韵母方面是以韵位图为主要元音变化的间架,再加上韵尾和声调的种种关系而成。例如"台予"依今音是同位异势的前升降相转系,"吾我"是后升隆相转系,在韵位图上的位置都

第三章 训诂的施用方术

是属于同一线的。增减轨就是旧来所谓"对转"及"通转",如《说文》:"适,之也。宋鲁语。"之适阴入对转;《说文》:关东曰逆,关西曰迎,迎逆阳入对转。

词类轨部三:声同轨,韵同轨,声韵皆同轨,声韵均异轨,声韵混合轨。

这里除去"双声格"及"叠韵格"、"重言格"较为普通外,其他如"绮错格"、"二合格"及"切音格"都是为一般人所不注意的。椎为"柊樧"或"樧柊"(活东、骨朵)是绮错格,"科斗"、"活东"是二合格,不用为甭是切音格。三格似同而实异,切音格之上字之韵与下字之声无所限制,而绮错二合则上字音尾与下字音首必互有关连,所以往往可以用其所对之单音词易其上一字而为叠韵,或与上一字相联而为双声,如:

突栾——团(二合)……团栾(叠韵)。

康㝩——空(二合)……空康(双声)。

魏氏论证音近音转及声韵分合的材料,不外下列几种:

(1)谐声系统(右文);(2)同音假借;(3)同书异文;(4)一字或体;(5)古今方音;(6)诗歌叶韵;(7)连绵字格;(8)学语讹混(小儿和外国语);(9)中外译音;(10)汉字支音;(11)同语族语等。

这些都可以用来作为训诂时的线索及佐证。例如:

《诗》云:"桃之夭夭,有蕡其实。"《传》:"蕡,实貌。"蕡何以为实貌? 俞樾《群经平议》云蕡者大也,因"遵彼汝坟",坟训大防,"蕡鼓维镛",蕡鼓大鼓,故知蕡与坟、蕡字异而义同。马瑞辰《传笺通释》又云蕡者颁之假借,颁为大首,引申为凡大之称,《尔雅》:墳、大也。按《诗》"有頒其首",樊光注《尔雅》引作有賁其首:扮字《说文》一曰大防,则为墳之重文,犹忿之为憤;均可为马说之证。又《说文》肶或作䐊,《周礼》作賁,是賁又可通肥了,有肥其实,义更明显。

《诗》云:"维鹊有巢,维鸠方之。"《传》:"方,有之也。"戴东原《诗考正》读方为房,房之犹居之也。王引之《经义述闻》又读方为放为旁,放旁均训依也。房、放、旁声并通。俞樾又训方为附,方附犹鲂之为鮒,方之训为泭也,方、附一声之转。按毛《传》训方为有,也不能说是不对,仿佛(彷彿)一作放物(《汉书·郊祀志》),又作荒昒(刘歆《遂初赋》),徬徨一作方皇(《后汉书·马皇后纪》),是方可通旁、放,亦可通荒,可通附,亦可通㡆也,《尔雅》:"㡆,有也。"《广雅》:"方抚,有也。"方抚、荒㡆犹彷彿,㡆者覆也,解为维鸠覆之,义亦可通。覆者孚孵也,故首言居,次言孚,末则言盈矣。

《诗》云:"二子乘舟,泛泛其景。"《释文》:"景如字,或音影。"《正义》:"观之泛泛然,见其影之去往而不碍。"王引之又训为憬,远行貌;《士昏礼》姆加景,今文景作憬,是景、憬古字通。按影即景后起分别字,训影训憬,都从谐声系统着想,王氏又引异文为之证明也。其实不必改字,《尔雅》:"京景,大也。"《诗》:"憬彼淮夷。"齐、鲁《诗》作廫,韩《诗》作獷;廣,远也,远去与下章泛泛其逝意正同。又按景、廣音与黄、皇、旺、王音近,獷即狂之或体,《说文》人部末有㣙字,解云"远行也"。(《楚辞》:"魂㣙㣙而南行兮。"此乃遑惶义。)由此看来,景、憬并与往、㣙音义相近。释为泛泛其往,更为直接了当,《尔雅》:"逝,往也。"故上言往而下言逝,文变义同。

上面略举数例,以见音义相关以及依音求义之一斑,故汉人训诂多音义相兼。诚能把握住这种絜矩之道,那么就可从心所欲不逾矩了。

第十一节　义训

以语言解释语言的方式中,求原是音训,上面已经说过了。宛述是义训,翻译则兼而有之,其仅只意义相当而无音声之关系者可以归之义训,其不徒意义相当而且有音声之关系者可以属诸音训。现在就宛述和翻译两方面分别述叙如下:

（一）宛述

（1）释一词之义

《诗》毛《传》:"四方而高曰台。""高平曰原。""下湿曰隰。""曲陵曰阿。""木下曲曰樛。""水旋丘如璧曰辟廱。""圆者为囷。""方曰筐,圆曰筥。""有足曰锜,无足曰釜。"

"山大而高曰嵩。""镛,大钟。""沚,小渚也。""小渚曰沚。""大陆曰阜,大阜曰陵。""小曰羔,大曰羊。""瓶小而罍大。"

（上就其形状言之）

《诗》毛《传》:"纯黑曰骊。""赤黄曰骍。""黄马黑喙曰䮖。""牛黑唇曰犉。""鹭,白鸟。""锦衣,采衣也。""缟衣,白色男服也。綦巾,苍艾色女服也。""黑与青谓之黻,五色备谓之绣。"

（上就其颜色言之）

《诗》毛《传》:"檀,强忍之木。""柳,柔脆之木。""鸮,恶声之鸟。""雕鸢,贪残之鸟。""貙,猛兽。""驺虞,义兽,白虎黑文。""琼,玉之美者。""琼瑰,石而次玉。""精曰绤,粗曰绤。"

（上就其性情言之）

《诗》毛《传》："副者,后夫人之首饰,编发为之。""展衣,以丹縠为之。""兕觥,角爵。""木曰豆,瓦曰登。""土曰塯,竹曰笾。""龟曰卜,蓍曰筮。"

（上就其质料言之）

《诗》毛《传》："园,所以树木也。""囿,所以域养禽兽也。""筍所以捕鱼。""毕所以掩兔。""觥,所以誓众。""匕,所以载鼎实。""蓑所以备雨。笠所以御暑。"

（上就其功用言之）

《诗》毛《传》："门屏之间曰箸。""水草交谓之麋。""山脊曰冈。""山顶曰冢。""山夹水曰涧。""侧出曰氿泉。""野,四郊之外。""坰,远野也。""邑外曰郊,郊外曰野。""由膝以上为涉。以衣涉水为厉,由带以上为厉。""裳,下之饰也。""在下曰裳,所以配衣也。""上曰衣,下曰裳。""目上为名,目下为清。""自目曰涕,自鼻曰泗。""草行曰跋,水行曰涉。""东西为交,邪行为错。""两手曰匊。""土治曰平,水治曰清。"

（上就其位置言之）

《诗》毛《传》："冬猎曰狩。""夏猎曰苗。""春曰祠,夏曰禴,秋曰尝,冬曰烝。""春夏为圃,秋冬为场。""先种曰稙,后种曰稚。""后孰曰重,先孰曰穋。""先生曰姊。"

（上就其时间言之）

《诗》毛《传》："吊失国曰唁。""田,取禽也。""善父母为孝,善兄弟为友。""老无妻曰鳏,偏丧曰寡。""金曰雕,玉曰琢。""凿墙而栖曰塒,鸡栖于弋为桀。"

（上就其所及言之）

以上种种分类,不过就其显著者说明罢了。当然并不是说宛述一词之义只有这几方面可说,更不是说一词之义仅能就一方面宛述之也。训诂的目的在推明文中文外之意,和后来的一般字书韵书之每字必加诠释者不同;所以训诂只是训解人多不识的古字古言,至于人多识之的今字今言,当然就不加译释了。其有不须训而训者,多言形,言色,言性,言用,盖亦有言外之意存乎其间。《诗·将仲子》曰:"将仲子兮,无逾我园,无折我树檀。"《传》:"檀,强忍之木。"又:"无逾我墙,无折我树桑。"《传》:"桑,木之众也。"胡承珙《后笺》云:"案二《传》于木必兼言其形性者,自以取兴所在,故《笺》申之云:无折我树杞,喻言无伤害我兄弟也。然则所谓桑与檀者,盖皆以喻段可知;桑以喻段之得众,所谓厚将得众也;檀以喻段之恃强,所谓多行不易*也。"案折杞逾里,逾墙折桑,亦犹"折柳樊圃,狂夫瞿瞿","你怕墙高怎把龙门跳,嫌花密难将仙桂攀"的意思,言杞言桑言檀不过与里墙园叶韵耳,何深意之有?

古书中训释字义之最精确简明者莫如《墨经》,《经上》曰:

> 平,同高也;中,同长也。
>
> 圜,一中同长也;方,柱隅四谨也。
>
> 閒,不及旁也;盈,莫不有也。
>
> 穷,或有前不容尺也;尽,莫不然也。
>
> 勇,志之所以敢也;力,形之所以奋也。
>
> 利,所得而喜也;害,所得而恶也。
>
> 誉,明美也;诽,明恶也。

---

* 易,当作"义"。——校者注

> 功,利民也;赏,上报下之功也。罪,犯禁也;罚,上报下之罪也。

当然是辩者的精密为一般训诂者所不及,可是这种严正的言语态度,平常的文章也都不喜采用的。具体的事物还比较好说,抽象的则有些困难了。例如"仁"字:

《论语》:"克己复礼为仁。""能行五者——恭、宽、信、敏、惠——于天下,为仁矣。"

《礼记》:"上下相亲谓之仁。""仁者,义之本也,顺之体也。"

《孟子》:"为天下得人者谓之仁。""亲亲,仁也。""仁,人心也。""恻隐之心,仁也。"

《荀子》:"贵贤,仁也;贱不肖,仁也。""仁者爱人。"

《管子》:"以德予人者谓之仁。""非其所欲勿施于人,仁也。"

《韩非子》:"宽惠行德谓之仁。"

《白虎通》:"仁者不忍也,施生爱人也。"

《春秋繁露》:"爱在人谓之仁。""仁者,爱人之名。"

《墨子》:"仁,体爱也。"

《庄子》:"爱人利物之谓人*。"

《国语》:"畜义丰功谓之仁。""博爱于人为仁。"

为一词一字立义界,比较起来是件困难的事,所以这种方式在训诂上不大常见。

(2) 释对词之义

文章喜用对偶,诗人好施变文,相连相并之词其义或同或异,旧日的训诂者往往爱为分别,这种分别固然是研究字义的一大动

---

* 人,当作"仁"。——校者注

机与进步,但是得其自然者有之,强为分析者也很多。如前举之筐筥、锜釜、阜陵、羔羊、瓶罍、衣裳、绤绤、豆登、埸畡、卜筮、洇泗、跋涉、稙稚、姊妹、鳏寡、雕琢之类都尚确切。先秦传记,此例已经很多,如《公羊》之春祠夏礿,《穀梁》之春田夏苗,《曲礼》之"约信曰誓,莅牲曰盟"等皆是。毛《传》中于物名之连见一处者往往对释其义,《尔雅·释宫》以下更事集比,益形泛滥,如:

室中谓之时,堂上谓之行,堂下谓之步,门外谓之趋,中庭谓之走,大路谓之奔。

金谓之镂,木谓之刻,骨谓之切,象谓之磋,玉谓之琢,石谓之磨。

谷不熟为饥,蔬不熟为馑,果不熟为荒。

邑外谓之郊,郊外谓之牧,牧外谓之野,野外谓之林,林外谓之坰。

下湿曰隰,大野曰平,广平曰原,高平曰陆,大陆曰阜,大阜曰陵,大陵曰阿。

诸如此类,皆嫌分别过甚。然后人读书好求甚解,久自成癖,变本加厉,流风余韵,唐宋犹存。如《诗·山有枢》:"子有衣裳,弗曳弗娄;子有车马,弗驰弗驱。"《传》:"娄亦曳也。"《正义》:"走马谓之驰,策马谓之驱。"又如《诗·公刘》:"于时言言,于时语语。"《传》:"直言曰言,论难曰语。"《礼记》郑《注》又云:"发端曰言,答难曰语。""言,言己事,为人说为语。"《论语》:"食不言,寝不语。"朱《注》:"答述曰语,自言曰言。"善乎王若虚《论语辨惑》之言曰:"晦庵解云云,此何可分而妄为注释? 只是变文耳。"又如《诗·关雎》:

"辗转反侧。"朱《注》:"辗者转之半,转者辗之周;反者辗之过,侧者转之留。"究竟怎样转法,恐晦翁也转不规矩也。胡承珙说这句犹婉转反覆,大同小异,甚是。清儒于此颇能推原会通,不事穿凿而妄生枝节,故郝氏疏《尔雅》于诸书训释牴牾处辄曰他书散文则同,《尔雅》对文则异耳。至于《说文》一书的体例,专在分别本字本义,往往有一语数字而即区为数义者,故段《注》屡云"统言则不别,析言则有异也"。

又因为这种分别无客观的积极证据,故常人各一说,以致诸书训解分歧,聚讼莫决。例如:

毛《传》:"崔嵬,土山之戴石者。""石山戴土曰砠。"

《尔雅》:"石戴土谓之崔嵬;土戴石为砠。"

《说文》、《释名》与毛同。《正义》以为《尔雅》是,毛《传》传写有倒;马瑞辰《传笺通释》又谓毛《传》是。段《注》则欲调停其间,谓二文互异而义则一。实则崔嵬犹崔崔巍巍,亦言厜㕒,巍峩,或单言崒,只是形容其高大而已;砠之为言阻也,丘垄也;二者或有大小之别,然亦绝不如毛公所说。

毛《传》:"山无草木曰岵;山有草木曰屺。"

《尔雅》:"多草木,岵;无草木,峐。"(峐即屺,见《三苍》。)

《说文》、《释名》皆同《尔雅》。《正义》又以为《尔雅》是,戴震《诗考正》及王引之《经义述闻》也都取《释名》之说。段玉裁《说文注》及臧庸《拜经日记》则以为毛《传》是,其后钮树玉、徐承庆复订正段氏而从《尔雅》;其实全属浪费之争。该诗言岵言屺言冈,义本相近,岵之言嘏胡大也,屺之言起也。如必以有无草木为分别,则冈当在半有半无才相陪配,岂不好笑?况且游子思亲而登高远望之际,心不暇择,哪里顾到其他有无阴阳和父母的关系,无草木尚可,有之反觉碍眼了。于此等处,识其大体可也。

(二)翻译

训诂犹翻译,翻译有音译和义译之别:以其族语或转语释之者谓之音译;以其相当词(无声音连属转变关系者),或别名、共名,正字、借字,古今制度等相释者谓之义训。虽然,其原则——以易晓释难识,以已知解未知,以常见译罕见,以直言易曲语——则是相同的。释古今雅俗语言的书,莫如《尔雅》、《方言》,其每条所集之诸语词间,十九都有声韵上的关系。

(1)以今语释古语

《孟子》:"《书》曰:洚水警予;洚水者,洪水也。"(此语分古今而即转语者)

《论语》:"必也正名乎?"郑《注》:"正名谓正书字也,古者曰名,今世曰字。"(此语分古今而非转语者)

《尔雅》则兼而有之,如"卬吾台予朕身甫余言,我也。"

钟鼎铭辞用余、我、虘(欪)、怡(辝釛)、朕等字;《书经》用予、我、台、卬、朕等字;《诗经》用予、我、余、卬、(言)等字;《论语》用予、我、吾等字,朕字惟《尧曰》篇引《书》两见;《孟子》用予、吾、我等字,朕字惟引《伊训》及"象曰"五见,余字惟引《书》一见。吾、我、予、台、卬并语之转,余则古今相当之词。

(2)以通语释方言

《左传》:"楚人谓乳榖,谓虎於菟。"(宣四)

《方言》:"虎,江淮南楚之间或谓之於䖘。"

王逸《楚辞章句》:"楚人谓乳为(斗)榖。"(斗字衍文)

《尔雅》所释虽多为古今语,然古今语与方俗语常相纵横交错,如:

《尔雅》："迄、臻、极、到、赴、来、吊、艐、格、戾、怀、摧、詹，至也。"

《方言》："假、徦、怀、摧、詹、戾、艐，至也。邠唐冀衮之间曰假，或曰徦，齐楚之会郊或曰怀、摧、詹、戾，楚语也，艐，宋语也。皆古雅之别语，今则或同。"

又《尔雅》："如、适、之、嫁、徂、逝，往也。"

《方言》："嫁、逝、徂、适，往也。……逝，秦晋语也，徂，齐语也，适，宋鲁语也。往，凡语也。"

（3）以意义相近之词释之

此非古今方俗之殊，只是于某种语境中两词义相近耳。如：

毛《传》："悠，思也。"（悠哉悠哉）又："怀，思也。"（嗟我怀人，有女怀春，曷又怀止，兄弟孔怀。）又："伤，思也。"（维以不永伤）又："惄，思也。"（惄焉如捣）又："论，思也。"（于论鼓钟）。

《尔雅》："悠、伤、忧，思也。"又："怀、惟、虑、愿、念、惄，思也。"又："悠悠，思也。"

《方言》："郁悠、怀、惄、惟、虑、愿、念、靖、慎，思也。晋宋卫鲁之间谓之郁悠。惟，凡思也，虑，谋思也，愿，欲思也，念，常思也。东齐海岱之间曰靖，秦晋或曰慎；凡思之貌亦曰慎，或曰惄。"

义近词的训释，只是指明于某种语境下双方所表之义有些相近相似耳，不一定指其完全相同；因为每个语词都有它本身特具的意义，根本就不能说它相当相等于另外的一个词，故释训也仅是言其大体而已。悠之训思，盖由于心思之情貌，有所思则心如悬旆，而所思又多在远方；《诗》云"悠悠我心"，"悠悠我思"、"悠悠斾旌"、"悠悠苍天"，所状之物非一，然其摇游遥远之意味则同。是以毛《传》又训悠为忧为远，为远貌远意，为行貌。（不过悠忧，悠远声相近,乃系转语而非义近词。)《方言》训愁为思,又为忧、伤、怅、痛,毛《传》又训为饥意。盖随文施训,容有不齐,临文生情,义因境变;语义既流转而无方,读书者会通之可也。兹将悠、忧、伤、愁、怀、惟、虑等词之诸般训释综合列如下表:

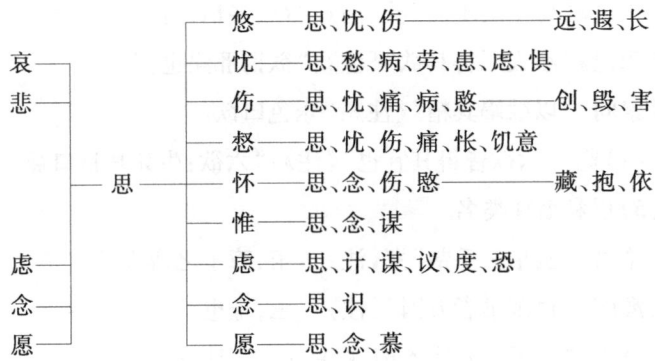

有时一字之义以训一字而义不足尽,则以数字训之,如《周礼》郑《注》:"典,常也、经也、法也。王谓礼经常所秉以治天下也,邦国官府谓之礼法,常所守为法也。"《曲礼》郑《注》:"狎,习也,近也。谓附而近之,习其所行也。"数义虽相近,然不如此终不能译释明白也。如两义相隔稍远,或用犹字以通之,如《中庸注》:"体犹接纳也。子犹爱也。"

(4)以狭义释广义

含义抽象一类的名词,所指颇为广泛,而且任何一个词的语义(在文句中之义)比它孤立时所包括的综合义常是狭小的,所以这类的训释之词往往较被释之词的义界为专狭。例如:

《荀子》"故道无不明"《注》:"道,礼也。"《檀弓》"斯道也"《注》:"道犹礼也。"

《论语》"君子学道则爱人"孔《注》:"道谓礼乐也。"

《乐记》"君子乐得其道"《注》:"道谓仁义也。"

又如:

《论语》"克伐怨欲不行焉"马《注》:"欲,贪欲也。"

《孟子》"养心莫善于寡欲"《注》:"欲,利欲也。"

《论语》"苟子之不欲"孔《注》:"欲,多情欲也。"

《乐记》"小人乐得其欲"《注》:"欲谓邪淫也。"

《素问》"以欲竭其精"《注》:"乐色曰欲。"

(《吕览》"六欲皆得其宜也"《注》:"六欲:生死耳目口鼻。")

(5)以私名释类名

《论语》"玉帛云乎哉"郑《注》:"玉,璋圭之属也。"

《淮南》"执玉帛者万国"《注》:"玉,圭也。"

《吴语》"执玉之君皆入朝"《注》:"玉,珪璧也。"

《周礼》"掌布缌缕纻之麻草之物"《注》:"草,葛荋之属。"

《周礼》"兽医"《注》:"兽,牛马之类。"又"若不见其鸟兽"《注》:"兽,狐狼之属。"

(6)以类名释私名

毛《传》:"琼玖,玉石。""玖,石次玉。""琚,佩玉石。"

《说文》:"璙,玉也。""瓘,玉也。""璥,玉也。"

毛《传》:"蓬,草。""芃兰,草。""苕,草。""蒳,菜。""芑,草。""芭,菜。""堇,菜。""榛,木。""松,木。""楚,木。""杞,木。"又:"流离,鸟。""鹬,鸟。""狼,兽名。""貆,兽名。"又:"首阳,山名。""狃,山名。""龟,山。""蒙,山。""汝,水名。""淇,水名。""汾,水。""渭,水。""沛,地名。""祢,地名。""防,邑。""谢,邑。"

他如毛《传》云:"顷筐,畚属。""锜,釜属。""鬵,釜属。""筐,筐属。""郁,棣属。""鼉,鱼属。""猱,猨属。"等类,当亦属此。《周礼·秋官》"闽隶"《注》:"闽,南蛮之别。"属者示其同,别者明其异。

(7)以"某貌"、"某声"释之

《诗》"翘翘错薪"《传》:"翘翘,薪貌。""载骤骎骎"《传》:"骎骎,骤貌。""淇水汤汤"《传》:"汤汤,水盛貌。""汶水汤汤"《传》:"汤汤,大貌。"

其言某意者亦如之,如《诗》"悠悠苍天"《传》:"悠悠,远意。"("驱马悠悠"《传》:"悠悠,远貌。")又"有兔爰爰"《传》:"爰爰,缓意。"又"惄如调饥"《传》:"惄,饥意。"(《说文》:"㥘,忧貌。""惄"《韩诗》作"㥘"。)《尔雅》录作:"惄,饥也。"

其或省貌字者亦同,如《诗》"行道迟迟"《传》:"迟迟,舒行貌。"而"春日迟迟"《传》则仅云:"迟迟,舒缓也。"

其加然字者亦同,如《诗》"南山崔崔"《传》:"崔崔,高大也,国君尊严,如南山崔崔然。"又"忧心奕奕"《传》:"奕奕然无所薄也。"而"奕奕梁山"《传》则云:"奕奕,大也。""奕奕寝庙"《传》则云:"奕奕,大貌。"

《诗》"伐木丁丁"《传》:"丁丁,伐木声。""椓之丁丁"《传》:"丁丁,椓杙声。"又"坎坎伐檀兮"《传》:"坎坎,伐檀声。""坎其击鼓"《传》:"坎坎,击鼓声。"又"雝雝鸣雁"《传》:"雝雝,雁声和也。""其鸣喈喈"《传》:"喈喈,和声之远闻也。"

亦有声而言然者,如《诗》"咥其笑矣"《传》:"咥咥然笑也。"又"呦呦鹿鸣"《传》:"呦呦然鸣而相呼也。"

(8)以"辞也"释之

《诗》:"汉有游女,不可求思。"《传》:"思,辞也。"《正义》:"以泳思方思之等皆不取思为义,故为辞也。"又"思皇多士"《传》:

"思,辞也。"他如"薄言采之"、"载驰载驱"、"亦既见止"、"叔善射忌"、"乃见狂且"之且、忌、止、载、薄五字传皆训"辞也"。至于"于嗟麟兮"及"猗嗟昌兮"之于、嗟、猗、嗟,《传》训"叹辞",虽亦是辞,但和无义者有别。及《礼记》郑《注》中又有"语助"、"发声"、"声之助"等名。

(9)以浅近者比况释之

《诗》"维天之命"《笺》:"命犹道也。"

《周礼》"体国经野",郑玄《注》:"体犹分也。"(按此与(3)项相同,只多一犹字,言其训稍展转耳。)

《中庸》"率性之谓道"《注》:"道犹道路也。"(以实况虚)。

《周礼》"珍圭以征守"杜子春《注》:"若今时征郡守以竹使符也。"

《周礼》"官属以举邦治"郑众《注》:"官属谓六官,其属各六十,若今博士、大史、大宰、大祝、大乐属大常也。"

(10)以今字释古字

毛《传》:"愒,息也。"(《菀柳》、《民劳》二见。《蔽芾传》又云:"憩,息也。"《释文》憩本又作愒,通作偈。)

毛《传》:"具,俱也。"(《大叔于田》、《节南山》、《正月》三见。)

毛《传》:"诒,遗也。"(《雄雉》、《天保》二见,《静女》、《丘中有麻》同,通作贻。)

毛《传》:"谌,诚也。"(《荡》一见。《说文》作忱。)

毛《传》:"翕,合也。"(《常棣》、《大东》、《般》三见。翕从合,以其造字时代言,合为古字,翕为今字;但依当时用字之常见与否言,合反较翕为今也。)

毛《传》:"威,灭也。"(《正月》)。

他如"掺掺女手"《传》:"掺掺犹纤纤也。""忧心忡忡"《传》:"忡忡犹冲冲也。""皇皇者华"《传》:"皇皇犹煌煌也。"之类亦古今字。

(11)以正字释借字

《诗》"惄如调饥。"《传》:"调,朝也。"(《释文》调本又作輖。按此犹嘲谯之通作啁诪也。)

《诗》"火烈具举"《传》:"烈,列也。"

他如甲狎、干扞、莫谋、矢誓等例皆此类。

阮元《揅经室文集》云《诗经》用字有义同字变之例,如《大雅·桑柔》"朋友已谮,不胥以穀;人亦有言,进退维谷。"谷借为穀,诗人嫌其二穀相并为韵,故易为谷。马瑞辰《毛诗传笺通释》又广其例,如《王风·君子于役》之括佸,《兔爰》之罗罹,《小雅·正月》之威滅,《大雅·皇矣》之度宅,《召南·草虫》之蟲螽,《小雅·蓼莪》之鞠育,《信南山》之甸田,《大雅·行苇》之钩均,《抑》之训顺。皆一本字,一借字。兹复广其例,如《邶风·北门》之益遗,上言埤益,下言埤遗,犹裨、溢、畀、贻,皆加增义。《卫风·氓》之宴晏,"总角之宴,言笑晏晏",上宴字亦戏乐义。《齐风·还》之還儇,《韩诗》作营嬽,皆美娟英艳之意;下章之昌臧,亦声近义同。《小雅·巷伯》之哆兮侈兮,皆大义,或谓当作侈兮哆兮,犹绿兮衣兮之例,但毛《传》原序如是,不必颠倒强解。又同诗三章之缉缉翩翩,即下章之捷捷幡幡,故《传》云捷捷犹缉缉也,幡幡犹翩翩也;《说文》引作咠咠幡幡。《桑扈》"不戢不难,受福不那",难那通用,犹猗那之作阿难猗傩,戢难之为辑柔儒傩也,并美盛宽大之词。《信南山》"疆埸翼翼,黍稷彧彧",《楚茨》"我黍与与,我稷翼翼",《甫田》"黍稷薿薿",翼翼、彧彧并盛多连绵之貌。《商颂·那》"庸鼓有致,万舞有奕",致、奕亦皆盛美之词。同诗"亦不夷怿",夷怿犹重言。

凡传注之言"读为"、"读曰"、"声同"、"声误"以及"某之言某也"者亦多指假借(见下节)。

以上所举,皆训诂之准则,事无定法,只在善于运用耳。

这里还有一点应该提出说明的,就是"相反为训"的问题。汉人传注虽知臭训为香(见前),但尚无反训之名;隐七《公羊传》:"春秋贵贱不嫌同号,美恶不嫌同辞。"然亦非言反训之理。至郭璞注《尔雅》、《方言》始有其说。

《方言》二:"逞、苦、了,快也。自山而东或曰逞,楚曰苦,秦曰了。"郭《注》:"苦而为快者,犹以臭为香,乱为治,徂为存,此训义之反覆用之是也。"

《尔雅·释诂》:"徂、在,存也。"(又云:"如、适、之、嫁、徂、逝,往也。"郭《注》:"以徂为存,犹以乱为治,以曩为曏,以故为今,此皆诂训义有反覆旁通,美恶不嫌同名。")

自此以后,一般小学家辄误以为训诂之原则,且有以为训诂之方法者,于是凡相反者皆可相训矣。流弊所及,漫无涯涘,作俑始于郭氏,推衍启自清人,不得不加分辨也。我曾作《相反为训辨》一文,旨在阐明反训只是语义的变迁现象而非训诂之法则,对旧说之谬误者加以辨正,现在择要引录于左:

反训之类别,依其事情性质之不同,约可分为五种:

(一)授受同词之例:

《尔雅》:"贡,赐也。"(《释文》:"贡字或作赣。")

《说文》:"贡,献功也。"又:"赣,赐也。"

《广雅》:"贡,上也。"又:"贡,税也。"又:"贡,献也。"

按古人名字多相应,子贡名赐而经典或作贡或作赣,本为一字,义亦相同,《说文》强分为二,于是臧琳《经义杂记》、钱大昕《养新录》、段玉裁《说文注》、严元照《尔雅匡名》等书皆从许说而谓二字有别,此皆过信《说文》之过也。贡犹共、供、龚,《说文》:"龚,给也。"又:"供,设也。"《释诂》:"共,具也。"《周礼》"羊人共其羊牲"《注》:"共犹给也。"可见贡之本义亦上下之通名,后始分化别为二义。

《广雅》:"祈、乞、匄,求也。"又:"假、贷,借也。"又:"敛,欲也。"又:"敛、匄、贷、禀、乞,与也。"王念孙《疏证》云:"敛为欲而又为与,乞、匄为求而又为与,贷为借而又为与,禀为受而又为与,义有相反而实相因者,皆此类也。"按"相反相因"四字可以说是道破了反训的奥秘:相因者,原始之本义;相反者,后来之分化。不可知今而昧古,以为相反即可相训也。

此类字又有四声之别。《春秋正义》:"假借同义,取者假为上声,借为入声;与者假借皆为去声。"而买卖、受授、籴粜等词,不但有四声之别,且有字形之异矣。赏偿、班颁、赋付赙、税祝绥、贩被等字亦同。

《尔雅》:"贸、贾,市也。"又:"贸,买也。"郝懿行《义疏》云:"按市兼买、卖二义:《齐策》云窃以为君市义,此以买为市也;《越语》云又身与之市,此以卖为市也。……《逸周书·命训篇》云:极赏则民贾其上,孔晁《注》:贾,卖也。《左氏·桓十年传》:若之何其以贾害也?《成二年传》:欲勇者贾余馀勇,杜预《注》并云贾,买也。是贾亦兼买、卖二义。"贾通沽(酤),《论语》求善贾而沽诸?

沽酒市脯不食,是沽亦兼二义。

由此观之,施受之词,可别为四:一为分别上下者,二为分别彼此者,三为分别求与者,四为互用不别者。如将分别者谓之相反为训,则不别者又将云何?所以说这是语义变迁的现象,而非训诂的法则。

《尔雅》:"命、令、禧、畛、祈、请、谒、讯、诰,告也。"又:"告、谒,请也。"《释名》:"上敕下曰告。"《广韵》:"告上曰告,发下曰诰。"案告亦兼上下相告两义,诰即告之分别字。

此外有人因为《公羊》之"春秋伐者为客,伐者为主"之两伐字,有主动被动及长言短言之别;军自败曰败,与打破人军曰败之两败字,有薄败、补败二切之异,遂谓此亦同字异读反训之例,非是。汉语词性之别,主要由于句位,即或有声调之别,乃多系人为而非自然,况且内动外动的不同,也够不上相反。

(二)古今同辞之例:

《尔雅》:"初、哉、首、基、肇、祖、元、胎、俶、落、权舆,始也。"

案始兼古今二义者,实由于说者所指之时间不同,与其谓彼兼有二义而为反训,还不如说它们表过去时或现在时的决定不在本身而在上下文义(语境)为妥。《诗》、《书》、《易》诸书都以初终、初后、初既、初又再次等对言,可知初字多用为原始之义,《觐礼》"伯父帅乃初事"《注》:"初犹故也。"《檀弓》"夫鲁有初"《注》:"初谓故事也。"但如《书·康诰》的"周公初基",《召诰》之"王乃初服",二初字则为今始之义。故《尔雅》又云:"治,故也。"《书》云"在治忽",《史记》作"来始滑",是治始可通。

哉、初一语之转,哉训始,原于治栽、植栽,故在又训存也,犹载之训事训立又训始也。《尔雅》又云:"在,终也。"在之训终,盖由于制截之义，郝《疏》谓为察之终，误矣。陈玉澍《释例》谓哉、在同从才声，始终相反为义，亦误。

祖落训始，《尔雅》又云："徂落，死也。""徂，往也。""徂，存也。"按且为俎之初文，引申为祭名以及被祭者之称，故又为祖先。祖先为往昔之人，故又为始为往，往义可实（动词）可虚（时间副词），字则作徂或退。死亦云逝，故又谓之徂，字作殂。至徂又训存者，乃系声转，非关义变，从且声之字如阻（险难）、岨、砠、沮（止难）、疽、罝、柤（木闲，《广雅》训距训隞）等都有止存之义。郝《疏》云："郭盖未明假借之义，误据上文徂往为训，而云以徂为存，义取相反，斯为失矣。殊不思徂往之徂本应作退，徂存之徂又应作且耳。"按谓为假音，其见甚是；然必以存为存问慰藉，《说文》"且，荐也"，荐亦承藉之意，则误，是亦过信本字本义之蔽也。

落训始，《尔雅》又云："落，死也。"按落本零落往去之义，故训死；往昔则为古，故又训原始；犹谓死为逝谢（卸）去没或作古也。邢《疏》云："落者，木叶陨坠之始。"邵《疏》："《左氏·昭七年传》云：愿与诸侯落之，杜预《注》：宫室始成，祭之为落。"孔广森《经学卮言》："尝考落之为始，大抵始于终始相嬗之际，如宫室考成谓之落成，言营治之终而居处之始也。成王践阼，其《诗》曰：访予落止，此先君之终，今君之始也。《离骚》夕餐秋菊之落英，宋人有以菊花不落为疑，而引此落始也训之者，颇为允当。"郝《疏》："落本殒坠之义，故云殂落；此训始者，始终代嬗，荣落互根，《易》之消长，《书》之治乱，其道胥然：愚者暗于当前，达人烛以远览，落之训死又训始，名若相反，而义实相通矣。"近来还有人用《易》的错综互伏之爻，《老》、《庄》的祸福相倚之论，内典的去来如如故称如来（又称如去）之语以及思想上之矛盾律来解释反训之理，似乎不必，何则？

此乃语义之演变,非语义训释之准则。若以道家思想附比,则方生方死之说不是正好作证吗?不知祖落之训始为原始往昔之始,非才始及开始之始,《尔雅》本为客观训诂之书,故训同而义异者甚多。然则落之为死为始,本一义也,自不必以反训解之。落训死俗因作殒,亦画蛇添足。至于朱骏声《说文通训定声》以落为额之假,故训始,犹元首之为始也。黄侃又谓"落训木叶侈,无始义,其训始者当为反言,何以知之?即以胎殆同从而义反知之也。"也都是昧于语义演变者之论。

《尔雅》:"治、肆、古,故也。肆,故今也。"

郭《注》:"肆既为故,又为今,今亦为故,故亦为今,此义相反而兼通者。事例在下而皆见《诗》。"按《诗·绵》"肆不殄厥愠",《思·齐》"肆戎疾不殄",《传》并云:"肆,故今也。"《大明》"肆伐大商",《抑》"肆皇天弗尚",《笺》并云:"肆,故今也。"郭氏字别为义,与毛郑不合。王观国《学林》云《释故》、《释言》皆用一字为训,若以故今二字训肆字,则非《尔雅》句法。王引之《经义述闻》又云《尔雅》字各为义,不当以故今二字连读,肆伐大商之肆当依毛《传》训为疾,余三肆字皆当训为故,不当训为故今也。并列举《书》、《礼记》之肆字、故字、固字、今字诸句,证明肆故之训为今,今亦训为故,皆承上之词。又云:"治肆古故也"条,治读为始,始古为久故之故,肆为语词之故;"肆故今也"条则全为语词;郭氏谓今与故义相反而兼通,非也。(马瑞辰《传笺通释》略同)。陈奂《传疏》:"毛《传》虽本《雅》训,而意不同,《雅》谓肆一句,故一句,总之为今也;《传》谓《诗》之肆,既为故,又为今,立意自异。故者承上古公也,今者承下文王也。"以《尔雅》之成书由来言之,故今连读为正,盖毛《传》先成而后人据以增入于故也条之下。严元照《匡名》、潘衍桐《正郭》并斥郭氏为非,是也。肆训故训故今,皆承上起下之词,义同,是此非反训明矣。郝《疏》谓肆有缓急二义,因有故今二训,无足怪也;非是。又云肆遂是所一声之转,所以即是以、遂以,是故即肆故;故今即肆今,犹肆故,是故;肆今转为斯今,自今,迄今,及今,至今,并字异而义通。此说亦不得要领。肆训遂,犹聿训遂。王闿运《集解》:"此有三读:肆为今故亦为今,一也;肆为故今,二也;肆故为今,三也。"末一读盖即郝氏之说。

《尔雅》:"曩,久也。"又云:"曩,曏也。"

邵《疏》:"《释诂》云曩久也,《说文》云曏不久也。郭氏云以曩为曏,义有反覆旁通,盖曩本训久,反覆旁通又为不久也。"(按郭《注》无此语)《集解》谓曩即曏之重文,今作响。盖久与不久,因言者之情略有异耳,非反训。郝《疏》云:"对远日言,则曏为不久;对今日言,则曏又为久。"字又作向嚮郷。词义生活于句中,故因文而义别。

(三)废置同词之例:

《尔雅》:"废,舍也。"(注:"舍,放置。")

邵《疏》:"废者,《天官·太宰》云废置以驭其吏,郑《注》:废犹退也;《左氏·襄二十三年传》云:天之所废。废又训为置,《公羊·宣八年传》云废其无声者,《左氏·文二年传》云废六关,是也。"郝《疏》:"舍有二义,亦有二音,诗夜切者:……是皆以止息为义也;其音书治切者,舍即捨之假借,……是皆以舍释为义也。《诗·楚茨笺》及《礼·檀弓》、《丧大记》注并云废,去也,《小尔雅》及《广雅》并云废,置也,置去义亦同。……置者不去也,以不去为废者,废训为舍止而不用,亦与去同,是去为舍,不去亦为舍也。"

《说文》:"舍,市居曰舍。"段《注》:"舍可止,引申之为凡止之称。《释诂》曰:废、税、赦,舍也。凡止于是曰舍,止而不为亦曰舍,其义异而同也。犹置之而不用曰废,置而用之亦曰废也。"案废舍之义本为放置,其有二义二音二形者,乃因语境之不同而别,犹今语放字之有放置及放弃二义也,非反训。

《尔雅》:"矢,弛也。"(郭《注》:"弛,放。")又"弛,易也。"(《注》:"相延易。")又云:"矢,陈也。"

臧琳《经义杂记》:"凡延及陈设义当作施,凡废解义当作弛。"(郝《疏》及严氏《匡名》均用其说。)案陈为引延之义,施、布、弛、张亦为陈设之义,凡陈设必铺布排列。所异者只在设置之后用与不用耳,与废舍之例同。

(四)美恶同词之例:

《尔雅》:"仇、偶、妃、匹,合也。"(《注》:"皆谓对合。")

又云:"仇、雠、敌、妃,匹也。"又"敌,当也。"又:"酬,报也。"

又云:"妃、合,对也。"又:"怼,怨也。"

《左传·桓二》:"嘉耦曰妃,怨耦曰仇。"郑氏笺《诗》于"君子好逑"、"公侯好仇"、"与子同仇"、"宾载手仇"、"询尔仇方"等句,都说怨耦曰仇。孙炎《注》:"仇者相求之匹也,雠者俦侣辈类之匹也,敌者相当之匹也,妃、合,耦之匹也。"李巡《注》:"仇、雠,怨之匹也。"臧琳又谓仇怨字作仇,逑耦字作逑,"盖匹耦之求,不论嘉耦怨耦,俱用从辵求声字,因嘉耦既以善相求,怨耦又以怨相求,嘉怨不同,而相求则一"。按诸说皆未能得语言之本始,《诗》中仇、逑、雠、酬、魏五字俱有,义兼美恶,是仇、雠犹俦、酬,本为相当相对之义,故毛《传》于逑、仇字只训匹也、合也,而不分嘉怨,得其义矣。匹、媲、妃、配、陪、倍等义同原,倍、陪又通于剖,故副为剖而有佐贰之义,判为剖而有伴侣之义,凡此等类,皆由一语孳分,当其未分时，固只一义也；当其已分后，则为二词二义，不必谓之反训也。郝《疏》："怨嘉虽异，仇妃本同，对文则两耦似分，散文则仇妃俱合。"段氏《说文注》云："仇讎本皆兼善恶言之，后乃专谓怨为讎矣。"《注》又云："仇者兼好恶之词，相等为敌，因之相角为敌。"仇、讎、敌之为匹合对，犹臭之为香，逆之为迎，（例已见前），可归入"变坏式"的例中。

《尔雅》："怡、怿、悦、愉、豫，乐也。悦、怿、愉、释，服也。"又："豫，安也。"又云："豫、射，厌也。"

戴东原《答江慎修论小学书》："即《尔雅》亦多不足据，姑以《释故》言之：如……豫盖当训厌足厌饫之厌，射训厌倦厌憎之厌，此皆掇拾之病。"《说文》："猒，饱也，足也。"段《注》："按饱足则人意倦矣，故引申为猒倦猒憎。"猒、厌古今字、猒、饜正俗字。心部懕，安也，厂部厌，笮也，土部壓，坏也，皆由一语根引申，义通于宴、晏、燕、偃、郾等字。郝《疏》："倦止与饫足义亦相成，安乐与倦怠义又相近，盖因饫足生安乐，又因安乐生厌倦，始于欢豫，终于倦怠，故厌训安又训倦，与豫训安训乐又训厌，其义正同矣。"

《诗》"甘心首疾"《传》："甘，厌也。"《传疏》："快意谓之甘心，忧念之思满足于心亦谓之甘心。传以厌诂甘，忧思满足之意也。"（马瑞辰则以甘苦相反为义，苦心犹痛心。案毛说为长。苦之训甘，乃系声借，详后。）

《尔雅》："笃、竺，厚也。"《说文》："毒，厚也。"

段玉裁《说文注》："毒兼善恶之辞，犹祥兼吉凶，臭兼香臭也。《易》曰圣人以此毒天下而民从之，《列子》书曰亭之毒之，皆谓厚民也。毒与笃、竺同音通用，《微子》篇天毒降灾，《史记》作天笃。"（《诗》曰："天笃降丧。"）

《尔雅》:"载、谟、食、诈,伪也。"又:"作,为也。""载,行也。"

王引之云:"盖伪有两义,载、谟者作为之义;食、诈者虚伪之义。"案《荀子·性恶》:"人之性恶,其善者伪也。"又云:"可学而能,可事而成之在人者,谓之伪。"又云:"器生于工人之伪。"故杨倞《注》:"伪,为也。"《月令》:"毋或作为淫巧。"郑《注》:"今《月令》作为为诈伪。"是作为之极度则为诈伪也,今则判然有别。

《尔雅》:"蛊、谄、贰,疑也。"又云:"疑,戾也。"(注:"戾,止也。")

案疑者之心理为不定,而外貌则为凝止。故嶷、懝、儗、擬等字有未定之意,而礙、凝、癡、讛等字则有定止之意。《说文》矤训未定,疑训惑也。郝《疏》以为未字盖衍,朱骏声又谓未为衍文而二字说解互倒,疑,定也,矤,惑也,义实相反,音亦不同。殊不知许氏所说之二形即一字之异体也。

此外如颠本上端而又为自上而下(《方言笺疏》),末为尾而又为颠(《广雅》),终为竟末而又为始自,都与上例略同。祝(呪)祷(祷)之与诅詶(咀咒)亦同,字又作䛁䛁。

(五)虚实同词之例:

《说文》:"尽,器中空也。"《墨子》:"尽,莫不然也。"《尔雅》:"悉、空、毕,尽也。""极,至也。"《诗》毛《传》:"空,大也。"诸书中至、极、绝、已、大、孔、尽、悉、毕、既等字又用为表极态和全数之副词。盖空与大义似相反,而其情况则相同也。《说文》:"戬,灭也。"段《注》:"尽之义兼美恶,故灭之义亦兼美恶。"《诗》云:"俾尔戬谷。"戬为尽,尽善尽美也。

《尔雅》:"鞫,盈也。"又云:"鞫,穷也。"

《诗》"降此鞫讻"《传》:"鞫,盈也。"又"鞫为茂草"《传》:"鞫,穷也。"鞫一作鞠。郝《疏》:"鞫训穷,穷训极,尽与盈满义近。又鞫有穹音。"《释诂》:"穹,大也。"

《尔雅》:"壑、阬阬、滕、徵、隍、漮,虚也。"

郭《注》:"壑,溪谷也;阬阬,谓阬塹也;隍,城池无水者;《方言》云:漮之言空也;皆谓丘墟耳。滕徵未详。"郝《疏》:"《玉篇》云:虚,丘居切,大丘也,今作墟;又许鱼切,空也;是虚有二音二义。古无墟字,其空虚、丘虚并作虚。……《尔雅》之虚,本以空虚为义,郭云皆谓丘墟,盖失之矣。"按虚本大也,高为大,空亦为大,似相反而实相通,故《说文》:"壑,阬也;一曰大也。""圹,壑穴也;一曰大也。"又:"京,人所为绝高丘也。"而京又训大。《毛诗》:"在彼空谷。"《韩诗》作穹谷,《尔雅》:"穹,大也。"可证高大与空大之相通本由于情状之类似,而非由于虚实之相反。

亢声之字多有大义,一为高大:如亢、颃(人颈)、伉(《诗》云"高门有伉",《韩诗》作"闶",《说文》作"阬")、炕(乾也)、扛(扞也)、阬(陌也,《广雅》则云"池也")。一为宽大:忼(慨也,一作慷)、沆(莽沆大水貌,一曰大泽貌)。一为深大:魧(大贝)、远(兽迹)、阬(阆也,阬阆犹坑㝠,一作㝠㝠,故《尔雅》云"虚也",《苍颉篇》"壑也")。沈兼士《右文说》中有"相反义分化式",谓从亢声字有高上义,同时亦有洼下义,故㽘、阬之或训高或训洼也。沈氏云:"盖高起之与洼下,方向虽异,而其容积则一也。如中央下与中央高同得云宛,阪与池同得云陂,从襄声字有退却与侵夺义(如譲与攘),皆是字义相反相成之理。"《经义杂记》疑《尔雅》之阬阬二字相连必有一讹,或本作坑,或本作沆,沆有大义,大者多虚。此说颇有见地。(又《诗》云"颉之颃之"《传》:"飞而上曰颉,飞而下曰颃。"段玉裁《毛诗小学》云:"《传》上下字互讹,颉同页,页头也,飞而下则头抢地;颔同亢,亢颈也,飞而上则亢向天。"《说文注》又引《甘泉赋》"鱼颔而鸟睉",谓即颔顽。陈奂《传疏》引段说而又谓当是颔顽二字之互讹。)

康本穅字,空也。《诗》"酌彼康爵"《笺》:"康,空也。"空犹大也。歉为饥虚,即荒声之转。㶕为水虚,即沉之异文。故㝩㝞即坑阆、犺健即康健。亢、康俱有舒缓高大之义,故又为安乐。

至于滕、徵的解说,颇不一致,钱氏《潜研堂答问》:"《说文》滕,水超涌也,《玉篇》滕,虚也,引《诗》百川沸滕;盖水涌而上有虚之义。……徵者事之虚,《春秋传》鲁人闻余出,喜于徵死;徵死者徒死也,徒死犹虚死也。"洪颐煊《读书丛录》:"水超涌则其下空虚,滕与腾通。《思玄赋》:懲洄溯而为清,注:懲,腾也,懲即徵字。"马瑞辰、郝懿行说并同。霍瀶《补郭》:"徵者信实,可徵以为虚者,亦若乱之为治,故之为今,徂之为存,允之为佞,义相反而兼通也。"按徵滕犹蒸腾、升登,皆高起之意,故为虚。

《说文》:"琬,圭有宛者。"段《注》:"玉裁谓圜剡之,故曰圭首宛宛者,与丘上有丘为宛丘同义,《尔雅》又云:宛中宛丘,此与毛《传》四方高中央下曰宛丘,《释名》丘宛宛如偃器正同,谓窊其中宛宛然也。二义相反,俱得云宛。"按《尔雅》为客观的训诂书,所以兼收异说,或系后人附益求备,自不必责其自相矛盾。宛为屈曲环围,穹窿为宛,低伏亦为宛,高下不同,其为屈宛则一。郭《注》必云中央隆为宛,马瑞辰《传笺通释》又必以中央下为宛,都失之拘。这好像阬训陌又训池,阮训阆又训壑的道理相同。

《尔雅》:"窒,塞也。"《诗》"穹窒熏鼠"《传》同。

《潜研堂答问》云:《易》"阒其无人",孟喜本作"窒其",窒本塞,反训为空,犹乱之训治,徂之训存也。《列子·黄帝篇》"至人潜行不空",一本"空"作"窒",《庄子·达生篇》引此文亦作"窒",是窒有空义也。按《诗》穹窒连文,《东山》:"洒扫穹窒。"《笺》训为塞。《说文》:"窒,塞也。""窬,空貌。"窒与滞实及窬穴(掘阅)室屋音俱近,疑非反训。至如閒为隙又为隔,乃系一义之两面,亦非反训,故《尔雅》"孔延魄虚无"及"哉之言"俱训閒也;閒又训代也,盖閒隙即隔断处,亦相交替处也。

《尔雅》:"允、展,信也。""展、允,诚也。"又云:"允、任、壬,佞也。"

郝《疏》:"允、任、壬本训为信为大,而又为佞,美恶不嫌同辞也。"按训诚信之字如允、孚、亶、展、谌、诚、亮、询等字都有大义,诚信之言深沉也,深沉为大而虚诞亦为大,故亶为信而谵为欺谩(《方言》十),诞为词诞(《说文》)而又为大(《尔雅》),为信(《韩诗章句》)。亶、延、展一声之转,《方言》:"展,信也。"《楚语》:"展而不信。"及《逸周书》:"昭信非展。""展允干信。"展又为不信,允同。《说文》:"佞,巧谄高材也。"《论语》"不有祝鮀之佞"孔《注》:"佞,口才也。"是佞谄也都是巧言欺谩之意,故允为信而又为佞,信、佞皆大也。《方言》:"齐楚谓信曰訏。"《说文》:"訏,诡讹也。"《尔雅》:"訏,大也。"訏亦兼此三义。(《读书丛录》及《正郭》以允为兑之讹,兑即悦,以言悦人即是佞。又《群经平议》谓允为㽸之借,《说文》㽸读沇州之沇,㽸者山间陷泥地,以地言为陷,以人言即为谄也。三书都不明语义相反相成之理。)

以上五类,皆语义演变的恰成相反者,自不得叫作反训。严格地讲,"反训"这个名词根本就不能成立,训诂是解释古字古言,基于相反的原则而去训释古语,才可以叫作反训;现在既知这些例子不过是语义演变现象中的一少部分,那么,就不应再名为反训而认

为训诂原则了。恐以讹传讹,随流波荡,不可遏止,故特为辨正。至于本非义变而误认为反训的也很不少,这里再附带举正如下:

(1)不晓同音假借而误以为反训者:

《尔雅》:"乱,治也。"《说文》:"乱,治也。"又:"矞,治也,读若乱同,一曰理也。"又:"斁,烦也。"又:"䜌,乱也,一曰治也,一曰不绝也。"又:"变,更也。"

郝氏《义疏》谓乱之训治,盖因与䜌音义俱同,故兼有二义。段氏《注》则以乱为"不治",转注之法乃训乱为治。(《匡谬》云惟不治故治之,治之曰乱,谓不治者亦曰乱,《孟子》一治一乱是也。徐灏《笺》云:自其体言则为乱,以其用言则为治,故乱亦训治也。)按段氏於矞下云"此与乙部乱音义皆同",于斁下云:"与夊部矞,乙部乱,言部䜌,音义皆同;烦曰斁,治其烦亦曰乱也。"于䜌下云:"与夊部矞,乙部乱,音义皆同。"然又分别治与不治,是前后自相矛盾也。桂馥《说文义证》则以乱字通借为斁,故有烦义。现在看来,诸说都非,方以智《通雅》云:"䜌有辭治孌之音。"辭籀文作辤,是以台叶音也。《楚辞》每篇末多有"乱曰"之文,即辭(词诗)之借。金文嗣字多用为司,司即治也。乱之训治,犹疗理(料理)之训治,本系音借,非关反训。旧说反其义以相借或相反为训者,都大错特错了。

《说文》:"扰、烦也。"《广雅》:"扰,乱也。"但如《周礼》上的"以扰万民","掌养猛兽而教扰之"等句中之扰字则训安之义。盖扰音近柔,故有柔义,《书经》"柔远能迩",《诗经》"怀柔百神",《礼记》"柔远人也"等柔字,并是优柔安服之意,《尔雅》:"柔,安也。"是扰之训安,亦为音借。

《尔雅》:"康,静也。安也。乐也。"又云:"康,苛也。"(同书云"苛,妎也。"《方言》:"苛,怒也。")

邢《疏》："苛名康者，以康安也，苛刻者心安之。"邵《疏》："《说文》云苛小草也，《释器》云康谓之盅；康、苛皆细小之物，故假借以为烦琐之名。"郝《疏》："按苛为小草，故又为细也，烦也，重也，又扰也。……康亦细碎，与苛扰义近。声又相转。"俞曲园又云"康苛"为"抗荷"之借，抗举与负荷义相近。以上数家虽不以为反训，但终嫌牵强。周春《补注》始云："康之为苛，亦犹乱为治，故为今，徂为存，扰为训之类。"按经典康字无训苛者，郭《注》云："谓苛刻。"苛刻与康，声都相近。康本糠字，康之训安乐，乃由空暇宽舒引申；苛之为烦扰，则由刻酷引申；二义无相连之关系，非反训也。

《尔雅》："愉，乐也。"又云："愉，劳也。""瘉，病也。"又云："盱、繇，忧也。"又"郁陶、繇，喜也。"

按愉之为乐，盖由迂裕舒馀之义，故娱、虞、豫、预、誉、与等声近之字并可训喜。愉又为劳病，盖因郁积抑悒之意。郝《疏》："愉者（劳也）盖愈之假者。"愉音转为繇，故繇为忧又为喜。《广雅》："郁悠，思也。"王《疏》："凡一字两训而反覆旁通者，若乱之为治，故之为今，扰之为安，臭之为香，不可悉数。"《尔雅》云：郁陶、繇，喜也；又云：繇，忧也；则繇字即有忧喜二义，郁陶亦犹是也。是故喜意未畅谓之郁陶，《檀弓》（人喜则斯陶，郑《注》陶，郁陶也）《正义》引何氏《隐义》云："郁陶，怀喜未畅意；是也。忧思愤盈亦谓之郁陶，《孟子》（郁陶思君尔）、《楚辞》（《九辩》：岂不郁陶而思君）、《史记》（我思舜正郁陶）所云是也。暑气蕴隆亦谓之郁陶，挚虞《思游赋》云：戚溽暑之陶郁兮，余安能乎留斯？夏侯湛《大暑赋》云：何太阳之吓曦？乃郁陶以兴热是也。事虽不同，而同为郁积之义，故命名亦同。阎氏（百诗《尚书古文疏证》）谓忧喜不同名，《广雅》误训陶为忧，亦非也。"王说虽较阎氏之以一义解之者固佳，然也不免有误,因为郁陶之为喜为忧,各有语原所自,不必强以反训目之。郝氏云:"二义相反。凡借声之字,不必借义,皆此例也。繇盖愮之假借,《方言》云愮忧也。"

《尔雅》"蘦,大苦",《注》:"今甘草也。或云蘦似地黄。"(《诗》"采苓采苓"《传》:"苓,大苦。")

王氏《广雅疏证》:"案大苦者大苄也,《尔雅》云苄地黄,苄、苦古字通,《公食大夫礼》羊苦,今文苦为苄是也。蘦似地黄,故一名大苦,……苦乃苄之假借,非以其味之苦也。"又《方言》三:"苦,快也。"《方言》二:"苦,快也。"郭《注》谓苦而为快者,犹以臭为香。马瑞辰据以训解《诗》之"甘心首疾",甘与苦相反为义;说亦无据。

他如"知谓之党,不知亦谓之侊;解寤谓之党,昏昧亦谓之晥;光明谓之党朗,不明亦谓之侊朗。"(见钱绎《方言笺疏》。犹明母字多有冥明二义。)"介训为大(介、夯、玠),又训为小(介、砎、芥、魪、扴)。"(见向上)鲸鲵皆大鱼(《左传·宣十二》杜《注》),鲵鮒皆小鱼(《庄子·外物释文》引李逸《注》)。鲲为大鱼(《庄子》)而又为鱼子(《尔雅》)。艾为耆老(《礼记》、《方言》、《释名》)而又为少嫩(《孟子》)。原为始(元)而又为再(《尔雅》)。愈为病(《尔雅》)而又为瘳(《说文》)。瘥为病(毛《传》)而又为愈(《说文》)。放为泛而又为傍。离为羅(罹)而又为剺(镂)。更为改(革)而又为继(赓)。诸如此类,遽数之不能终其物,并系同音相假,义偶相反;浅人拾摘皮傅,不知实无关于反训也。

(2)不达反训原理而强以为反训者:

《说文》:"嘆,吞歎也。一曰太息也。"又云:"歎,吟也。"许氏分为两字,已属不当;段氏《注》又从而为之辩护曰:"按嘆、歎二字今人通用,《毛诗》中两体错出,依《说文》则义异:歎近于喜,嘆近于哀。"按毛《传》于"于嗟"之文仅云"歎辞",而郑《笺》则分云"美之"、"戒之"及"歎之",陈氏《传疏》曰:"美歎曰嗟,伤歎亦曰嗟,凡全《诗》歎词有此二义。"可见其义为喜为伤为讥为赞,都由上下文义而别。

马瑞辰《传笺通释》又谓:"啸、歗二字经典通用,而其本字则音同而义别,歗者吹声悲声也,……啸者吟也,……"诸如此类,都是执拘偏旁,妄生区别,有昧于心理循环,语义周流的消息。

他如《尔雅》云:"苀,明也。"陈玉澍《尔雅释例》谓即《释天》之雺,雺,昧也。《尔雅》:"育,长也。"又:"鞠,稚也。"陈氏谓鞠、育字通,稚幼与长老义反。颇为略少之训而又为多甚之词(见刘淇《助字辨略》)。《方言》"谩台"为惧,《乐记》"慢易"为怠忽,怠忽与畏惧相反。麐为大鹿而又训似鹿而小者。容为可而又为岂可。一为决定之词而又为或词。宜为应合之词而又为计而未定之词。不可为岂,或可亦为岂。苟为诚而又为且。诚为实词而又为未定之词。(均见刘师培《古书疑义举例补》"二义相反而一字之中兼具其义之例")犯之为败又为胜;诚信为穆,不诚为缪,缪即穆也;臭菜为荤,香草为薰,薰即荤也;扱取为引,投掷亦为引;间为隙而又为塞;塞为隔而又为通:咺为快而又为怒;呵为笑而又为怒;……诸如此类,或自矜深得不传之秘,展转求之,可至无穷;哪里知道是陷溺迷误而不自觉呢!

(3)不识古字而误以为反训者:

《诗》"徒御不警,大庖不盈",《传》:"不警,警也;不盈,盈也。"又"不戢不难,受福不那"《传》:"不戢,戢也;不难,难也;那,多也;不多,多也。"又"有周不显,帝命不时"《传》:"不显,显也;不时,时也。"又"上帝不宁,不康禋祀"《传》:"不宁,宁也;不康,康也。"又

"矢诗不多"《传》："不多,多也。"郑《笺》于此等处并以"岂不……乎"的反言方式解之。臧琳又引以为"古人语急反言"之证。不知不乃丕字,不、丕于古为一体,丕音近溥,故有大义,用为表极甚之副词,《诗》之不显不承即《书》之丕显丕承,《孟子》引《书》语赵《注》训为大,得其义矣;王引之《经传释词》则谓不、丕为发声,而斥赵《注》失之,非是。

又《诗》"无念尔祖,聿修厥德","王之荩臣,无念尔祖",《传》："无念,念也。"《尔雅》："勿念,勿忘也。"按此无字不必以发声或反言解之,无、聿对文,周王告戒殷士曰:勿念念不忘尔祖,惟当修明其德;用意深远,不烦曲解。至如"无竞维人","无竞惟烈",《传》："无竞,竞也。"无音近于,犹"于皇"、"于穆"之例,并为表极甚之副词。

(4)不知句调为表意方法之一而误以为反训者:

《左传》："无宁兹许公复奉其社稷"杜《注》,又"毋宁使人谓子,子实生我而谓子浚我以生乎"杜《注》,又"且先君而有知也,毋宁夫人而焉用老臣"服《注》,并以"无宁"为"宁也"。按宁为肯定而无宁为询问,《左传》引《书》曰:"圣作则,无宁以善人为则而则人之辟乎?"《论语》:"无宁死于二三子之手乎?"都有乎字可证,上引《左传》三例亦有乎字及焉字。

《鲁语》"彼无亦置其同类"韦《注》："无亦,亦也。"《经传释词》以《国语》之"王无亦鉴于黎苗之王?""女无亦谓我老耄而舍我?"《左传》之"无亦是务乎?""无亦鉴乎若敖蚡冒至于武文?"《晋语》之"君不亦礼焉?"等句之无、不二字为发声,而斥《周语》"无亦择其嘉柔"韦《注》"无亦,不亦也"为误,非是,不知此犹《论语》"不亦说乎?""不亦乐乎?"之例,若解为肯定,则言者委婉的口气全行失去了。

《左传》:"先君若有知也,不尚取之?"服《注》:"不尚,尚也。"《逸周书》"二三子不尚助不穀"孔晁《注》、《秦策》"楚国不尚全事"高《注》并同。又《逸周书》:"不其乱而?"《左传》:"不其馁而?"《诗》:"不尚息焉?"《孟子》:"吾不惴焉?"《礼记》:"不在此位也?"而、焉、也三字也都是询问助词。《诗》:"不裁我躬?""济盈不濡轨?"《书》:"我生不有命在天?"等句虽无助词表示句调,但由上下文义可知为反言,《史记》引作"我生不有命在天乎?"有乎字可证。王引之一律释不为语助无义,失之。顾炎武《日知录》谓《诗》之"亦不夷怿"省乎字,"我生不有命在天"、"吾不惴焉"省岂字,"不在此位也"上文省非字;说法虽然不得要领,但较王氏之说仍佳。

《公羊传》"母欲立之,己杀之,如勿与而已矣"《注》:"如即不如,齐人语。"《左传》"敢辱官谤?以速官谤"《注》:"敢,不敢也。""敢辱大馆"《注》:"敢,不敢也。"《聘礼》"辞曰:非礼也,敢对?曰:非礼也,敢辞"《注》:"敢言不敢。"顾炎武谓为语急而省,复广其例,如《左传》:"若爱重伤,则如勿伤?若爱二毛,则如服焉?""若知不能,则如无出?""二三子若能死亡,则如违之?以待所济;若求安定,则如与之?以济所欲。""君若爱司马,则如亡?""不能,如辞?""然则如叛之?"其实这也都是问句,《汉书·翟义传》:"欲令都尉自送,则如勿收邪?"有邪字可证。今语犹有此例,不必齐人语。

以上种种靠着句调表示的意义,因为古无问号的记载,至于淹没失解。毛《传》云:"不显,显也。"王引之本之,遂谓不无等字为发声;郑《笺》云:"岂不警乎?岂不盈乎?反其言以美之。"顾炎武本之,以为古人语急而省文。俞氏《古书疑义举例》则兼采三说,故有"语急例","反言省乎字例","助语用不字例"。近人复引之谓为反训。

(5)不明词类活用现象而误以为反训者:

《诗》:"薄污我私。"污本秽名而又为去秽之称。《孟子》:"将以釁钟。"釁本罅隙而又为弥补之词,犹隙曰缝而缀连亦曰缝也。劳为劳苦之义而又为劳来之语,《诗》"神所劳矣"、"召伯劳之"、"莫我肯劳"等劳是也,盖勖劳曰劳,慰其劳亦曰劳也,今犹有慰劳犒劳之语。皮本皮表之名而又为去皮之称,《国策》"皮面抉眼",《僮约》"落桑皮棪"是也,字亦作披。犹毛为生毛又为去毛,《诗》"毛炰胾羹",谓烂去豚毛而炮之也。以上所举,皆汉语名动同词的现象,本无足异,不得因其偶然于义相反而就认为反训也。若然,则不相反者又将何解。

上列五误,都是彰然较著者,其他尚不及焉,由这也可见目前训诂学的一斑了。设无语文之基础知识,而必于此强作解人,吾恐其不知伊于胡底?章太炎《转注假借说》论相反为义云:"语言之始,义相同者多从一声而变,义相近者多从一声而变,义相对相反者亦多从一声而变。"所举相对相反之例如先言天,从声以变则为地;先言古,从声以变则为今;……先言起,从声以变则为足;先言头,从声以变则为足。……此皆以双声叠韵相转相迆者也。亦有位部皆同,训诂相反者;始为基,终为期为极;说乐为喜为僖为婴,悲痛为谮;有目为明,无目为盲;并以一语相变:既有殊文故民无眩惑。章氏这段话似是而实非,于语言缘起多所未了。至于又谓"若特为牛父,引伸训独,而《诗传》又训为匹,则是读为等夷之等也。介为分画,引伸宜训两,而《春秋传》以介特为单数,则是读为孑孑之孖也。苦徂故为快存今,亦同斯例,顾终古未制本字耳。若从双声相转之例,虽谓苦借为快,徂借为存,故借为今,可也。"这也似乎不必,盖语义本为流动变化而渐形成多面,因其语境之不同,自可含有相反两义,正不必都一一分别为之造字,或旁求其通借;倘若执著固定的字形和片面的本义而刻舟胶柱以求之,恐语言文字之道由此塞。

第十二节　术语

　　汉儒训诂之学,虽然还没有完全达到细密周备的境界,可是他们所用的术语也有一定不易的相沿习惯,我们从这上面也可以归纳出一点大概的倾向,使人一望而知其所表之训诂种类。传注用语之最简质者,莫如毛《传》,如:"窈窕,幽闲也,淑善,逑匹也,言后妃有关雎之德,是幽闲贞专之善女,宜为君子之好匹。"先分释古字,后综释古言。有时句义甚明,勿烦复说者,则只训难字之义,以下不再重述,如:"寤觉,寐寝也。"《诗传》而外,如康成的《诗笺》、《易注》、《三礼注》,赵岐的《孟子注》,王逸的《楚辞注》,何休的《公羊解诂》以及《尔雅》、《说文》、《方言》、《释名》,并训诂之佳作,现在姑就以上数书所言,参以《经籍纂诂凡例》所列,约为四十类如下:

　　(1) 某,某也。(某,某也、某也。)

　　《周书·谥法》:"和,曾也。勤,劳也。"《周语》:"基,始也。命,信也。"《易传》:"需,须也。师,众也。元,始也。蒂,小也。"如数字连释,则前数字释语之也字可省,如《诗传》:"淑,善;逑,匹也。""履,禄;绥,安也。"等是。其末字释语之也字不可省,无者必系缺文,《诗传》:"荒,奄。"上下俱无他文,是缺也字明甚,故《传疏》云:"《传》荒奄下夺也字,今补;凡言也者,别词也,词未尽不须用也以别之,词已尽则用也以别之,今本多互乱矣。"至如《周礼》郑《注》:"资,取也、操也。""典,常也、经也、法也。""诏,告也、助也。"之类,皆一字之义不足尽,或展转相释。其句式应亦属此。

（2）某者,某也。（某者,某也、某也。）

《孟子》:"畜君者,好君也。"《书大传》:"颛者事也,禹者辅也。"又:"尧者高也、饶也。舜者推也、循也。"段氏诸字下注云:"白部曰:者,别事词也。诸与者音义皆同,《释鱼》:前弇诸果,后弇诸猎。诸即者。"《说文》:"泣,无声出涕曰泣。"段《注》据《韵会》本订正作"无声出涕者曰泣",云:"者,别事词也,哭下曰:哀声也,其出涕不待言,其无声出涕者为泣,此哭泣之别也。"按者即今之这字,某者某也乃古人行文构句之常例,不必拘泥。

（3）某犹某也。

《说文》:"雏,犹䭪也。"段《注》:"凡汉人作注云犹者,皆义隔而通之,如《公》、《穀》皆云孙犹孙也,谓此子孙字同孙遁之孙;《郑风传》:漂犹吹也,谓漂本训浮,因吹而浮,故同首章之吹。凡郑君、高诱等每言犹者皆同此。许造《说文》,不比注经传,故径说字义,不言犹;惟寁字下云:昼犹齐也。此因昼之本义极巧,视之于寁从昼义隔,故通之曰犹齐。此以应释雏甚明,不当曰犹应,盖浅人但知雏为怨词,以为不切,故加之耳。然则尔字下云:丽尔犹靡丽也,此犹亦可删与?曰此则通古今之语示人,丽尔古语,靡丽今语;《魏风传》:纠纠犹缭缭,掺掺犹纤纤之例也。"又于谞下注云:"《礼器》德发扬谞万物,《注》:谞犹普也。按谞之本义为大言,故训为普则曰犹,凡古注言犹者视此。"按郑氏注经经常好言犹,如《中庸注》:"道犹道路也,出入动作由之,离之恶乎从也。""位犹正也。""流犹移也。""塞犹实也。"等,都和段氏所说相符。至如《天官·酒正注》:"醴犹体也,成而汁滓相将。盎犹翁也,成而翁翁然葱白色。"则又言名原了。

（4）某亦某也。

《天官》郑《注》:"则亦法也,典法则所用异,异其名也。"按经云:"六典治邦国,八法治官府,八则治都鄙。"郑《注》既云"典,常也,经也,法也",故又云"则亦法也",亦者言其似异而实同也。又经云:"以安邦国,以宁万民,以怀宾客。"《注》:"怀亦安也。"凡此皆明其为变文也。《诗传》:"艰亦难也。"《传疏》云:"艰难合二字一义,古人属辞,一字未尽,重一字以足之,《七月序正义》亦云艰亦难也,但古人之语字重耳。凡全《诗》中叠字平列放此。"《传》言犹者也多此类,如《羔羊传》"革犹皮也",《缁衣传》"好犹宜也",皆上下章字异而义同。或言且,《中谷有蓷》上章言乾,下章言修,《传》:"修且乾也。"《传疏》:"凡全《诗》通例,诗三章第二章与第一章同意,《传》于第二章即承第一章立训,如《羔羊》革犹皮也,《缁衣》好犹宜也,此通例也。此诗第二章言修与第一章言乾同意,《传》不云修犹乾也者,且乾不尽乾也。……《传》变文立训,互相足也。"

（5）某谓某某也。

《诗传》:"殄谓黍稷也。""豆谓内羞庶羞也。""有谓富也。""亡谓贫也。"《周礼·天官》郑《注》:"长谓公卿大夫王子弟食采邑者。""两谓两卿。""爵谓公侯伯子男卿大夫士也。"凡言谓者,都是以狭义释广义,或是以直义释曲义,或是以分名释总名。

(6) 某谓之某。

《诗传》:"南风谓之凯风。""水草交谓之麋。""衣蔽前谓之襜。""白与黑谓之黼。"凡言谓之者,皆著其异名或事物之名也。

(7) 某某曰某。某某为某。

《左传》:"经纬天地曰文。""师众以顺为武。"《曲礼》:"约信曰誓,莅牲曰盟。"《大戴记》:"无患曰乐,乐义曰终。"毛《传》:"正直为正,能正人之曲曰直。"为、曰二字古多通用。凡言为、曰者,都是直陈其义而定其义界也。

(8) 某,今谓之某。

《天官》郑《注》:"奄,精气闭藏者,今谓之宦人。"又:"今之筭泉,民或谓之赋,此其旧名与?"郑司农《注》云:"版,名籍也,以版为之,今时乡户籍谓之版。"凡此皆明古今名称的同异。

(9) 古谓某为某。(今谓某为某。)

《中庸》郑《注》:"古者谓之孙曰帑。"《天官》郑《注》:"古者从坐男女没入县官为奴,其少才知以为奚,今之侍史官婢,或曰奚宦女。"《地官注》:"郑司农云:綯,著牛鼻绳,所以牵牛者,今时谓之雏,与古者名同。"凡此也都是明古今名谓的同异。又有引证俗名取义以解古语者,如《冬官注》:"弱,菡也,今人谓蒲本在水中者为弱,是其类也。"《夏官注》:"爟读如予若观火之观,今燕俗名汤热为观,则爟火谓热火与?"《春官注》:"郑大夫读窆皆为穿,杜子春读窆为甕,皆谓葬穿圹也。今南阳名穿地为窆,声如腐脆之脺。"

(10) 古曰某,今曰某。

《春官注》:"或曰:古曰名,今曰字。"《秋官注》:"书名,书之字也,古曰名。"《论语》郑《注》:"正名谓正书字也,古者曰名今世曰字。"《仪礼·聘礼记注》:"名,书文也,今谓之字。"这是说明古今称谓的不同的。《天官注》:"爨,今之竈。"义同此。

(11)某,若(如)今某。

《天官注》:"此民给徭役者,若今卫士矣。"贾《疏》:"郑云若今卫士者,卫士亦给徭役,故举汉法况之。"又:"郑司农云:官属谓六官,其属各六十,若今博士、大史、大宰、大祝、大乐属大常也。"又:"闲民谓无事业者,转移为人执事,若今傭赁也。"若亦作如,"治叙,次序官中,如今侍曹伍伯传吏朝也。"又《地官注》:"传,如今移过所文书。"凡言若今、如今者,都是以今制比况古制也。

(12)某,某某之称(名)。

《天官注》:"饔,割亨煎和之称。""嫔,妇人之美称。"《仪礼注》:"子,男子之美称。""甫是丈夫之美称。""伯仲叔季,长幼之称。"称亦谓之名,《天官注》:"竖,未冠者之官名。""追,治玉石之名。"或亦曰辞,《仪礼注》:"吾子,相亲之辞。"

(13)某,言某某也。

《诗传》:"古言久也。""岂不言有是也。""不迟言疾也。""萧萧马鸣,悠悠旆旌,言不讙哗也。""清酒既载,骍牡既备,言年丰畜硕也。"凡此皆阐微著隐,指明其取义所在。

(14)某,所以某也。

《说文》:"聿,所以书也。"段《注》:"以,用也。聿者,所用书之物也。凡言所以者,视此。"按言所以者,都是指明其功用,而被释者则必为名词。故段氏于《说文》说解,恒增所以二字以别其为名为动,如竹部"籰"下云:"所以收丝者也。""箹"下云:"所以搔马也。""箠"下云:"所以击马也。"所以二字都是今补。又于"答,击也"下注道:"疑夺所以二字,答所以击人者,因之谓击人为答也。"

(15)某,某某之属(类)。

《天官注》："郑司农云：别四方正君臣之位，君南面臣北面之属。""郑司农云：祀贡，牺牲包茅之属，宾贡，皮帛之属。"又："兽，牛马之类。""食有和齐，药之类。"凡言之属之类者，略言其别名也。此以别名释总名者。

（16）某，某属（别）。

《说文》："秜，稻属。""秏，稻属。"段《注》："凡言属者，以属见别也；言别者，以别见属也。重其同则言属，秜为稻属是也；重其异则言别，稗为禾别是也。《周礼注》曰：州党族闾比，乡之属别；介次市亭之属别小者。属别并言，分合并见也。"有时"属别"字可略，《说文》"兒"下云"冕也"。段氏谓冕下转写夺"属"字。

（17）某，某貌。

凡言貌者都是用为形容词和副词，如《诗》云"维叶莫莫"《传》："莫莫，成就之貌。"此形容词。又"泛彼柏舟，亦泛其流"《传》："泛泛，流貌。"此副词。有时貌字可省，如《诗》"螽斯羽诜诜兮"《传》："诜诜，众多也。"而"骁骁征夫"《传》则曰："骁骁，众多之貌。""桃之夭夭"《传》："其少壮也。""棘心夭夭"《传》则云："盛貌。"然字古用为形状词的语尾，故此类词的训释可以变言然字以表之，例见前。重言之词多为形状语，故又可变言重言以表之，如《诗》"有洸有溃"《传》："洸洸，武也。溃溃，怒也。"《笺》："君子洸洸然溃溃然无温润之色。"《释文》引《韩诗》则云："溃溃，不善之貌。"可见无定式也。《说文》："墫，舞也。"段《注》改为"士舞也"，并云："也当为皃，毛《传》：'墫墫，舞皃。'古书也、皃二字多互讹。"其实也不尽然，这犹毛《传》"薨薨，众多也"，《广雅》"𧕞𧕞，飞也"之例，依段说也字都应是貌之讹。

（18）某，某声。

凡言某声者也多是形容词或副词，如毛《传》的"渊渊，鼓声"、"坎坎，击鼓声"之类便是。有时探其意以立训，则曰"关关，和声"，"喈喈，和声"。有时仅只明其为声而不言某声，如"嘤嘤，声也"等都是。重言象声词之为副词者，有的也可以言貌，如《诗》"嘅其叹矣"、"条其歗矣"、"啜其泣矣"《传》："啜，泣貌。""条条然歗也。"啜和条嘅都是声音。

（19）某，某辞（词）。

辞者声气之谓，某辞者，表示某种意义的声气也。如《诗传》："于嗟，叹辞。""猗嗟，叹辞。""於，叹辞也。""猗，叹辞也。""今，急辞。"《诗笺》："聊，且略之辞。"《檀弓》郑《注》："且，未定之辞。"《说文》辞作词，如"欥，诠已词也。""矣，语已词也。""只，语已辞。""粤，审慎之词。""宁，愿词也。"或倒言之，则云："乃，词之难也。""曾，词之舒也。"辞为声气之意，故某辞也可说某声，如《诗传》："噫，叹也。"《论语》郑《注》："噫，心不平之声。"《诗笺》："懿，有所痛伤之声也。"《檀弓》郑《注》："噫，不寤之声。"《淮南》高诱《注》："意，恚声。"《公羊》何《注》："噫，咄嗟貌。"《说文》："诶，可恶之辞。"又云："欯，声也。"

（20）某，辞也。

虚字的意义虚到虚无可虚的时候，毛《传》则以"辞也"释之，言其仅有声而不为义也。如《芣苢》之薄、《汉广》、《文王》之思、《草虫》之止、《载驰》之载、《大叔于田》之忌、《山有扶苏》之且等都是。郑《笺》于"迡、期"等字亦训"辞也"，《韩诗章句》又训"将、聿"等字为"辞也"，或谓之"语助"。《易》郑《注》："居，辞也。"《檀弓》郑《注》："居，齐鲁之间语助也。""尔，语助也。"又称"声之助"及"发声",如《檀弓》郑《注》:"畴,发声也。"《说文》:"雩,词也。"《中庸注》:"思,声之助。"毛《传》:"思,辞也。"

(21)某,……或曰(一曰)某。

凡一词有异训而义可兼通者,则并存之,故有一曰、或曰之例,《公羊解诂》云:"或曰者,或人辞,其义各异也。"例如《天官·内饔》"凡掌共羞、脩、刑脄、胖、骨鱐,以待共膳",郑司农《注》:"刑脄谓夹脊肉,或曰膺肉也。"或曰之文,说无所出而注亦不从,只是备异说耳。又《醢人注》:"郑大夫读茆为茅,茅沮、茅初生,或曰:茆,水草。"《说文》多言一曰,如"祏,宗庙主也,《周礼》有郊宗石室;一曰:大夫以石为主。"又"禜,设绵蕝为营,以禳风雨雪霜水旱厉疫于日月星辰山川也。一曰:禜,卫使灾不生。"此皆字义之别说,容得两存。

(22)某,或作(为)某。

《天官注》:"玄谓政谓赋也,凡其字或作政,或作正,或作征,以多言之宜从征,如《孟子》交征利云。"此言诸书异文而义相同,犹郑司农云:"糟音声与蒩相似,医与醷亦相似,文字不同,记之者各异耳,此皆一物。"有时或言某书作,如《月令》郑《注》:"术,《周礼》作遂。"《少仪注》:"古文《礼》,僎作遵。""《周礼》囷作㡯。"等皆是。至同书异文亦言或作、或为,例如《笾人注》:"故书䭜作茨;郑司农云:茨字或作䭜,谓乾饵饼之也。"《礼运注》:"苴或为菹。"《少仪注》:"酢或为作。"凡异文皆音读相同。《说文》"禓"下段《注》:"凡云或为者,必彼此音读有相通之理。"

(23)古文某为某。今文某为某。

汉儒传经,有今古文之别;今文为隶书,古文为六国时书;古文经出自孔壁鲁淹及河间中秘旧藏,《汉书·艺文志》已经著录,计有

《尚书古文经》《礼古经》《春秋古经》《论语古》《孝经古孔氏》等数种。故康成注《礼》有今文古文之语,如《士冠礼注》:"古文闑为槷,阃为蹙。"贾《疏》:"……郑注《礼》之时,以今古二字并之,若从今文不从古文,即今文在经,闑阃之等是也,于注内叠出古文槷蹙之属是也;若从古文不从今文,则古文在经,注内叠出今文,即下文孝友时格,郑《注》云:今文格为嘏,又《丧服注》:今文无冠布缨之等是也。此注不从古文槷蹙者,以槷蹙非门限之义,故从今不从古也。《仪礼》之内或从今或从古,皆逐义强者从之;若二字俱合义者,则互挽见之,即下文云:壹揖壹让升,《注》云:古文壹皆作一,公食大夫三牲之肺不离赞者,辩取之一以授宾,《注》云:古文一为壹。是大小注皆叠今古文,二者俱合义,故两存之。"

(24)某,故书作某。

《易》费氏、《诗》毛氏、《礼·周官》等书,虽也属古文学派,但是字体方面,并非与孔壁古文为一系,而且其中的《周官》无今文,所以《周礼》郑玄《注》只称"故书作某"。《天官注》:"嫔,故书作宾。"《疏》云:"言故书者,郑注《周礼》时有数本,刘向未校之前,或在山岩石室有古文,考校后为今文。古今不同,郑据今文注,故云故书作宾。""傅别故书作傅辨。"作亦言为,"七事,故书为小事,杜子春云当为七事。"此亦兼存异文也。《天官·庖人注》:"献,古文为兽。"此古文非壁中书,大概是古本故书的意思。

(25)古字某某同。古声某某同。

《天官·外府注》:"郑司农云:赍或为资,今礼家定赍作资。玄谓赍、资同耳,其字以齐次为声,从贝变易,古字亦多或。"《周礼注》中或言"故书赍为资",或言"赍或为资。"又《䵂人注》读为齐,杜子春读为粢;又《典妇功注》故书赍为咨。可证齐次声同,皆从贝旁,是一字之或体。《论语》"无所取材"郑《注》:"古字材、哉同耳。"按材、哉同从才声,此云同者,言古字因声音相同而通用耳。《诗·常棣笺》:"承华者曰鄂,不当作柎,柎,鄂足也。"此言不柎因声同而假借也。《诗·东山传》:"烝,寘也。"《笺》:"古者声寘、填、尘同也。"又《常棣传》:"烝,填也。"《笺》:"古声填、寘、尘同。"《释文》:"寘音田,又音珍,一音陈。……亦音尘。郑云古声同,案陈完奔齐以国为氏,而《史记》谓之田氏,是古田、陈声同。"《正义》:"《传》训烝,寘也,故转寘为久,而《释诂》云尘,久也,乃作尘字,故《笺》辨之,古者寘、填、尘三字音同,可假借而用之故也。"按《桑柔》、《瞻仰》,《传》并云:"填,久也。"《尔雅》:"烝,尘也。""尘,久也。"是烝、尘音相近,今通作陈。《诗·东山笺》:"栗,析也;言君子又久见使析薪,于事尤苦也。古者声栗、裂同也。"《释文》:"栗,毛如字,郑音列,《韩诗》作蓼,力菊反。"《正义》:"析薪是分裂之义,不应作栗,故辨之云,古者声栗裂同,故得借栗为裂,不是字误,故不云误也。"凡言古字古声同者,非一字之或体重文,即音同相假者也。

(26)某,古某字。(某,今某字。)

《诗·鹿鸣笺》:"视,古示字也。"《正义》:"古之字以目示物,以物示人,同作视字,后世而作字异,目视物作示傍见,示人物作单示字,由是经传之中视与示字多相杂乱。此云视民不恌,谓以先生之德音示下民,当作小示字,而作视字,是其与古今字异义殊,故郑辨之视古示字也,言古作示字正作此视,辨古字之异于今也。《礼记》云:幼子常视无诳,《注》云:视今之示字也,言古视字之义,正与今之示字同,言今之字异于古也。《士昏礼》曰:视诸衿鞶,《注》云:示之以衿鞶者,皆托戒使识之也,视乃正字,今文作示,俗误行之。言示之以衿鞶亦宜作示,而古文《仪礼》作视字,于今文视作示字,郑以见示字合于今世示人物之字,恐人以为示是视非,故辨之云视乃正字。……"按视为见之转注,从见示声,示乃祇之初文,本为祭器,引申为神名祭名。视本兼己视及使人视二义,后语义分化而字形亦有别,遂借示字代领使人视之义,犹见之与现然;《说文》云:"示,天垂象见吉凶,所以示人也。"此乃以后起借义误为本义也。示、视古今字。《礼记·缁衣注》:"告,古文诰。"告、诰亦古今字。《考工记·弓人注》:"荼,古文舒,假借字。"

(27)某某古今字。

《礼记·曲礼注》:"予、余古今字。"段氏《说文注》曰:"《诗》、《书》用予不用余,《左传》用余不用予。《曲礼下》篇:朝诸侯分职授政任功,曰予一人;《注》云:《觐礼》曰伯父实来,余一人嘉之,余、予古今字。凡言古今字者,主谓同音,而古用彼今用此,异字,若《礼经》古文用余一人,《礼记》用予一人,余、予本异字异义,非谓予、余本即一字也。"又于"谊"字下注云:"《周礼·肆师注》:义读为仪,古者书仪但为义,今时所谓义为谊。按此则谊古今字,周时作谊,汉时作义,皆今之仁义字也;其威仪字则周时作义,汉时作仪。凡读经传者不可不知古今字,古今无定时,周为古则汉为今,汉为古则晋宋为今,随时异用者谓之古今字,非如今人所言古文、籀文为古字,小篆、隶书为今字也。"段氏《广雅疏证序》亦云:"有古形有今形,有古音有今音,有古义有今义,六者互相求,举一可得其五。古今者不定之名也,三代为古则汉为今,汉魏晋为古则唐宋以下为今。"可见这里所谓古今字,和文字学上的古今字不大相同,一以造字为主,一以用字为主,前面曾说《尔雅》:"诰,告也。"为以今释古之例,便是就用字言之也。

(28)某声与某相似(近)。

《天官·内司服注》:"郑司农云:屈者音声与阙相似,禣与展相似,皆妇人之服。玄谓……祎揄狄展声相近。"按《周礼》言阙狄展衣,《丧大记》曰屈狄禣衣,故先郑云云。后郑又以翚释祎,以摇释揄,以霍释狄,以禣释展,故云。

(29)某读为(曰)某。

《说文》"读"字下段氏《注》云:"拟其音曰读,凡言读如、读若,皆是也。易其字以释其义曰读,凡言读为、读曰、当为,皆是也。"又"叠"下注:"凡言读若者皆拟其音也;凡传注言读为者皆易其字也;注经必兼兹二者,故有读为,有读若、读为亦言读曰,读若亦言读如。"又《周礼汉读考·序》云:"汉人作注,于字发疑正读,其例有三:一曰读如,二曰读为、读曰,三曰当为。读如、读若者拟其音也,古无反语,故为比方之词;读为、读曰者,易其字也,易之以音相近之字,故为变化之词。比方主乎同,音同而义可推也;变化主乎异,字异而义憭然也。比方主乎音,变化主乎义。比方不易字,故下文仍举经之本字;变化字已易,故下文辄举所易之字。注经必兼兹二者,故有读如,有读为;字书不言变化,故有读如,无读为。有言读如某,读为某而某仍本字者,如以别其音,为以别其义。当为者,定为字之误,声之误,而改其字也;为救正之词,形近而讹,谓之字之误,声近而讹,谓之声之误;字误声误而正之,皆谓之当为。凡言读为者,不以为误;凡言当为者,直斥其误。三者分而汉注可读,而经可读,三者皆以音为用,六书之形声、假借、转注于是焉。"例如《天官·大宰注》:"郑司农云:联读为连,古书连作联,联谓连事通职相佐助也。"盖汉人连贯字皆用连不用联,故司农以今字易古字。又传注言以某为某者,亦读为之例,如《天官·醢人注》:"郑大夫杜子春皆以拍为膊,谓胁也。或曰豚拍,肩也。今河间名豚胁声如锻缚。"按以拍为髆，即读拍为髆也。又读为亦言读曰，如《曲礼注》："扱读曰吸。""缮读曰劲。"读为或误为读如，《天官·序官注》："胥读如谞，谓其有才知为什长。"此读如非拟其音，乃易其字，当作读为，《大行人注》："胥读为谞，象谞谓象之有才知者也。"可据以正此。又某读为某上下两字常误易，如《春官·司巫注》："杜子春云：蒩读为钼，钼藉也，书或为蒩馆，或为租饱。玄谓蒩之言藉也。……"案《说文》："蒩，茅藉也。"与蒩训藉之义正合，若经文本作蒩，则勿烦读为钼而易其字始训藉也，盖钼蒩互倒，因后人先据注改经，又据已改之经而易注也。他如《蝈氏注》之蝈读为蚓，《土训注》之训读为驯，皆上下两字互倒。此段氏说。

（30）某读如（若）某。

例如《天官·大宰注》："利读如上思利民之利。"段氏曰："案注经之例，凡言读如者拟其音，凡言读为者易其字，此皆不用其本字，如祝读注，联读为连是也。凡有言读如、读为而仍用本字者，如利读如上思利民之利，斿读为圉游之游；此盖一字有数音数义，利民之利音与财利别，圉游之游义与旗斿别，故云读如、读为以别之也。利民与财利别者，如《公羊》之伐。"读如亦曰读若，如《仪礼·乡饮酒注》："如，读若今之若。"《聘礼注》："薮读若不数之数。"

（31）某当为（作）某。（声误，字误。）

《天官·小宰注》："杜子春云：官当皆为官。"段氏云："凡易字之例：于其音之同部或相近而易之曰读为，其音无关涉而改易字之误则曰当为，或音可相关义绝无关者，定为声之误，则亦当为。"如《天官·内饔注》："腥当为星，声之误也。"又《典妇注》："授当为受，声之误也。"都是声误。如《夏采注》："郑司农云：故书绥为襚，杜子春云当为绥，襚非是也。玄谓绥者当作緌，字之误也，《士冠礼》及《玉藻》冠缕之字故书亦多作绥者,今礼家定作蕤。"《杂记注》:"绥当为缕,读如蕤宾之蕤,字之误也。"这都是字误。有时字误声误常相混,如授、受为声误亦字误,绥、缕字误亦声误。

(32)某,当言某。(当从。)

《地官·闾胥》"凡事掌其比,觵挞罚之事",《注》:"故书或言觵挞之罚事,杜子春云当言觵挞罚之事。"案此亦当为之例。又《师氏注》:"故书中为得,杜子春云当从得。"又:"故书举为与,杜子春云当从与。"当从今本作当为,段氏云:"此郑君从今书作中,杜从故书作得也。当从今本作当为,误。"《地官·小司徒注》:"故书屯或为臀,今书多为屯,从屯。"《冬官·弓人注》:"故书燀或作朕,郑司农云:字从燀。"

(33)某之言某也。(为言。)

《天官·膳夫注》:"膳之言善也,今时美物曰珍膳。"《庖人注》:"庖之言苞也,裹肉曰苞苴。"《腊人注》:"腊之言夕也。"《寺人注》:"寺之言侍也。"《小宰注》:"复之言报也,反也。"又:"祼之言灌也。"《说文》:"祼,灌祭也。"段《注》:"《大宗伯》、《玉人》字作果,或作祼,《注》两言祼之言灌,凡云之言者,皆通其音义以为诂训,非如读为之易其字,读如之定其音,如载师'载之言事',族师'师之言帅',襌衣'襌之言亶',翣柳'柳之言聚',副编次'副之言覆',禋祀'禋之言烟',卝人'卝之言矿'皆是,未尝曰禋即读烟,副即读覆也。以是言之,祼之音本读如果,卝之音本为卵,读如鲲,与灌、矿为双声,后人竟读灌读矿,全失郑意。"又《周礼汉读考》云:"凡云之言者,皆就其双声叠韵以得其转注假借之用。卝本古文卵字,古音如关,亦如鲲,引伸为总角卝兮之卝,又假借为金玉礦之矿,皆于其双声求之也,读《周礼》者径谓卝即矿字则非矣。"《祭统》"铺筵设同几",《注》:"同之言词也。"案此经本作词几,注云词之言同也,郑意词本不训同,于其叠韵训为同,非若马许径云共也。假今经本作同几,又何烦以难字释易字哉?传注中"某之为言某也"亦同"之言",如《射义》曰:"射之为言绎也。"此释其语根也。凡云"之言"者有两种,一种是言其假借,如卝矿、寺侍之属是也;一种是言其语根,如祼灌、禋煙、腊夕之类是也。

(34)读某长言,读某短言。(内言外言。急言缓言。)

《公羊·庄二十八年传注》:"伐人者为客,读伐长言之;见伐者为主,读伐短言之。"又《宣八年传注》:"言乃者内而深,言而者外而浅。"又《僖廿六年传注》:"弗者,不之深者也。"《淮南·本经注》:"朡读近殆,缓气言之。"《地形注》:"旄读近绸缪之缪,急气言乃得之。"长言短言者,声调的分别;内言外言及急言缓言者,盖系声音的有异也。

(35)衍字。

《秋官·掌客注》:"(车皆陈)皆陈于门内者,于公门内之陈也。言车者,衍字耳。"《疏》云:"言车衍字耳者,言车载米之车不合在醯醢下言之,又按侯伯子男醯醢下皆无车字,故知衍字也。"段氏云:"案因下文车字多见而误衍。"

(36)脱字。

《秋官·掌客》:"凡诸侯之礼,上公五积,皆眡飧牵,三问皆修,群介行人宰史皆有牢。"《注》:"上公三问皆修,下句云群介行人宰史皆有牢,君用修而臣有牢,非礼也,盖著脱字失处且误耳。"《疏》云:"按下文凡介行人宰史皆在飨食燕下,此特在上,有人见下文脱此语,错差著于此;更有人于下著讫,此剩不去,故云盖著脱字失处也。"《考工记·冶氏注》:"杀矢与戈戟异齐而同其工,似补脱误在此也。"又《矢人注》:"刃长寸,脱二字。"

(37)互文。

《天官·大府注》:"或言受藏,或受用,又杂言货贿,皆互文。"《疏》:"言受藏谓内府,言受用谓职内,皆藏以给用,言藏亦用,言用亦藏,是互文也。杂言货贿者,言货兼有有贿,言贿亦兼有货,亦是互文。"《典枲注》:"帛言待有司之政令,布言班言衣服,互文。"《疏》:"帛谓典丝,布谓典枲,据成而言。知为互文者,以其典丝典枲俱不为王及后之用,皆将颁赐,故知互见为义也。"

(38)省文。

《天官·内宰》"以阴礼教九嫔",《注》:"不言教夫人世妇者,举中省文。"《疏》:"后郑意下文别教九御,故知此教三夫人已下,不言三夫人世妇者,举中以见上下省文。"

(39)(句读。)

《天官·官正》"春秋以木铎修火禁,凡邦之事跸",《注》:"郑司农读火绝之,云禁凡邦之事跸。"《疏》:"先郑读火绝之,则火字向上为句也,其禁自与凡邦之事跸共为一句。"《地官·族师》"族师各掌其族之戒令政事,月吉则属民而读邦法",《注》:"故书上句或无事字,杜子春云当为正月吉。"《疏》:"云故书上句或无事字者,则月与上政字连,政又为正字,故杜子春当为正月吉旦。"

(40)未闻。(阙。)

《天官·醯人注》:"凡菹醢皆以气味相成,其状未闻。"《酒正注》:"古之法式,未可尽闻。"《膳夫注》:"天子诸侯有其数,而物未得尽闻。"《大宰注》:"司空亡,未闻其考。"许慎著《说文》,"其于所不知,盖阙如也",全书言阙者十有四,有形音义全阙者,有三者中阙其二阙其一者。君子于其所不知,盖阙如也,此亦多闻阙疑之义。

　　以上共得四十例，《纂诂·凡例》所举仅二十八，今就原例省并为二十，并增广其类目，加详其辞说，如上。虽然，古人撰著，体例未必画一，或此或彼，要使互见，学者心知其意可也。现在从事于笺注训诂的人，也不必一定要沿用汉人术语而不敢改革，何则？后来居上，今之新术语——如文法学上之名词，具体名词、抽象名词、专名、公名等，自较旧日为多且优也。

本章参考书举要：
　　(1)《声训与右文》，沈兼士。(《右文说》第二节)
　　(2)《说文双声叠韵谱》，邓廷桢。(原刻本)
　　(3)《释名略例》，顾广圻。(王先谦《释名疏证补》卷首附录。又《经义丛钞》十二。《思适斋集》。)
　　(4)《释名例补》，张金吾。(《言旧录》)
　　(5)《释名新略例》，杨树达。(《积微居文录》)
　　(6)《释名音训举例及其在语言学上之贡献》，齐佩瑢。(民国三十年三月二十八日南京《中报·真知周刊》)
　　(7)《广雅疏证》，王念孙。
　　(8)《尔雅草木鸟兽同名考》，王茂才。(《经义丛钞》)
　　(9)《尔雅草木虫鱼鸟兽释例》，王国维。(《王静安先生遗书》)
　　(10)《文始》，章炳麟。
　　(11)《右文说在训诂学上之沿革及其推阐》，沈兼士。
　　(12)《转语二十章序》，戴震。(《戴东原集》)
　　(13)《高邮王怀祖先生训诂音韵书稿序录》，王国维。(《北京大学国学季刊》第一卷第三号)
　　(14)《释大》，王念孙。(《高邮王氏父子遗书》)
　　(15)《果蠃转语记》，程瑶田。(《安徽丛书》第二集)
　　(16)《叠韵转语》，王念孙。(北京大学研究所收藏王氏手稿)
　　(17)《连绵字谱》，王国维。(《遗书》本)
　　(18)《成均图》、《转注假借说》、《古双声说》，章炳麟。(《国故论衡》)

(19)《古音系研究》,魏建功。(北京大学出版组印行)
(20)《毛诗传义类》,陈奂。(《毛诗传疏》合刻本)
(21)《墨子·经上下》,(《墨子间诂》)
(22)《方言》,扬雄。(《方言笺疏》)
(23)《文字学形义篇·训诂举要》,朱宗莱。(北大出版组)
(24)《反训纂例》,董璠。(《燕京学报》)
(25)《尔雅释例》,陈玉澍。(东南大学排印本)
(26)《经籍纂诂凡例》,阮元等。
(27)《说文解字注》,段玉裁。
(28)《十三经注疏》。(阮刻附校勘记本。南昌局补印原刻本)
(29)《周礼汉读考》,段玉裁。(经韵楼本。《经解》本)
(30)《某读为某误易说》,段玉裁。(《经韵楼集》)

第四章 训诂的源渊流派

第十三节 实用的训诂学

《诗》、《书》、《易》、《礼》是我国古代流传下来的几部重要典籍,孔子好而信之,述之,并且用它来说教,作为教诲门徒的课本。所以《论语》说:"述而不作,信而好古。"又说:"子所雅言:《诗》、《书》,执礼,皆雅言也。"又说:"五十以学《易》,可以无大过矣。"据太史公所说:"孔子晚喜《易》,韦编三绝。"不过无论他怎样的发愤忘食去为学,他的读经述古,一定不注重字句的训解和推敲,而是注重通编大义的发明和阐扬;他极力劝人学《诗》,因为《诗》是一部雅乐的经典,其音"乐而不淫,哀而不伤",其辞"洋洋乎盈耳哉"!《诗》乐的功用,一方面在性情的陶冶和启发,一方面又可通达人情世理,政治教化,而且可以诵赋答对,增多见识,故曰:"《诗》,可以兴,可以观,可以群,可以怨;迩之事父,远之事君;多识于鸟兽草木之名。"又曰:"诵《诗三百》,授之以政,不达;使于四方,不能专对;虽多,亦奚以为?"人若不学《诗》,将要人情事理皆不通达,故曰:"人而不为《周南》、《召南》,其犹正墙面而立也与?"孔子对于《书》的态度也是如此的述古以设教,《论语》说:"或谓孔子曰:子奚不为政?子曰:《书》云孝乎惟孝,友于兄弟。施于有政,是亦为政,奚其为为政?"又说:"子张曰:《书》云高宗谅阴,三年不言,何谓也?子曰:何必高宗?古之人皆然,君薨,百官总己以听于冢宰,三年。"《书》末又有"尧曰:咨尔舜,⋯⋯"那样的一段文章,颇不类孔子语,或系子张之徒述《书》语而附益之于其后,无论如何,总为孔门所传无疑。孔子既取古昔典籍以垂训设教,当然他所述的义,不必与经义完全相合;而且去古尚近,语文变迁虽已有雅俗之分,但并不怎样悬殊太深,既是不注重字句,自然也用不着什么章句训诂的了。孟子曾主张"说《诗》者不以文害辞,不以辞害志,以意逆志,是为得之。"可是他并没有贯彻到底。他的征引《诗》、《书》常好断章取义,以为辩说的佐助,例如他说:"《诗》云:王赫斯怒,爰整其旅,以遏徂莒,以笃周祜,以对于天下;此文王之勇也,文王一怒而安天下之民。《书》曰:天降下民,作之君,作之师,惟曰其助上帝,宠之四方,有罪无罪,惟我在,天下曷敢有越厥志?一人衡行于天下,武王耻之,此武王之勇也,而武王亦一怒而安天下之民。"他引《诗》、《书》、《礼》的时候,大多不加训解,听者就可了然,大概《诗》、《书》等六艺已成为当时一般士大夫的普通读物了。不过有时对于难解的古字古言,也间或加以训释,如孟子曰:"《书》曰:洚水警余;洚水者,洪水也。"洚水之为洪水,文凡两见,可见若不加训故,听者是不大明白的。这个如叫训诂家译释起来,一定要说:"洚,洪也。"

　　儒家对于经典既重在"述""说",那么一般门徒的学习就重在"传""记"了。传者传也,记者纪也。曾子曰:"传不习乎?"子夏曰:"君子之道,孰先传焉?"《孟子》曰:"仲尼之徒,无道桓文之事者,是以后世无传焉。"又:"齐宣王问曰:文王之囿方七十里,有诸?

孟子对曰:于传有之。"又曰:"传曰:孔子三月无君则皇皇如也,出疆必载质。"传既是述说经义的,故汉人称引,经和传大都不别(参看崔适《春秋复始》);而《论语》、《孝经》也都被称为传(参看翟灏《四书考异》)。传复有传,《汉志》《鲁论》有《传》十九篇,《孝经》有《杂传》四篇,盖传和经乃相对之名,对经为传,对其传习者言则又为经也。《孔子世家》说孔子"序《书传》";《荀子·大略》称"《国风传》曰",《韩诗外传》亦屡称"《传》曰",《史记·三代世表》褚先生曰"《诗传》曰"云云;《易》之十翼,《释文》云王肃本系辞下有"传"字,《太史公自序》引之谓之"《易大传》","十翼"相传为孔子所作(?);《仪礼·丧服》有记又有传,旧题"子夏传",虽《经典释文》、唐石经初刻皆作《丧服经传》,贾《疏》单行本标题亦无"子夏传"三字,但疏文云:"此《传》得为子夏所作。"由此可见或口耳相传,或笔之于简,师师展转传授,均得谓之传也。记者,说文云"疏也",疋下"一曰疋记也",《广雅》曰:"注纪疏记,识也。"徐氏所谓一一分别记之是也。《公羊·僖二年》宫之奇谏语引"记"曰"唇亡齿寒",《解诂》云史记也。《韩非·忠孝》引"记"曰:"舜见瞽瞍,其容造焉。孔子曰:当是时也,危哉! 天下岌岌。"此语亦见《孟子·万章》篇,斥为齐东野人之语。《礼记·文王世子》引世子之记,又引"记曰"之文,《祭统》亦两引"记曰"。《汉志》:"《礼古经记》一百三十一篇,七十子后学者所记也。"《河间献王传》:"献王所得,皆经传说记,七十子之徒所论。"今《仪礼》十七篇,除《丧服》有传又有记以外,《士冠》、《士昏》、《乡饮酒》、《乡射》、《燕》、《聘》、《公食大夫》、《觐》、《既夕》、《士虞》、《特牲馈食》等十一篇都有记,记皆附于篇末,详略各不同,最短者《觐礼记》只有十六字。《正义》曰:"凡言记者,皆是记经不备,兼记经外远古之言,郑注《燕礼》云:后世衰微,幽厉尤甚,礼乐之书,稍稍废弃,盖自尔之后有记乎?"(《记冠义疏》)《记士昏礼疏》及《燕礼记》燕朝服于寝疏略同。又曰:"记时不同,故有二记。"今案十二篇的记有补经的不足的,有与经互相发明的,也有彼此两记详略不间,文字互异的,盖记者非一人,亦非一时也。《丧服》之传曰文中多"某者何"、"何以"、"曷为"、"孰谓"之类语,和《公羊传》的措词惯例很相像;而记则有特为经之一条而发者,有兼为数条而发者,有于经意之外别采他礼以补经者;其旨似乎并不专为释经而作,只是普通的记礼之书而已;和传之旁推曲证,阐微扬奥,处处都与经义比附者稍微有点不同。迨后戴德、戴圣各传《礼经》(《仪礼》),又各传《传记》,于是记之名遂为彼所独享,今所行《礼记》四十九篇,中如《学记》、《乐记》、《杂记》、《丧大记》、《丧服大记》、《丧服小记》、《坊记》、《表记》等都名记,《大传》、《间传》则以传名,《祭义》、《冠义》、《昏义》、《乡饮酒义》、《射义》、《燕义》、《聘义》则以义名,《经解》则以解名(犹《管子·明法解》、《韩非·解老》之解),《曾子问》、《哀公问》、《问丧》、《服问》、《三年问》则以问名;其实以外不名记、传、义、解、问的那些篇原也是记也。《汉书·翟方进传》:"候伺常大都授时,遣门下诸生至常所问大义疑难,因记其说如是者。"大概凡有所问答而记其所闻之言者都可叫作记,不必记远古之言或礼制之事者始可名记也。《刘歆传》:"讲六艺传记,诸子诗赋数术方技无所不究。"可知《六艺略》中除《五经》外都是传记。

传记既是依附经义的产物,虽不专主于训释字句,其中也自然难免言及训诂。早于传记的记载中常有训诂之语,如《周语》记叔向之语曰:"其诗曰:'昊天有成命,二后受之,成王不敢康,夙夜基命宥密,于缉熙,亶其心,肆其靖之。'是道成王之德也。……基始也,命信也,宥宽也,密宁也,缉明也,熙广也,亶厚也,肆固也,靖和也。其始也,翼上德让而敬百姓;其中也,恭俭信宽,帅归于宁;其终也,广厚其心,以固和之;……故曰成。"《左传·昭二十八年》载成鱄鲔之言曰:"《诗》曰:'惟此文王,帝度其心,莫其德音,其德克明,克明克类,克长克君,王此大国,克顺克比,比于文王,其德靡悔,既受帝祉,施于孙子。'心能制义曰度,德正应和曰莫,照临四方曰明,勤施无私曰类,教诲不倦曰长,赏庆刑威曰君,慈和遍服曰顺,择善而从之曰比,经纬天地曰文;九德不愆,作事无悔,故袭天禄,子孙赖之。"又《宣公十二年》记楚子之言曰:"夫文止戈为武,武王克商,作《颂》曰:'载戢干戈,载櫜弓矢,我求懿德,肆于时夏,允王保之。'又作《武》,其卒章曰:'耆定尔功。'其三曰:'铺时绎思,我徂维求定。'其六曰:'绥万邦,屡丰年。'夫武,禁暴、戢兵、保大、定功、安民、和众、丰财者也,故使子孙勿忘其章。"又《襄公九年》载穆姜之言曰:"亡。是于《周易》曰《随》,元亨利贞,无咎。元、体之长也,亨、嘉之会也,利、义之和也,贞、事之干也。体仁足以长人,嘉德足以合礼,利物足以和义,贞固足以干事。"又《昭公十二年》载南蒯枚筮之,遇《坤》之《比》曰黄裳元吉,以为大吉,示子服惠伯,惠伯曰:"……黄、中之色也,裳、下之饰也,元、善之长也。……"诸如此类,或释《诗》,或解《易》,不但比汉儒训故为早,而且出在孔子以前,故皮锡瑞《经学历史》说:"惟是《左氏》浮夸,未必所言尽信;穆姜明《随》卦之论义,何与《文言》尽符?"现在看来,这或系后来编纂的人(刘歆)随文增饰,未必在当时即需如此之详密训故也,观《孟子》之引《诗》、《书》而不加训故可知。《经籍籑诂·凡例》首列"经传本文即有训诂",所举如:

《周书·谥法》:"和,会也。勤,劳也。"

《国语·周语》:"基,始也。命,信也。"

《易·象上传》:"需,须也。师,众也。"

《孟子·梁惠王》:"畜君者,好君也。"

《大戴记·哀公问》:"亲之也者,亲之也。"

《周语》:"敬,文之恭也。忠,文之实也。正,德之道也。端,德之信也。"

《左氏·文元年传》:"忠,德之正也。信,德之固也。"

又《成十三年传》:"体,身之干也。敬,身之基也。"

又《襄九年传》:"元,体之长也。亨,嘉之会也。"

又《昭九年传》:"陈,水属也。火,水妃也。"

又《昭十二年传》:"黄,中之色也。裳,下之饰也。"

又《昭十七年传》:"汉,水祥也。水,火之牡也。"

《公羊·桓八年传》:"春曰祠,夏曰礿。"

《穀梁·桓四年传》:"春曰田,夏曰苗。"

《左氏·襄三年传》:"师众以顺为武。"

又《昭二十八年传》:"经纬天地曰文。"

《鲁语》:"咨才为诹。"

《左氏·襄四年传》:"咨亲为询。"

又《宣十二年传》:"止戈为武。"

又《昭元年传》:"皿虫为蛊。"

《大戴记·小辨》:"无患曰乐,乐义曰终。"

《礼记·曲礼下》:"约信曰誓,莅牲曰盟。"

《易·说卦传》:"乾为天。"

《左氏·闵元年传》:"震为土。"

《易·杂卦传》:"乾、刚,坤、柔。"

《左氏·闵元年传》:"屯、固,比、入。"

这里面除去《周书》以外,其余如《易传》、《孟子》、《公羊》、《穀梁》、《左传》、《国语》(《春秋外传》)、《大戴记》、《礼记》等,都不出"传记"的范围。其中释字义之最精者,莫过《公羊传》,《易传》次之。《左传》文旨本不在于解经,故太史公《十二诸侯年表》仅名为《左氏春秋》而不言传。《汉书·司马迁传赞》:"孔子因鲁史记而作《春秋》,而左丘明论辑其本事以为之《传》,又纂异同为《国语》。"韦昭《国语解叙》:"丘明复采录前世穆王以来,下讫鲁悼智伯之诛,以为《国语》,其文不主于经,故号曰《外传》"。康有为《新学伪经考》以为《左传》、《国语》出于一源而为刘歆所割裂,并非完全无因。说者谓《春秋》之"传"有二义:有训诂之"传",有载记之"传",训诂之传主于释经,载记之传主于纪事。这种说解实是不明白《左传》来源的缘故。《汉志》云传《春秋》者凡五家,《左氏》论本事而作传,及末世口说流行,有公羊、穀梁、邹、夹之《传》。夹氏无书,邹氏无师,所传者惟《公》、《穀》而已。《公》、《穀》依经立传,经所不书,则不发义,而且特别注意在一字一词的训释,前面已经举过数例,不再重复了。

自秦末至西汉,大致可以说是今文经学家的得势期间,虽然古文经学家似乎已在那里暗暗地发动萌生了。这由西汉所立经传博士的数目上可见其一斑(参看王国维《汉魏博士考》),所谓今文十四博士之学是也。今文学家以六经为孔子所作,孔子是政治家,六经即孔子致治的学说,所以解说经传偏重在微言大义,推阐发挥,其特色为功利的,而其流弊则不免近于狂妄皮傅。他们为了利禄的趋使,功利主义的束缚,一味在以己意附会经义,不求经文的本解,故重在口说,这和孔孟的"说《诗》""言《诗》"倒还相近。《墨经》也有《经说》,体制和传相同。西汉经师传经,精义都见于说。《公羊·定元传》曰:"定哀多微辞,主人习其读而问其传,则未知己之有罪焉尔。"《解诂》:"读谓经,传谓训诂。"可见微言大义非藉口授之传而不能明也。《汉书·蔡义传》:"诏求能为《韩诗》者,征义待诏,久不进见。义上疏曰:臣山东草莱之人,行能无所比。容貌不及众,然而不弃人伦者,窃以闻道于先师,自托于经术也;愿赐清闲之燕,得尽精思于前。上召见义,说《诗》,甚说之。"又《儒林传》:"兒宽初见武帝,语经学,上曰:吾始以《尚书》为朴学,弗好。及闻宽说,可观,乃从宽问一篇。"《匡衡传》:"诸儒为之语曰:'无说《诗》,匡鼎来!'匡说《诗》解人颐。……太子太傅萧望之、少府梁丘贺问衡对《诗》诸大义,其对深美。望之奏衡经学精习,说有师道,可观览。"说经虽尚有师承,然亦可自行润色,《儒林传》:"……问经数篇,式谢曰:闻之于师具是矣,自润色之。不肯复授。"又:"守小夏侯说文,恭增师法至百万言。"说之箸于竹帛的或叫作记,或即名说,《儒林传》:"仓说《礼》数万言,号曰《后氏曲台记》。"又:"宽至雒阳从周王孙受古义,号《周氏传》。……作《易说》三万言,训故举大谊而已,今《小章句》是也。"又:"刘向校书,考《易说》,以为诸《易》家说皆祖田何、杨叔、丁将军,大谊略同;惟京氏为异党;焦延寿独得隐士之说,托之孟氏,不相与同。"又:"江公著《孝经说》。"《夏侯胜传》:"受诏撰《尚书、论语说》。"(师古曰:"解说其义,若今义疏也。")说亦即章句,丁宽《易说》即《小章句》,《张禹传》:"初禹为师,以上难数对己问经,为《论语章句》献之。始鲁扶卿及夏侯胜、王阳、萧望之、韦玄成皆说《论语》,篇第或异;禹先事王阳,后从庸生采获所安,最后出而尊贵,诸儒为之语曰:欲为《论》,念张文。"《儒林传》:"无故善修章句,为广陵太傅。"其善说一端者,多无章句,《儒林传》:"高相其学亦亡章句,专说阴阳灾异,自言出于丁将军。"又:"费直长于卦筮,亡章句,徒以《彖》、《象》、《系辞》十篇《文言》解说上、下《经》。"说如无记及章句或生徒受授,就不免有绝传之虞,《儒林传》:"宾持论巧慧,易家不能难。……后宾死,莫能持其说。"说之流弊,一在于琐碎繁杂,一经说至百余万言;二在于便辞巧说,曲学阿世;是以通人耻学,羞为章句。传记说既同类,故《刘歆传》称"六艺传记",《献王传》称"经传说记"。《汉志》所载传记之属,又有的叫外传、内传、传记、杂记、说义、略说、章句以及微等名。此外别有所谓纬书者,《隋书·经籍志》:"说者又云:孔子既叙六经以明天人之道,知后世不能稽通其意,故别立纬及谶以遗来世。其书于前汉,有《河图》九篇,《洛书》六篇,云自黄帝所受本文;又别有三十篇,云自初起至于孔子,九圣之增演以广其意;又有《七经纬》三十六篇,并云孔子所作。"《王制正义》引郑玄释《春秋运斗枢》云:"孔子虽有盛德,不敢显然改先王之法以教授于世,阴书于纬,以传后王。"《文选》刘歆《移太常博士书注》:"《论语谶》曰:子夏六十四人,共撰仲尼微言。"《四库全书提要》:"谶者诡为隐语,预决吉凶,《史记·秦本纪》称卢生奏录图书之语是其始也。纬者经之支流,衍及旁义,《史记·自序》引《易》'失之毫厘,差以千里。'《汉书·盖宽饶传》引《易》'五帝官天下,三王家天下。'注者均以为《易纬》之文是也。盖秦汉以来,去圣日远,儒者推阐论说,各自成书,与经原不相比附,如伏生《尚书大传》,董仲舒《春秋阴阳》,核其文体,即是纬书,特以显有主名,故不能托诸孔子;其他私相撰述,渐杂以术数之言,既不知作者为谁,因附会以神其说。追弥传弥失,又益以妖妄之辞,遂与谶合而为一。"纬书今多不存,内容虽然有些狂妄,但亦时涉正经,固为今文经学家说之荟萃也。

今文家既不重训诂,而务碎义难逃,故其所说之义,非经之本义,不合于古,因此颇遭古文家之反对。刘歆《移书太常博士责让之》曰:"往者缀学之士,不思废绝之阙,苟因陋就寡,分文析字,烦言碎辞,学者罢老且不能究其一艺,信口说而背传记,是末师而非往古……"信口说而是末师,恰好说中了今文家的通病。西汉末年,因了古文经的发现,引起了今古文两派的分立,大概古文家以为孔子是一位史学家,六经便是孔子整理古代史料书籍的定本,所以他们讲经偏重于名物训诂,其特色为考证的,信古的,其弊则流于伪拟揣度。今文家并非完全不讲训诂,只是不甚看重而已。如《鲁诗故》,"鲁申公独以《诗经》为《训故》以教,亡传疑,疑者则阙弗传。"《齐诗》后氏孙氏各作《训故》,《韩诗》亦有《训故》;《书》有大、小《夏侯解故》;这都是今文家所作的训故。但因不大注重的缘故,所以丁将军说《易》,训故仅举大谊。古文家之看重训故,主要由于古文经中多古字古言的关系,他们为了发扬古文经,不得不先研究训故,那时的训故,本伏藏在"小学"之内,《后汉书·卢植传》植上疏云:"古文科斗,近于为实,而厌抑流俗,降在小学,中兴以来,通儒达士——班固、贾逵、郑兴父子并敦悦之。今《毛诗》、《左氏》、《周礼》各有传记,其与《春秋》共相表里,宜置博士,为立学官。"这样看来,在东汉末年一般人是认古文家和小学家为一家的,其实在西汉末年业已如此,所以当时的小学家多为古文家,盖古文经多古字,解经须得小学的帮助,而古文字的字体笔意也可供小学家研讨的资料,许慎《说文叙》曰:"至孔子书六经,左丘明述《春秋传),皆以古文,厥谊可得而说。"两汉古文家之著名者如张敞(《左传》)、桑钦(《古文尚书》)、杜林(《古文尚书》)、卫宏(《毛诗》、《古文尚书》)、徐巡(《古文尚书》)、贾逵(《古文尚书》、《毛诗》、《周官》、《左传》、《国语》)、许慎(《书孔氏》、《诗毛氏》、《礼周官》、《春秋左氏》、《论语》、《孝经》)等人,都也是小学家,由《说文解字》及其所引通人说可考见其一斑。因此孔安国能以今文字读《古文尚书》,遂起其家,而司马迁为了学《古文尚书》,也常从孔氏问故;刘歆继贾谊《左氏传训故》、尹更始《左氏传章句》之后,引传文以解经,由此训故章句义理始备;杜林、扬雄又各为《苍颉篇》作《训故》;自是诸书古字古言才得大明于世。另一方面,今文家一星半点的训故却多无小学的根据,《说文叙》指责那一班经生说:"今虽有尉律不课,小学不修,莫达其说久矣。……诸生竞逐说字解经谊,称秦之隶书为仓颉时书云,父子相传,何得改易?乃猥曰:马头人为长,人持十为斗,虫者屈中也;……若此甚众,皆不合孔氏古文,谬于《史籀》,俗儒鄙夫,玩其所习,蔽所希闻,不见通学,未尝睹字例之条,怪旧艺而善野言,以其所知为秘妙,究洞圣人之微旨。……其迷误不谕,岂不悖哉?"大概今古文两家之争,原由于文字有古今之分,继而解说各异,家法遂别,固不仅在小学训故之讲论与否而已。当时称这一派人的学问为"古学",如《刘歆传》云"父子俱好古",又赞其"博物洽闻,通达古今",《扬雄传》赞雄"实好古而乐道"。《杜邺传》称杜林"清静好古",《后汉书·杜林传》:"河南郑兴、东海卫宏,皆长于古学。"语又见《儒林传》。《贾逵传》:"虽为古学。"许冲《上说文表》云:"慎本从逵受古学。"段《注》云:"古学者,《古文尚书》、《诗毛氏》、《春秋左氏传》及《仓颉》古文《史籀》大篆之学也。"是"古学"乃古文字、训诂、古史、古礼制等学之总名，别于今文家之"经学"。

古文经学家既以解说古字古言为治古学之门径，遂特别推重《尔雅》，《七略》云："《书》者古之号令，号令于众，其言不立具，则听受施行者弗晓。古文读应《尔雅》，故解古今语可知也。"《六艺略》"孝经家"有《尔雅》三卷二十篇。这是称说及著录《尔雅》之始。盖《尔雅》亦传记之流，总释《五经》，本为秦汉以来传经者所记，便于初学的诵习，后经古文经家之推崇和增修补益，方才大显于世，成为训诂的圭臬。

《尔雅》一书的旨趣可由其命名取义及目录学家之分类上看得出来。考《汉志》"论语、孝经、小学"三家之附"六艺"，因为都是当时小学中所诵习的科目，《齐民要术》引崔寔《四民月令》云："正月农事未起，命成童以上入大学，学《五经》。"又云："十一月砚冰冻，命幼童读《孝经》、《论语》、篇、章，入小学。"是六艺乃大学之科目，《论语》、《孝经》、篇、章乃小学之科目，篇、章之类如《仓颉篇》、《急就章》等既独占小学之名，而《论语》、《孝经》遂各别为类，《论语》书多，故自成一家，《孝经》书少，故附以石渠论《五经杂议》、《尔雅》、《小雅》、《古今字》、《弟子职》诸书为一家；《论语》、《孝经》汉人并谓之传记，赵岐《孟子题辞》说汉文帝立《论语》、《孝经》、《孟子》、《尔雅》等传记博士；可见这些书都是五经总义之属，六艺入门的梯阶，幼童入学必读的要籍，故附于六艺之末。《隋志》以《尔雅》改列《论语类》，并说："《尔雅》诸书解古今之义，并五经总义，附于此篇。"其实不必改易也。郑玄《驳五经异义》云："玄之闻也，《尔雅》者，孔子门人所作，以释六艺之言，盖不误也。"王充《论衡》云："《尔雅》之书，五经之训故。"郭璞《尔雅注序》："夫《尔雅》者，所以通训诂之指归，叙诗人之兴咏，总绝代之离词，辨同实而殊号者也;诚九流之津涉,六艺之钤键,学览者之潭奥,摛翰者之华苑也;若乃可以博物不惑,多识于鸟兽草木之名,莫近于《尔雅》。"陆德明《经典释文序录》:"《尔雅》所以训释《五经》,辨章同异,多识鸟兽草木之名,博览而不惑者也。"这些话都可以说明《尔雅》一书的旨趣。而《四库提要》则谓"今观其文,大抵采诸书训诂名物之同异,以广见闻,实自为一书,不附经义。……盖亦《方言》、《急就》之流,特说经之家多资以证古义,故从其所重,列之经部耳。"自为一书不附经义的话,似乎未得其实。《尔雅》既是释古今语文的著作,其命名取义也就在此,刘熙《释名》:"《尔雅》,尔,昵也,昵,近也,雅,义也,义,正也;五方之言不同,皆以近正为主也。"张晏《汉书注》及《经典释文》说略同,《释文》又说:"尔,字又作迩;雅,字亦作疋。"案《释诂》:"迩、几、暱,近也。"是尔、迩可通也。刘台拱《论语骈枝》:"子所雅言,《诗》、《书》、执礼,皆雅言也。谨案:雅言正言也,郑《注》谓正言其音者得之。……夫子生长于鲁,不能不鲁语,惟诵《诗》、读《书》、执礼三者,必正言其音,所以重先王之训典,谨末学之流失。……昔周公著《尔雅》一篇,以释古今之异言,通方俗之殊语,刘熙《释名》曰:尔,昵也,昵,近也,雅,义也,义,正也,五方之言不同,皆以近正为主也。张晏《汉书注》亦云:尔,近也,雅,正也。后人解近正之云,或以为近而取正(按即陆氏《释文》),或以为近于正道(按即邵氏《正义》),皆非也。上古圣人,正名百物,……其后事为踵起,象数滋生,积渐增加,随时变迁,王者就一世之所宜而斟酌损益之,以为宪法,所谓雅也;然而五方之俗不能强同,或意同而言异,或言同而声异,综集谣俗,释以雅言,比物连类,使相附近,故曰《尔雅》。扬雄《方言》继《尔雅》而作,应劭《风俗通义》自谓演述《方言》,故其名书之意相表里。《诗》之有

《风》、《雅》也亦然,王都之音最正,故以雅名;列国之音不尽正,故以风名。……雅之为言夏也,《荀卿·荣辱篇》云,越人安越,楚人安楚,君子安雅,是非知能材性然也,是注错习俗之节异也。又《儒效篇》云:居楚而楚,居越而越,居夏而夏,是非天性也,积靡使然也。然则雅夏古字通。"阮元《与郝兰皋户部论尔雅书》也说:"古人字从音出,喉舌之间,音之所通者简,天下之大,音之所异者繁;《尔雅》者近正也,正者虞夏商周建都之地之正言也,近正者,各国近于王都之正言也。予姻家刘台拱之言曰:子所雅言,《诗》、《书》、执礼,雅言者,诵《诗》读《书》,从周之正言,不为鲁之方言也,执礼者,诏相礼仪,亦以周音说礼仪也;《小雅》、《大雅》皆周诗之正言也。刘氏此说足发千古之蒙矣。然则《尔雅》一书,皆引古今天下之异言以近于正言,夫曰近者,明乎其有异也,正言者犹今官话也,近正者各省土音近于官话者也。"案夏之为言假也、暇也、嘏也,故夏有大义、远义、古义,雅、夏古声近通用,雅亦古也,《吕览·士容》:"趋翔闲雅。"《史记·司马相如传》:"雍容闲雅。"《五帝纪》:"其文不雅驯。"又:"择其言尤雅者。"《汉书·扬雄传》:"作赋甚弘丽温雅。"又:"大司马车骑将军王音奇其文雅。"《张敞传》:"博学文雅过于敞。"《叙传》:"函雅故,通古今。"《方言》"至也"条下云:"皆古雅之别语也。"《汉书·儒林传》:"文章尔雅,训词深厚。"由这些复音词的用法看来,尔雅似乎和温雅、文雅、古雅、典雅、雅驯等相同,都是儒雅古雅的意思,换言之,尔雅系平列的复词,尔亦雅也,雅亦尔也,尔音近儒近柔,言其为古雅温驯之语也。又近闻憩之师说:"尔者近也,近者指时间言,今也;雅者远也,古也;今古者,以今语释古语也。"此说简捷爽快,郭《注》云:"此所以释古今之异言,通方俗之殊语。"正可为上说作一注脚。总之,雅字之解已无问题，所异者只尔字耳。《汉志》云："古文读应尔雅，故解古今语而可知也。"这句话可作为尔雅一名之的解，尔雅犹古今字之命名取义也。汉初通行小学要籍如《仓颉》，如《急就》，无不以篇首二字名篇，盖缘《史籀》成例；而《尔雅》则否，或出于增订者之手也未可知。

《尔雅》自西汉末年始显于世，故其作者传测不一。《汉志》不注作者姓名，盖阙如也。《郑志》答张逸问曰："《尔雅》之文杂，非一家之著，则孔子门人所作，亦非一人。"（《诗·鸤鸠正义》引）张揖《进广雅表》云："昔在周公，缵述唐虞，……六年制礼，以导天下，著《尔雅》一篇，以释其义。……《礼·三朝记》：哀公曰：寡人欲学小辨，以观于政，其可乎？孔子曰：《尔雅》以观于古，足以辨言矣。《春秋元命苞》言子夏问夫子作《春秋》不以初哉首基为始何？是以知周公所造也。……爰及帝刘，鲁人叔孙通撰置《礼记》，文不违古；今俗所传三篇《尔雅》，或言仲尼所增，或言子夏所益，或言叔孙通所补，或言沛郡梁文所考，皆解家所说，先师口传，既无正谥圣人所言，是故疑不能明也。"（陆德明据此云《释诂》一篇为周公所作，其余十九篇为后人增益。邵晋涵云张氏所谓三篇即《汉志》之三卷也，陆氏殆失考。）梁吴均《西京杂记》（伪托刘歆所作）曰："郭伟字文伟，茂林人也，好读书，以谓《尔雅》周公所制，而《尔雅》有张仲孝友，张仲宣王时人，非周公之制明矣。余尝以问扬子云，子云曰：孔子门徒游夏之俦所记，以解释六艺者也。家君以为《外戚传》史佚教其子以《尔雅》，《尔雅》，小学也；又《记》言孔子教鲁哀公学《尔雅》，《尔雅》之出远矣。旧传学者皆云周公所记也，张仲孝友之类后人所作耳。"到了宋朝以后，才有人怀疑周公、孔子、子夏等人所作的问题，欧阳修《诗本义》说是秦汉之间学《诗》者所集；叶梦得《石林集》说是汉人取毛氏《诗》说所作；曹粹中《放斋诗说》说其成书在毛公之后，毛公以前其文犹略；吕南公《题尔雅后》说此书多同毛氏《诗》说，故知出于秦汉之间；《朱子语录》说是取传注以作；《四库全书提要》曰："按《大戴礼·孔子三朝记》称孔子教鲁哀公学《尔雅》，则《尔雅》之来远矣，然不云《尔雅》为谁作。据张揖《进广雅表》称周公著《尔雅》一篇，今俗所传三篇，或言仲尼所增，或言子夏所益，或言叔孙通所补，或言沛郡梁文所考，皆解家所说，疑莫能明也。于作书之人，亦无确指。其余诸家所说，小异大同。今参互而考之：郭璞《尔雅注序》称豹鼠既辨，其业亦显，邢昺《疏》以为汉武帝时终军事；《七录》载犍为文学《尔雅注》三卷，陆德明《经典释文》以为汉武帝时人，则其书在武帝以前。曹粹中《放斋诗说》曰：《尔雅》毛公以前其文犹略，至郑康成时则加详，如学有缉熙于光明，毛公云光，广也，康成则以为学于光明者，而《尔雅》曰缉熙，光明也；又齐子岂弟，康成以为言发夕也，而《尔雅》曰岂弟，发也；薄言观者，毛公无训，振古如兹，毛公云振，自也，康成则以观为多，以振为古，其说皆本于《尔雅》；使《尔雅》成书在毛公之前，顾得为异哉？则其书在毛公以后。大抵小学家缀辑旧文，递相增益，周公、孔子皆依托之词，观《释地》有鹲鹲，《释鸟》又有鹲鹲，同文复出，知非纂自一手也。其书欧阳修《诗本义》以为学《诗》者纂集博士解诂，高承《事物纪原》亦以为大抵解诂诗人之旨，然释《诗》者不及十之一，非专为《诗》作。扬雄《方言》以为孔子门徒解释六艺，王充《论衡》亦以为《五经》之训故，然释《五经》者不及十之三四，更非专为《五经》作。今观其文，大抵采诸书训诂名物之同异以广见闻，实自为一书，不附经义，如《释天》云暴雨谓之涷，《释草》云卷施草拔心不死，此取《楚辞》之文也；《释天》云扶摇谓之飙，

《释虫》云蠀蠶蝍蛆,此取《庄子》之文也;《释诂》云嫁,往也,《释水》云瀵大出尾下,此取《列子》之文也;《释地》云西王母,《释兽》云小领盗骊,此取《穆天子传》之文也;《释地》云东方有比目鱼焉,不比不行,其名谓之鲽,南方有比翼鸟焉,不比不飞,其名谓之鹣鹣,此取《管子》之文也;又云邛邛岠虚负而走,其名谓之蟨,此取《吕氏春秋》之文也;又云北方有比肩民焉,迭食而迭望,《释水》云河出昆仑墟,此取《山海经》之文也;《释诂》云帝、皇、王、后、辟、公、侯,又云洪、郭、宏、溥、介、纯、夏、帆,《释天》云春为青阳,……至谓之醴泉,此取《尸子》之文也;《释鸟》曰爰居杂县,此取《国语》之文也。如是之类,不可殚数,盖亦《方言》、《急就》之流,特说经之家多资以证古义,故从其所重,列之经部耳。"邵晋涵《正义》曰:"郭氏《释天篇》注引《离骚》云摄提贞于孟陬,以证正月为陬;又蜆为挈贰,《注》云蜆、雌虹也,见《离骚》;暴雨谓之涷,《注》曰《离骚》云令飘风兮先驱,使涷雨兮洒尘是也;《释草》卷施草,《注》云宿莽也,《离骚》云。俱引屈原赋之文以为证佐。……屈原赋虽杂楚音,不乖雅训,故郭氏有取焉;后人不察,转谓《尔雅》言暴雨以释《离骚》之涷雨,作《尔雅》者在《离骚》以后,岂知涷雨之名亦见《淮南王书》,将谓《尔雅》在《淮南》以后乎?……"其余诸说,都大同小异,总之不外孔子门人、周公、汉人三说。对于这个问题,可以分成下列五点来说:

(1)《大戴记》:"尔雅以观于古。"卢辩《注》:"尔,近也,谓依于《雅》、《颂》。"王念孙曰:"是卢氏不以尔雅为书名,案彼文云:循弦以观于乐,尔雅以观于古,谓循乎弦,尔乎雅也,卢说为长。"又《春秋元命苞》及《西京杂记》之说,都系后人伪托,不可尽信。这样看来,周孔所作,全无根据,即使所作原仅一篇,虽可释张仲孝友诸疑，但也不能使人心服，故张揖也因无证验而疑不能明也。

（2）春秋战国的时候，读《书》诵《诗》，很少训诂；到了秦皇统一之后，虽有博士之官，然不专为经立；直至西汉初年，师师相传，仍然重在讲说大义，阐明微言，既无需训诂专著，故今文家也不大注意此道。后来传记章句渐次写成问世，闾里书师为了便利初学的读经，于是杂取《五经》传记中之训释字义者，集而录之，勒为专书，以教学童，犹《史籀》、《仓颉》之于日用杂字也。所以《尔雅》多今文经字及其说解；臧在东云《尔雅》今文之学，徐养原云乃兼采古今文之说，非专用今文也。二说都是，然溯其初，固今文之学也。《毛诗·汉广》江之永矣，《韩诗》作羕，《释诂》："永、羕，长也。"《毛诗·皇矣》貊其德音，《韩诗》作莫，《释诂》："貊、莫，定也。"《毛诗·大雅》崧高维岳，《礼记·孔子闲居》引作嵩，《释诂》云"嵩，高也。"《释山》云："山大而高崧。"《毛诗》遵彼汝坟，《韩诗》作濆，《释邱》云："坟，大防。"《释水》云："汝有濆。"洪颐煊曰："《释训》一篇，专为释《诗》而作，其间有不在今《诗》者，盖三家传本有异同也。"治《尔雅》者必先明乎此，然后展转证明，知古文某即今文某，有今古文异而兼释者，有今古文异而只释今文或古文者，《尔雅》通而今古文训说及文字之异也就可通了。

（3）《尔雅》的被人推重，是由于古文家的重视训诂，《七略》说《古文尚书》读应《尔雅》，《隋志》云梁有汉刘歆《尔雅注》三卷，刘歆《移太常博士书》云："孝文时诸子传记立于学官。"赵岐也说："孝文皇帝欲广游学之路，《论语》、《孝经》、《孟子》、《尔雅》皆置博士。"《太平御览》引《汉旧仪》云："武帝初置博士，取学有通修，博识多艺，晓古文、《尔雅》，能属文章者为之。"《汉书·平帝纪》："征天下通知逸经古记，天文历算钟律，小学史篇，方术本草，及《五经》、《论语》、《孝经》、《尔雅》教授者。"《后汉书·贾逵传》:"逵数为帝言《古文尚书》与经传《尔雅》训诂相应。"可见古文家特别推崇《尔雅》的原因,是为了给古文经张目。因此,《尔雅》一书既被古文家所增益,又复引用以解经,展转反覆,所以书中所录古今文说或同或异。如"流,择也","流,求也",皆释"左右流之";"剪,勤也","剪,齐也",皆释"实始剪商"。

(4)古文家既用《雅》训以解经,但他们的经诂又想托之于古,故多不明言所用者为《雅》训。《毛诗故训传》为古文家训故之最著者,后出转精,自较周详,于是后人又取毛《传》训故以入《尔雅》。其书释《诗》者较多,如《释诂》:"关关雎鸠,音声和也。""谑浪笑敖,戏谑也。"《释言》:"烝,尘也。戎,相也。铱,私也。孺,属也。"数训连见一起,此释《小雅·常棣》之诗也。《释训》引"如切如磋","如琢如磨","瑟兮僩兮","赫兮烜兮,有斐君子,终不可谖兮"。又引"既微且尰","是刈是濩","履武帝敏","张仲孝友","有客宿宿","有客信信","其虚其徐","猗嗟名兮","式微式微","徒御不惊"。《释天》引"是类是祃","既伯既祷","乃立冢土","戎丑攸行","振旅阗阗"。《释畜》引"既差我马"。这都是明引《诗》文成句而释之的例子,盖《诗经》读者最多而文易晓,故纂集者多所资取。若取毛《传》和《尔雅》来比较,有字异义同者,如挚遒之训聚,芾茀之训小,憴叠之训惧,瘅惮之训劳,愆愆之训过,梀蘖之训馀,酬酢之训报,颁定之训题,瘤里之训病等都是;又有训异义同者,如《尔雅》瘅劳也,瘤病也;瘤病也,惺忧也;毛《传》则云瘅,病也;惮,劳也;里,病也;忧劳病义相成相似。《尔雅》帙庞,有也;毛《传》肬庞,厚也,有厚义亦相近。又有字同训异者,如《尔雅》写,忧也,释以写我忧,以写我心句,毛《传》则云写,除也,输写其心也。《尔雅》峨峨,祭也,释奉璋峨峨句,毛《传》峨峨,盛壮也。两相比较,《尔雅》望文生义之处,毛《传》每每不用,可见古文家之立训必审乎声,察乎情,实较今文家为优也。

(5)《尔雅》之为后人所附益,并不是有意作伪,当时许多著述多是丛书性质,尚无一人独占作者名义的习气,而小学一类启蒙的读本,因为客观材料增加改变的缘故,所以常常随时附益,如《释山》之五岳,《释地》之八陵,都是汉制,必为汉人所增无疑,此犹《史游》、《急就》之末二章(三十四章本)中有汉魏间人语也,《释诂》一篇,密静也前后两见,而俶始也,俶作也,骏大也,骏长也,始作一义,大长一义;《释地》有鹝鹝,《释鸟》又有鹝鹝;诸如此类,都是增益的明证。

《尔雅》的来源既是收集些客观的训诂材料分类编辑而成,那么里面就免不了有芜杂混淆的地方,戴东原曾经指责它的缺点说:"《说文》所载九千余文,当小学废失之后,固未能一一合于古;即《尔雅》亦多不足据,姑以《释故》言之:如'台、朕、赉、畀、卜、阳,予也',台、朕、阳当训予我之予,赉、畀、卜训赐予之予,不得错见一句中。'孔魄哉延虚无之言,间也',郭氏《注》云:孔穴延魄虚无皆有间隙,余未详。考之《说文》,哉言也间也,言之间即词助,然则哉之言三字乃言之间,言为词助,见于《诗》、《易》多矣。'豫射厌也',郭氏《注》云:《诗》曰服之无射,馀未详。豫盖当训厌足厌饫之厭,射训厌倦厌憎之厭。此皆掇拾之病,其解释《诗》、《书》缘词生训,非字义之本然者,不一而足。"案此种掇拾之病,不独上举数条为然,陆佃《尔雅新义》说予也、当也等条一名两读,郑樵《注》疑原则分两条,以二字同文故误耳。王引之《经义述闻》又广举例证,如"君也"条之天帝皇王后辟公侯为君上之君,林蒸为群聚之群;"予也"条台朕阳为予我之予,赍畀卜为赐予之予;"待也"条须俟徯为竣待之待,瞽戻底止为止待之待,他如故有古及语词二义,伪有作及诈二义,当有当理及相当二义,息有止息及气息二义,乃有仍及语词二义,相有辅、互及视三义,捷有交接、疾捷二义;凡此等类,都因其声殊涂同归,故其义有条不紊,而得合而释之者,古人训诂之指本于声音六书之用,广于假借,所以二义不嫌同条也。严九能《娱亲雅言》也举了好些例子,如信有忠信及屈信二义,胜有胜负、胜任二义,数有数术、选数二义,言有好言、莠言二义,说这是古人义训尚简而通的现象,顾氏《音论》"两声各义之说不尽然"一条,以及《钟山札记》"古人之于音训并不因音读而区别"一条,都可和此互相发明。郝氏《义疏》亦云强有勉强、刚强二义,重有厚、再二义,尽有空、皆二义,虚有空虚、丘墟二义,劳有勤、勉二义,思有意思、思念二义(分两条),见、视都有看、示二义,安有静、乐二义,舍有止息、舍释二义,佞有巧谄、才美二义,……诸如此类,遽数之不能终其物,现在看来,数义或相似,或相反,或相异,都不出语义引申及同音假借的范围,王氏严氏的话都说得很对,所以九能讥东原读《雅》未熟,伯申斥渔仲误以后音析古义也。如明《尔雅》一书之来历,凡其文字与经传之违合,立说与毛、许之同异以及本书前后错出,自相矛盾,本借或异各体同条,转训又训比接相续,诸种现象皆可涣然冰释,不必强为发凡起例而释之了。

《尔雅》的传授,汉武以前已不可考,《七略》说《古文尚书》读应《尔雅》。今以司马迁所引《尧典》一篇考之,如协和万邦译作合和万国,钦若昊天作敬顺昊天,历象日月星辰作数法日月星辰,宅嵎夷作居嵎夷,寅宾日出作敬道日出,厥民析作其民析,允厘百工作信饬百官,庶绩咸熙作众功皆兴,共工方鸠僝功作共工旁聚布功,有能俾乂作有能使治者,他如圮毁、师众、俞然、克能、谐和、格至、降下、觐见、谧静、询谋、惇厚、任佞、时是、茂勉、于於、暨与、祖始、畴谁、若驯、永长、作为莫不和雅训相合。李斯《仓颉》佚文,散见群书,如廷直也、革戒也、赦舍也、乐喜也、戬聚也、阮鋈也等类,也都与《雅》义相符。虽未明言引用,但必与《尔雅》有关。此外汉人传注之可见者,如河间所上之《乐记》,毛公之《诗传》,马融之《书注》、《礼注》,杜子春、郑兴、郑众之《周官注》,贾逵之《左传注》以及郑玄说经,许慎《解字》,都禀承《尔雅》,古训是式,而郑许已明言《尔雅》曰云云了,如《周礼注·天官冢宰下》引《尔雅》曰:冢大也,《说文》"旡"部引《尔雅》殣薄也,都是其例。其他像扬子云之作《方言》,应劭的著《风俗通》,也都是雅学的支流。

西汉经师重师法,东汉古学重家法;今文家专明微言大义,古文家多详礼制名物训故;分门别户,相视若仇。自《雅》训是式,古学盛行以来,平帝在位时,古文经曾一度立于学官,元始五年,并下诏征求天下通知《尔雅》、小学、史篇者,遣诣京师,因是诸儒解经,都尊《雅》说。郑玄先通今文,复受古学,杂揉今古,巍然一代大师,故其笺《诗》,多据《尔雅》以补毛。本传说:"造太学受业,归事京兆第五元先,始通《京氏易》、《公羊春秋》、《三统历》、《九章算术》,又从东郡张恭祖受《周官》、《礼记》、《左氏春秋》、《韩诗》、《古文尚书》,以山东无足问者,乃西入关,因涿郡卢植事扶风马融。"因为他的博学多师,闳通广大,打破门户之见而参合众家,也是必然的趋势,故他虽以古学为宗,实亦兼采今学,本传说:"凡玄所注《周易》、《尚书》、《毛诗》、《仪礼》、《礼记》、《论语》、《孝经》、《尚书大传》、《中候》、《乾象历》,又著《七政论》、《鲁礼禘祫义》、《六艺论》、《毛诗谱》、《驳许慎五经异义》、《答临孝存周礼难》,凡百余万言。"其注《尚书》用古文而多异于马融,或马从古而郑从今,或马从今而郑从古(可参考陈乔枞《今文尚书经说考》);笺《诗》以毛为主,然间易字,所易者多本三家说(参考陈奂《郑氏笺考徵》);注《仪礼》并存今古文,从今文则《注》内出"古文某为某",从古文则《注》内出"今文某作某"。贾《疏》云:"郑注《礼》之时,……或从今,或从古,皆逐义强者从之;若二字俱合义者,则互换见之。"(见《士冠礼》布席于门中句下);《周礼》、《礼记》没有古今的不同,其注可以不论;其注《论语》就《鲁论》篇章,而校以《齐论》、《古论》,故《注》内多云:"《鲁》读某为某,今从《古》。"王国维《书论语郑氏注残卷后》谓其正《论语》读都是以《古》改《鲁》,无以《鲁》改《古》者,可知篇章虽今,而字句实古。郑氏《六艺论》说他自己笺《诗》的态度是"注《诗》宗毛为主,毛义若隐略,则更表明,如有不同,即下己意,使可识别。"又《周礼序》云:"玄窃观二三君子之文章,顾省竹帛之浮辞,其所变易,灼然如晦之见明,其所弥缝,奄然如合符复析,斯可谓雅达广揽者也;然犹有参错,同事相违,则就其原文字之声类,考训诂,捃祕逸;谓二郑者同宗之大儒,明理于典籍,㤽识皇祖大经,《周官》之义存,古字发疑正读,亦信多善,徒寡且约用,不显传于世,今赞而辨之,庶成此家世所训也。"这种不拘泥家法而以是非为准的解经态度,可以说是合理的、正确的、科学的、伟大的态度,他考训诂的根本依据能着眼在"文字之声类",缘声以求义,不为字形所拘束,也是很对的。至于诸本互校,择善而从,发疑正读,改讹补脱,凡此种种,都已超出正名物,考字义的训故范围了。或谓郑氏好引纬书,是其一短,《欧阳修集》有《请校正五经劄子》,主张删削其书,然纬书也并非不可尽信也;又或谓康成好改经字,也是一短,然所注但曰某当作某,明其为声误或字误,并非径加改

削也。汉代古文家的注经还有一个特点,王国维《书尔雅郭注》后曰:

> 汉人注经,不独以汉制说古制,亦以今语释古语,杜子春、郑大夫、郑司农说《周礼》已用其法,后郑司农注《三礼》,复推而广之。然古语者有字而无音者也,由古语之字以求其音与义,于是有读如读若之例焉,有读为之例焉;今语者有音无字者也,由其音以求其字,或可得,或不可得,凡云今谓厶为厶者,上厶其义,下厶其音也。其音如此,其字未必如此,(如《周礼·夏官序官司爟注》:今燕俗名汤热为观,字当作涫;《考工·轮人注》:今人谓蒲本在水中者为弱,字当作蒻;《礼记·内则注》:音或从拭物之市今齐人有言纷者,字当作帉;而作观弱纷者,但取其经字也。)吾但取其字以表其音,使与古厶字之音相比附而已矣;故以今语释古语,虽举其字,犹或拟其音,如《周礼·天官·醢人(豚拍)注》云:郑大夫、杜子春皆以拍为膊,谓胁也,今河间名豚胁声如锻镈;又《春官·小宗伯(甫竁)注》:郑大夫读竁皆为穿,杜子春读竁为毳,皆谓葬穿圹也,今南阳名穿地为竁,声如腐脆之脆;又《考工记·轮人(察其菑蚤不龉)注》:郑司农菑读如杂厕之厕,谓建辐也,泰山平原所树立物为菑,声如戴,博立枭棋亦为菑。盖河间之言锻镈,南阳之言竁,泰山平原之言菑,初未有此字也,以其言胁之音如镈而知其当为膊,以其言穿地之音如腐脆之脆而知其当为竁,以其言所立之音如戴而知其当为菑,此言语学之事也。由锻镈之为豚胁而知豚拍之为豚膊,由脆之为穿地而知竁之为穿圹,以戴之为树立而知菑之为建辐,此训诂之事也。不必问其字

之如何,但使古今两语音义相释古会足矣,故与其求其字也,宁存其音,此郑君以今语语之法也。郭景纯注《尔雅》从之,故《注》中往往有音。……

其实这种方法,扬子云先已用过,大概他们都是模取《方言》的遗意吧。

第十四节　理论的训诂学

周秦两汉的重要字书,约可分为两派:记载文字形体的,如《史籀》、《仓颉》、《训纂》之属是也;记载语言变迁的,如《尔雅》、《方言》、《释名》之属是也。前一派是属于文字学的范围,可以不论。后一派的性质也略有不同,《尔雅》是纯客观的辑集些训诂的材料,只是明其当然而不能明其所以然,换言之,只是胪列许多古今转语、同义词、正假字,却不能说明他们的所以然,示人以训诂之途径。《方言》虽是有意模仿《尔雅》,但是它的态度已由客观而进入主观,它的取材已由纸面而进入口头,它的目的不仅为了实用而且重在研究,示人以训诂之途径;《尔雅》如果是训诂的材料,《方言》则是训诂的学术了。这在训诂学史上不能不说是一个新纪元。

《方言》的作者是扬雄,《汉书》本传说他"少而好学,不为章句,训诂通而已,博览无所不见……默而好深湛之思,清静无为少嗜欲……自有大度,非圣哲之书不好也,非其意虽富贵不事也"。又赞曰:"实好古而乐道,其意欲求文章成名于后世,以为经莫大于《易》,故作《太玄》;传莫大于《论语》,作《法言》;史篇莫善于《仓颉》，作《训纂》；……"常璩《华阳国志》又续云："典莫正于《尔雅》，作《方言》。"可见他自以《方言》拟之于《尔雅》也，然其性质并不同。其著书之动机及经过，在他和刘歆往返的信中说得很明白，歆与雄书云："三代周秦轩车使者、遒人使者以岁八月巡路，求代语、僮谣、歌戏。欲得其最目，因从事郝隆求之有日，篇中但有其目，无见文者。歆先君数为孝成皇帝言：常使诸儒共集训诂《尔雅》所及，五经所诂不合《尔雅》者，诂籀为病，及诸经氏之属，皆无证验，博士至以穷世之博，学者偶有所见，非徒无主而生是也。……属闻子云独采集先代绝言，异国殊语，以为十五卷，其所解略多矣；而不知其目。"雄答书云："雄少不师章句，亦于五经之训所不解。常闻先代輶轩之使、奏籍之书，皆藏于周秦之室及其破也，遗弃无见之者；独蜀人有严君平临卭林闾翁孺者，深好训诂，犹见輶轩之使所奏言，……君平财有千言耳，翁孺梗概之法略有。……雄为郎之岁，自奏少不得学，而心好沈博绝丽之文，愿不受三岁之奉，且休脱直事之由，得肆心广意以自克就；有诏可不夺奉，令尚书赐笔墨钱六万，得观书于石室；……遂得尽意，故天下上计孝廉及内郡卫卒会者，雄常把三寸弱翰，赍油素四尺，以问其异语，归即以铅摘次之于椠，二十七岁于今矣。而语言或交错相反，方覆论思，详悉集之，燕其疑。"由他俩来往的信里，我们可以知道他的不屑于为章句训诂之学，正是好自肆心广意的创造而不好为人作注脚的缘故，恰好他认识的亲朋中有保存着輶轩使者的奏籍之书，代语梗概之法略有，又适遇官中岁月优悠，得以亲自采集各地方言异语。这种工作虽然是他的好胜心所驱使，然而于语言交错相反之中方覆论思，正是担负起训诂家的担子，所以刘歆认为这十五卷书，一定会给《尔雅》所诂的古言增添不少的证验，较诸博士穷年累月的钻研之所解,当然要多多了。书中"大也"条下云:"……皆古今语也。初别国不相往来之言也,今或同,而旧书雅记故俗语不失其方,而后人不知,故为之作释也。"可知他是想从方言俗语里寻觅古语的遗迹;大概汉代训诂之学多半是经师口耳相传下来的,《荀子・劝学》提倡"学近其人"而轻视诵经,而一般经师又只重在解说大义,不究训诂;古文经师虽然重视《尔雅》,可是仍然有许多不大了解的地方;如果只抱残守缺,不另辟研究的蹊径,恐怕是要束手无策,甚至于妄生臆解的;相对的,言语自然递变之迹存留在方言俗语之中的反倒不被人注意。子云既作《训纂》以拟《仓颉》,复继君平、翁孺之后,脱离章句,采集四方异语,于《尔雅》五经训诂之外独竖一帜,这是他作书的主要动机。他著述的经过可以说是一种"标题罗语"的方法,先依照《雅》训或当时通行的经诂标立题目,然后再按着这标题去向那些孝廉卫卒探问其异语而罗列其下。例如卷一"喑㗋忾恒,痛也。凡哀泣而不止曰喑,哀而不泣曰㗋"。这是标题,下文又接着说:"于方,则楚言哀曰㗋;燕之外鄙,朝鲜洌水之间,少儿泣而不止曰喑;自关而西,秦晋之间,凡大人小儿泣而不止谓之㖒,哭极音绝亦谓之㖒;平原谓㖒极无声谓之㖒㖒;楚谓之㗋㗋,齐宋之间谓之喑,或谓之怒。"这是罗语,故罗语和标题当不完全一致相符,或多或少;还有的有目无文,如卷三"氓,民也"等条都是。至如"党晓哲,知也"条,大概是先有"晓哲,知也"的题目,后来调查的结果,才知道楚谓之党,于是又以党字补入,上下始完全相符。标题的依据上面说是《雅》训经诂,这可以在比较上看得出来,如:

(《尔雅》)如、适、之、嫁、徂、逝,往也。
(《方言》)嫁、逝、徂、适,往也。自家而出谓之嫁,由女而出为嫁也；逝，秦晋语也；徂，齐语也；适，宋鲁语也；往，凡语也。

（《尔雅》）迄、臻、极、到、赴、来、吊、艐、格、戾、怀、摧、詹，至也。

（《方言》）假、佫、怀、摧、詹、戾、艐，至也。邠唐冀兖之间曰假或曰佫；齐楚之会郊或曰怀；摧、詹、戾，楚语也；艐，宋语也；皆古雅之别语也，今则或同。

卷六"杼柚，作也。东齐土作谓之杼，木作谓之柚"，戴震《疏》曰："盖释《诗》小东大东，杼柚其空之义。"又卷七"发税，舍车也"，戴《疏》："盖释《诗》齐子发夕之义。"又卷三"敏，数也"下无方语，《毛诗传》："丽，数也。"《尔雅》："历，数也。"《论语》引尧曰："天之历数在尔躬。"《说文》："敏，数也。"又："褛裂，败也。南楚凡人贫衣被丑弊或谓之褛裂，或谓之褴褛，故《左传》曰：筚路褴褛以启山林，殆谓此也。"这都是解释经传之较然可见者。他的工作大部分固在搜集，然而也间有语原声转的研究解释，如卷三："铤空也，语之转也。"卷十一："蝍蝓者，侏儒语之转也。"其记音求字之经过，也大费苦心，不得其正字者，或直音之，如怜谓之无写和人兮等是；或自造字，如救仇也，㑣盛多也，凡人语而过谓之㑣等是；或既得其正字而仍存其音之轻重疾徐者，如"大也"条下云或谓之弩，弩犹怒也，弩怒音近；凡人大谓之奘，或谓之壮，奘壮音近："丰也"条下云楚谓之仔，燕谓之杼，仔杼音近；"视也"条下云凡相窃视南楚谓之貼，或谓之占，自江而北谓之貼，凡相候谓之占，占犹瞻也，占貼瞻音俱相近。其所释词义也较《尔雅》为细密，如"思也"条之惟凡思也，虑谋思也，愿欲思也，念常思也；又"大也"条之物大貌曰丰，深大曰庬,物壮大曰䝈曰夏,人大曰奘曰壮,物盛多曰寇曰䎛,地大曰垓,张小使大曰廓曰摸等皆是。

由上面的著作动机及经过里,可以知道他研究的目的是因为古书中所存留的已死的语言,后人不易懂得,而方言中反而有好些古语的保留,于是就想拿活语言的声音来和古书中的字两相对照着寻一个相当可靠的解释;换言之,今语有音有义而无字,古字古言有字有音而多不知其义,拿当时各地表示方言的声音和意义来推寻古典里面相当的文字,(不得其相当之字者,则假借譬况直音之。)这实是研究古语的一个新方法。郭璞"少玩雅训,旁味方言","沈研钻极,二九载矣",其注《尔雅》多考诸方国之语,时引方言以为证验,这可说是能够两相贯串证发了;其序《雅》云"总绝代之离词,辨同实而殊号。"其序《方言》则云:"考九服之逸言,标六代之绝语;类离词之指韵,明乖途而同致。"盖言其不但由纵的方面观其蝉变之迹,且能由横的方面明其推衍之势,以方言释古语,以通语释方言,纵横两面兼贯会通,实开时地综合研究的先声。书中所收集语言的种类,按照纵横两面可以分为下列五种:

(1)不含地域性的普通话

通语——卷一:"娥嬴,好也。……好其通语也。"又:"怃俺怜牟,爱也。……怜通语也。"

通名——卷十一:"蛉肤,……西楚与秦,通名也。"

凡语——卷一:"嫁逝徂适,往也。……往凡语也。"

凡通语——卷二:"鈋嫽,好也。……好凡通语也。"

(2)通行区域较广的方言

四方之通语——卷三:"庸恣比侄更快,代也。齐曰佚,江淮陈楚之间曰侄,余四方之通语也。"

四方异语而通者——卷十一:"蟒蜥谓之蟒,……秦晋之间谓之蠹,或谓之天蝼,四方异语而通者也。"

△△之间通语——卷四:"覆结谓之帻巾,……皆赵魏之间通语也。"(卷六:"抾摸,去也,齐赵之总语也。")

△地通语——卷三:"擨翕翕叶,聚也。楚谓之擨,或谓之翕,叶、楚通语也。"

(3)纵方面语言新旧生灭交替之际所残留的古今语

古今语——卷一:"敦丰……大也。……皆古今语也,初别国不相往来之言也,今或同。"

古雅之别语——卷一:"假佫……至也,……皆古雅之别语也,今则或同。"

(4)横方面语言因地域的差别而发生变异的各地方言

△地语。

△△之间语。(全书中大多是这两种,从略。)

(5)兼包纵横两面因音声转变而发生的方国殊语

转语——卷三:"庸谓之倯,转语也。"卷十:"煤,火也,楚转语也。"

语之转——卷三:"擨铤澌,尽也。……铤赐也,铤赐擨澌尽也,铤空也,语之转也。"

代语——卷十:"恼鲤乾都耆革,老也。皆南楚江湘之间代语也。"(注:"凡以异语相易谓之代也。")

其书之所以标名为《輶轩使者绝代语释别国方言》,用意也正在此——标绝语,考逸言,不仅释古今语,而且尤重方言。礼失而求诸野,不也比妄肆揣测为佳吗?

关于《方言》和扬雄的关系,旧来也有怀疑的人。《汉志》备列扬子云所著书，独无《方言》之目（或疑《别字》即《方言》，恐非。）盖刘歆虽闻有此作，但终究未见其目，故《七略》不及著录，《汉志》亦不载。又因终雄之世，《方言》之作仍未完成，书中前后重出（如卷一虔儇慧也，卷十二儇虔谩也。卷六爱嗳恚也，卷十二爱嗳哀也。卷一眉梨老也，卷十二麋黎老也。卷一虔刘惨琳杀也，卷二叨琳残也，卷三虔散杀也，卷六参蠡分也，卷十三劇劉解也等）以及有标题而无方语者（卷十二以下多如是，全书约得三百三十余条），不一而足，故雄不言己作，而他人也多不知为雄所作也。许慎作《说文》，引扬雄说解凡十二见，皆系《仓颉》、《训纂》中语，而说解之与《方言》相合的也很多，如口部咺、咣、咷、暗四字下云："朝鲜谓儿泣不止曰咺。""秦晋谓儿泣不止曰咣。""楚谓儿泣不止曰噭咷。""宋齐谓儿泣不止曰喑。"都与《方言》合，但不标扬雄或《方言》字；马郑诸儒的说解经文，也有时称某为某地人语，然亦不引《方言》或扬雄说；直到东汉末年应劭作《风俗通义》，《序》中始称扬雄作《方言》，所说的著作情形和雄的答书约略相同，且自道其窃取《方言》之意，加以演述，比隆斯人。迨后孙炎注《尔雅》莫蜩螳蜋蛑，杜预注《左传》授师孑焉，薛综述《二京解》，张载刘逵注《三都赋》，都递相征引；而张揖作《广雅》，几乎完全采入；郭璞又"触事广之，演其未及，摘其谬漏"，为之注解，其余如《西京杂记》、《华阳国志》也都曾道及；《隋志》始正式著录。自魏晋沿及隋唐，诸儒于《方言》作者均无异词，到宋以后，才有人疑其非真，洪迈《容斋随笔》就《汉书·扬雄传》及《方言》末附歆与雄往返书，列举五大证据，断非雄作，必为汉魏之际好事者为之云云。戴震《方言疏证》已经逐条驳正，是洪氏的话也不足信也。

扬氏的方言学所给与当时训诂学上的影响，第一是使人知道语言的殊异因乎地域的关系者也很大,故何休《公羊传注》云"△齐人语也","△鲁人语也";王逸《楚辞注》云"△楚人语也"。许慎《说文》及《淮南子注》,郑康成《礼记注》、《周礼注》、《仪礼注》以及刘熙《释名》诸作,并知异国殊域音转声异之理。第二是使人知道今语俗言中有不少的古语绝言之遗留,故上节所言诸家注《周礼》并知以今时方言的音义释古语之字也。

  汉人训诂的著作于《尔雅》、《方言》之外,又能自辟新途径者厥惟刘熙的《释名》。《后汉书·文苑传》曰:"刘珍字秋孙,一名宝,南阳蔡阳人也,少好学,永初中为谒者仆射,邓太后诏使与校书刘騊駼、马融及五经博士,校定东观五经诸子传记百家艺术,整齐脱误,是正文字。……著诔颂连珠凡七篇,又撰《释名》三十篇,以辨万物之称号。"其书久佚,后世未见著录。汉末又别有刘熙者也作《释名》,两人姓既相同,书名亦一,于是有人疑刘熙即刘珍者,非也。熙字成国,北海人也。《后汉书》无传,然其事迹亦有可考,钱大昕《释名跋》云:"《吴志·程秉传》:避乱交州,与刘熙考论大义,遂博通五经;《薛综传》:少依族人,避地交州,从刘熙学;《韦曜传》:曜因狱吏上书,见刘熙所作《释名》,信多佳者。据此三文推之,则刘君汉末名士,建安中避地交州,故其书行于吴,而韦宏嗣因有《辨释名》之作也。"《隋志》录有《释名》八卷,刘熙撰,即《吴志》所说之书也。或疑范蔚宗误记于刘珍名下,亦非,二刘都是当时有名的经学家啊!成国著书的动机及目的,《自序》说:"熙以为自古造化,制器立象,有物以来,迄于近代,或典礼所制,或出自民庶,名号雅俗,各方名殊,……夫名之于实,各有义类,百姓日称而不知其所以之意;故撰天地、阴阳、四时、邦国、都鄙、车服、丧纪,下及民庶应用之器,论叙指归,谓之《释名》,凡二十七篇。"这种推求名实间的义类,命名的指归,实是一种推寻语原的工作。什么是义类?王念孙《广雅疏证》说:"又案挚者对举也,故所以举棺者谓之輁轴,《士丧礼》下篇:迁于祖用轴,郑《注》云,轴、輁轴也,輁状如长床,穿桯,前后著金而关轴焉。是也;杠者,横关对举也,故床前横木谓之桄,《说文》:杠,床前横木也,《徐锴传》云:今人谓之床桯。是也;枭者亦对举也,故舆床谓之桐,舆者共举也,故车所以举物者谓之舆。《释名》云:自古制器立象,名之于实,各有义类;斯之谓矣。"因此书中的训释字和被释之名,词性大都不同,以动释名者,因功业而名也;以形容疏状释名者,因德性而名也;以名释名者,因实质而名或比拟之而名也;例已见上章所举,这里不再重述了。他所用的方法是音训,音训之法,汉代传记训诂都已经广加应用,刘熙不过是集其大成而已。《四库提要》虽讥其"以同声相谐推论称名辨物之意,中间颇伤于穿凿",然也称赞"可因以考见古音;又去古未远,所释器物亦可因以推求古人制度之遗"。毕沅《疏证序》又誉为"参校方俗,考合古今,晰名物之殊,辨典礼之异,洵为《尔雅》、《说文》以后不可少之书"。不过我觉得这些称誉并不能够恰中肯切,前乎此者,像《春秋繁露》、《白虎通》、《风俗通义》诸书,虽然也都是《释名》的前导,目的在乎正名辨物,但是《释名》的精义还在于探求语原的工作,有资考证,尚其小焉者耳。盖训诂的最极目的,不仅在明其当然,还要明其所以然。《尔雅》者,明其当然之书也;《释名》者,明其所以然之书也。训诂必兼具这两件事才算完备,《方言》、《释名》,虽都是补足《尔雅》的缺陷之作,但与《尔雅》并不相同。

  训诂的方法有主观与客观,有理论与实用的区别,前者如《尔雅》、《方言》之属(《方言》是介乎二者之间的产物),只是客观的以通语译释古语方言；后者如《白虎通》、《释名》之属，纯是训诂家本个人的观察，应用音训之法，以音近音同之字去绅绎一事一物命名的取义所象，即使有时出于偶合，其独能阐明音原的理论而推广之，也就很难能可贵，独具灼眼为当人所不及了。它于训诂学上的影响，自然是很重要的。（参看"音训"节）

《释名》在训诂学上的价值，除去上章所说的推论事物命名之因以及探求语根与语词词性的关系等要点以外，还有一点可以注意的，就是他的解释名原常以当时方言方音为证是也，如："天，豫司兖冀以舌腹言之，天，显也，在上高显也。青徐以舌头言之，天，坦也，坦然高而远也。""风，兖豫司冀横口合唇言之，风，泛也，其气博泛而动物也。青徐言风踧口开唇推气言之，风，放也，气放散也。"此皆以方音证其命名取义也，音虽小异而义仍同。又"女，如也，妇人外成如人也，故三从之义少如父教，嫁如父命，老如子言。青徐州曰娪，娪，忤也，始生时人意不喜忤忤然也。"此方言有异而取义亦异也。又："水泆出所为泽曰掌，水停处如手掌中也，今兖州人谓泽曰掌。""兄，荒也，荒，大也，故青徐人谓兄为荒也。""厚，后也，有终后也，故青徐人言厚如后也。"此皆以方言证其命名取义也。至如"事，俸也，俸，立也，凡所立之功也，故青徐人言立曰俸也"之类，和《考工记·轮人》郑司农《注》"泰山平原所树立物曰𥱼，声如戴"的取材相同，（《管子·轻重篇》春有以剗耕，又俸戟十万；《汉书·蒯通传》不敢事刃公之腹者，《注》引李奇曰：东方人以物瓱地中为事。事俸剗𥱼戴……并声近义通。管仲齐人，泰山平原齐地，正与青徐合。）然一以之证古语，一以之明语原，要在训诂家善于利用之而已。

第十五节　训诂学的中衰

　　《尔雅》、《方言》、《说文》、《释名》四书,可说是汉人开创的文字学训诂学方面四个重大的端绪,可惜到魏晋以来,一般经师以及好古之士,大都不能克绍箕裘,发扬光大,以致雅学式微,古学沦亡,令人惋惜之极！甚至于一般人都误解《尔雅》的意义,只拿它当作多识博见的獭祭,认为知道一些草木鸟兽虫鱼之名是很博雅的,反忽略了它的语学价值。例如《窦氏家传》说:"窦攸治《尔雅》,举孝廉,为郎,世祖与百寮游于灵台,得鼠身如豹文,莹有光辉,群臣莫有知者,惟攸对曰:此名鼮鼠,事见《尔雅》。乃赐绢百匹。"(见《艺文类聚》引,是光武时事也。郭璞《注》则以为武帝时孝廉郎终军事。)又《晋书·蔡谟传》:"谟初渡江,见蟛蜞大喜曰:蟹有八足,加以二螯,令烹之。既食,吐下委顿,方知非蟹。后诣谢尚而说之,尚曰:卿读《尔雅》不熟,几为劝学死。"由这些人治《尔雅》的目的可见当时风尚之一斑了;故郭璞《序》云:"诚九流之津涉,六艺之钤键,学览者之潭奥,摛翰者之华苑也。若乃可以博物不惑,多识于鸟兽草木之名者,莫近于《尔雅》。《尔雅》者盖兴于中古,隆于汉氏,豹鼠既辨,其业亦显,英儒赡闻之士,洪笔丽藻之客,靡不钦玩耽昧,为之义训。"这时在雅学方面所可称道的,只有张揖的《广雅》和郭璞的《尔雅注》了。

　　注《尔雅》的人,前乎郭氏者,据《隋志》及《释文》所录有犍为文学《注》、刘歆《注》、樊光《注》、李巡《注》、孙炎《注》等数家;郭璞少好经术,博学高才,精古文奇字、阴阳历算(见《晋书》本传);

他自己也说:"少玩《雅》训,旁昧《方言》。""璞不揆梼昧,少而习焉,沈研钻极,二九载矣。"(《方言、尔雅序》)。功夫既深,对于旧注自多不满,"虽注者十余,然犹未详备,并多纷谬,有所漏略"。于是踵事增华,广征博引,重为作注,"是以复缀集异闻,会粹旧说;考方国之语,采谣俗之志;错综奕孙,博关群言;剟其瑕砾,搴其萧稂;事有隐滞,爰据征之;其所易了,阙而不论;别为音图,用祛未寤。"可见他的注《雅》也只是荟萃旧说,取长补短,犹之乎后人之为集解了。郭《注》的特色甚多,第一是引《方言》以证《尔雅》,如"至也"条下引《方言》云:齐楚之会郊曰怀,宋曰届,詹摧皆楚语。"往也"条下引《方言》云:自家而出谓之嫁,犹女出为嫁。"信也"条下引《方言》曰:荆吴淮泗之间曰展,燕岱东齐曰谌,宋卫曰询等例都是;扬子《方言》原是为《尔雅》所诂求证验,郭氏精研两书,窥其遗意,知《尔雅》之作,所以释古今之异言,通方俗之殊语,故引《方言》以释《雅》,明一语的转变不同或系乎时或因乎地,所谓"考方国之语,采谣俗之志"是也。第二是引今语以广《雅》,郭氏既知汉时方言可以注《雅》,又悟晋时俗语也未尝不可以注《雅》,于是《注》中言当时俗语者很多,如"那于也"下云:那犹今人云那那也。"余身也"下云:今人亦自呼为身;"阳予也"下云:今巴濮之人自呼阿阳。"觳忽罄尽也"下云:觳今直语耳(直语犹他条言常语通语),忽然,尽貌,今江东呼厌极为罄。"恙忧也"下云:今人云无恙,谓无忧也。"徯待也"下云:《书》曰徯我后,今河北人语亦然。"行言也"下云:今江东通谓语为行。而《释草》一篇,言今言、俗言、今江东等者尤多,几于逐条都是;且有为当时方言作音者,如"嗟咨鐾也"下云:今河北人云鐾叹,音兔置。又"侉怙恀也"下云:今江东呼母为侉,音是。又"逮遥也"下云:今荆楚人皆云遥,音沓。王国维曰:"夫景纯于《尔雅》既别有《音义》矣,此《注》中复有音何也?曰:非为古语作,实为释古语之今语作也。为今语作音何也?曰:今语有音无字,吾但取今语之音,以与古厶字之音相比附,而古字之义见矣。如……谓河北云壣如置音,江东呼母如是音,荆楚呼遾如沓音,本但有其音,其定为壣、恀、遾三字者,则景纯自于古语中得之,而转以证古语之义,故举其字而复存其音,以示定其为某字之所由,并示古今语之相合云尔。余如……郭意若曰:今有厶音与古厶字之音相近,有厶物之名之音与古厶物之名相近,吾姑以古厶字及古厶物称之,而所以用此字当此物者,由其音如厶故,犹杜郑诸儒注《礼》之旨也。"其实这都是窃取《方言》的遗意。第三是明语言之通转,《注》中言转语者甚夥,如"卬,我也"《注》:卬犹姎也,语之转耳。"夫之兄为兄公"《注》:今俗呼兄锺,语之转耳。"不律谓之笔"《注》:蜀人呼笔为不律也,语之变转。"赉、畀、卜,予也"《注》:赉、畀、卜皆赐与也,与犹予也,因通其名耳。凡此皆明言其为通转者。又有言△犹△也,亦通转之例,如硕犹陨也,方俗语有轻重耳。骏犹迅,速亦疾也。憎即憞也。茀离即弥离,弥离犹蒙茏耳。俌犹辅也。迺即乃。湼,《书序》作汩,音同耳。犹即猱也,古今字耳。壬犹任也。存即在。齐亦疾。驲犹麃也。途即道也。旻犹愍也。成犹重也等都是。他如荐进也,挚至也,臻至也,衬付也等,莫不依据音理,以通古今方俗之异言。第四是明语义之演变,如"徂、在,存也"《注》:以徂为存,犹以乱为治,以曩为向,以故为今,此皆诂训义有反覆旁通,美恶不嫌同名。此发明反训之理也。又"允、孚、亶、展、谌、诚、亮、询,信也","展、谌、允、慎、亶、诚也"《注》:转相训也。"永、悠、迥、遐、远也","永、悠、迥、远、遐也"《注》:遐亦远也,转相训。此明训异义同也。又"悦、怿、愉、释、宾、协,服也"

《注》：皆谓喜而服从。又"愉，劳也"《注》：劳苦者多惰愉，今字或作窳同。此言义相展转引申也。第五是取证丰富，《尔雅》固主于释经，然语言本系天成，举凡同时同地之作，无论经史子集，九流百家，都可以附翼《雅》训，取证古语，邵氏《正义》说："礼失而求诸野，方今去圣久远，道术缺废，无所更索，彼九家者，不犹愈于野乎？若能修六艺之术而观此九家之言，舍短取长，则可以通万方之略矣。"郭《注》所引，如《易》、《书》、《诗》、《鲁诗》、《礼》、《礼记》、《大戴记》、《周礼》、《公羊》、《穀梁》、《左传》、《论语》、《孟子》、《谥法》、《诗传》、郑《笺》、《诗序》、《苍颉》、《埤苍》、《方言》、《广雅》、《离骚》、《山海经》、《管子》、《晏子》、《尸子》、《庄子》、《吕览》、《淮南》、《本草》、《家语》……诸书之中颇有溢出经传小学范围之外者，然不能因此即云《尔雅》出于诸书之后。盖去雅未远，自多相合者。第六是态度谨慎，郭氏于义之常行常见而易了者，既已阙而不论，或只说"见《诗》《书》"、"义之常行者"、"常语"等以概其余；盖省繁文费辞也。其于所不知，亦付阙如，则云"未闻"、"未详"以识之，全书计约百有八十余事（霍灏《补郭》云凡百四十二科）。书中如"载、谟，伪也"下注云：载者言而不信，谟者谋而不忠之类，虽郑樵等指为臆说，但瑕不掩瑜，不必过为苛求。第七是正旧注之失，郭氏《注》多取孙炎之说，然亦不尽盲从，如"萧，离也"下注："孙叔然字别为义，失矣。""病也"条下注："虺隤、玄黄皆人病之通名，而说者便谓之马病，失其义也。"（邢《疏》云："盖指孙炎不能弘通。"）《序》所谓"错综樊孙，博关群言；剟其瑕砾，搴其萧稂"是也。陆德明曰："先儒于《尔雅》多亿必之说，乖盖阙之义，惟郭景纯洽闻强识，详悉古今，作《尔雅注》，为世所重。"故其书一出而旧注几完全废弃，并不是无因的。至于注中之发明"转训"、"反训",也是其他训诂家所未曾提过的。郭氏所注书如《方言注》、《三仓解诂》、《山海经注》、《穆天子传注》等,并称闳博,可与《雅注》媲美。其别为《尔雅音》及《尔雅图赞》者,盖亦本樊光、孙炎等旧规也(樊《注》中已有反切,如"尸,寀也……寀,七在反","明明、斤斤,察也……斤,居亲反"两条,都确为《注》文。孙炎别有《尔雅音》二卷,《颜氏家训》谓叔然独知反语本此)。郭氏之后,又有梁沈旋《集注》(兼音)、陈施乾《音》、谢峤《音》、顾野王《音》、唐裴瑜《注》等数家,陆氏《释文》则以郭《注》为主,犍为文学以下数十家,并加采择。

广续《尔雅》者,这时有《小尔雅》和《广雅》。《小尔雅》的作者,旧说不一,《汉志》有《小雅》一篇,次《尔雅》、《古今字》之间,无作者姓名;《隋志》有《小尔雅》一卷,李轨《略解》,亦无作者姓名;旧、新《唐志》并与此同;至《中兴书目》始题《小尔雅》一卷孔鲋撰,是自宋以来才相传如此,故晁公武《读书志》,陈振孙《书录解题》,王应麟《玉海》并同。清代小学家论《小尔雅》者,大致可分为两派:戴东原《书小尔雅后》、《四库提要》、谢启昆《小学考》都以为是晋人伪作;宋翔凤《小尔雅训纂》、胡承珙《小尔雅义证》、王煦《小尔雅疏》则以为是《汉志》原书,王氏并信其为孔鲋真作。戴东原说:"《小尔雅》一卷,大致后人皮傅掇拾而成,非古小学遗书也。……其解释字义不胜枚数以为之驳正,故汉世大儒不取以说经,独王肃、杜预及东晋枚赜奏上之《古文尚书孔传》,颇涉乎此。……或曰《小尔雅》者,后人采王肃、杜预之说为之也。"《四库提要》本之以为说曰:"……其书久佚,今所传本则《孔丛子》第十一篇钞出别行者也。……汉儒说经皆不援及,迨杜预注《左传》始稍见称引,明是书汉末晚出,至晋始行,非《汉志》所称之旧本。"宋翔凤则曰:"《七略》有《小尔雅》一篇,盖《尔雅》之流别、经学之余裔也。说《诗》者毛氏,说《礼》者郑仲师氏、马季常氏,往往合焉。晋李轨作《小尔雅略解》,传于唐世,书并单行,故《隋》《唐》诸志并著李轨《解》而不著撰《小尔雅》者名氏,颜注《汉书》,此亦盖阙。盖是书出西京之初,儒者相传,以求占毕之正名,辅奇觚之绝谊,则其来已古矣。迭更五季,兹书遂佚;晚晋之人,伪造《孔丛》,尝剌取以入其书,宋人写馆阁书者,又就《孔丛》以录出之,当代书目,遂题为孔鲋所撰;而李轨之《解》不传,则唐以前之元本不可复见;今既采自伪书,定多窜乱,根株粗究,泾渭易明。若夫条分缕析,举此证彼,两汉诸儒,门户不隔,乌可不知其同异,考斯雅训乎?"宋氏所说,大致不误,惟以《孔丛》第十一篇即剌取汉人《小雅》而成,《孔丛》虽伪,而《小尔雅》不伪,其说虽本诸陈振孙及钱大昕等人,但未足认为定论。还是戴氏之说比较近理,大概是汉魏以来补续《尔雅》之作耳。故全书十三章,《广故》、《广言》、《广训》仍依《尔雅》旧题,泛释经传古今异语;《广义》、《广名》则专言人事,推《广训》之未及,补《释亲》之不备;其余《广服》、《广器》皆《释器》之遗事;《广物》兼广《草》、《木》,《广鸟》、《广兽》兼广《鸟》、《兽》、《畜》、《鱼》、《虫》等篇;至广《度》、《量》、《衡》三章,则为《尔雅》所无。其中解说训诂,颇能闳阐经义,补续《尔雅》的未备,例如《广诂》首条"渊、懿、邃、賾,深也",次条"封、巨、莫、荓、艾、祁,大也",三条"颁、赋、铺、敷,布也",都可补续《尔雅》"大也"条的不足,而渊、懿、封、祁的训释,也都与毛《传》相合。又所释字义,往往也是一训兼该二义,和《尔雅》相类,如《广诂》"经、屑、省,过也",经为经过,省为过失等是也。又其解说制度,多与郑康成相违,故戴氏指为王肃辈所伪作;又嫌其"两法杂施,显相剌谬",斥为皮傅掇拾;其实这类客观的训诂书大多是纂集众家而成，所以《尔雅》兼具今古文之说,《尔雅》、《广雅》二书,戴氏固亦责其掇拾之病了。总之,此书今本,固然不必强说其即为《汉志》所载之《小雅》原书,但观其所载多是古训,也可以补足《尔雅》的遗阙。故唐人注疏、音义、索隐以及《文选注》等书,并都称引。

《广雅》的作者是魏张揖,《魏书·江式传》记式上表曰:"魏初博士清河张揖,著《埤苍》、《广雅》、《古今字诂》,究诸埤广,掇拾遗漏,增长事类,抑亦于文为益者。"《四库提要》说:"今《埤苍》、《字诂》皆久佚,惟《广雅》存其书,因《尔雅》旧目,博采汉儒笺注及《三苍》、《说文》诸书以增广之,于扬雄《方言》亦备载无遗。隋秘书学士曹宪为之音释,避炀帝讳改名《博雅》,故至今二名并称,实一书也。"其著书的经过及动机,在他的上书表中说得很明白,其文曰:"博士臣揖言:……夫《尔雅》之为书也,文约而义固,其陈道也,精研而无误,真七经之检度,学问之阶路,儒林之楷素也。若其包罗天地,纲纪人事,权揆制度,发百家之训诂,未能悉备也。臣揖体质蒙蔽,学浅词顽,言无足取,窃以所识,择撺群艺,文同义异,音转失读,八方殊语,庶物易名,不在《尔雅》者,详录品核,以著于篇,凡万八千一百五十文。"其书既为广续《尔雅》而作,故篇目一仍其旧。王念孙《疏证序》说:"……至于旧书雅记诂训,未能悉备,网罗放失,将有待于来者,魏太和中博士张君稚让,继两汉诸儒后,参考往籍,遍记所闻,分别部居,依乎《尔雅》,凡所不载,悉著于篇,其自《易》、《书》、《诗》、三《礼》、三《传》经师之训,《论语》、《孟子》、《鸿烈》、《法言》之注,《楚辞》、汉赋之解,谶纬之记,《仓颉》、《训纂》、《滂熹》、《方言》、《说文》之说,靡不兼载。盖周秦两汉古义之存者,可据以证得失,其散逸不传者,可藉以窥其端绪,则其书之为功于训诂也大矣。"臧琳《经义杂记》论《尔雅》、《广雅》异同云："魏张稚让《上广雅表》云：不在《尔雅》者，详录品核，以著于篇；然则《广雅》所载皆《尔雅》所无。余参读二书，有《尔雅》有而《广雅》重见者，有《尔雅》有而《广雅》申明者，有《广雅》以《尔雅》展转相训者。今纂录《释诂》、《释言》两篇，上列《尔雅》，下列《广雅》，以考同异，……忼，有也；抚，有也。格，至也；假，至也。祥，善也；善，祥也。从，自也；自，从也。诚，信也；信，诚也。遏，远也；（同）。齐，疾也；（同）。雠，敌，匹也；匹、敌、雠，辈也。使，从也；（同）。探，取也；（同）。俌，举也；（同）。降，下也；（同）。荐、晋，进也；（同）。餴，食也；（同）。啜，茹也；啜、茹，食也。卒，终也；殁、殍，竟也。燠爰也；燠、爰，煖也。班、赋也；班、赋，布也。图、虑，谋也；图、谋、虑，议也。戾、定，止也；戾，定也。般，还也；（同）。遹、率，循也；循、率，述也。亮、相，导也；亮，相也。迁，徙也；迁、徙，移也。陶，喜也；（同）。鞠，稚也；毓，稚也。盖、割，裂也；害，割也。桀，驵也；将，且也。窀，薄也（《说文》引《尔雅》，今本阙）；窀，裖也。"案张揖所采诸书训诂，自然多与《尔雅》相同相因者，非有意使之重复也。王念孙说："凡字训已见《尔雅》而此复载入者，盖偶未检也。后皆放此。"（见"讦大也"下）这大概是引《方言》之文而偶有未照，故仍存其字。其掇拾之病也和《尔雅》同，如《释诂》："仁、儱、或、员、虞、方、云、抚，有也。"仁、虞、抚为相亲有，其他为有无。"乃、昔、遂、迈、行、徲、归、逜，往也。"乃、昔之往为时间副词，其余之往则为动词，遂则介于二者之间，可实可虚。这种广续的工作，在治雅学方面看来，并没有什么多大价值，盖《尔雅》之兴，本在于笺注未行之前，经师口说讲授之时；等到笺注既行之后，也就用不着客观的再加以集辑了。所需要的还是训诂方法的推陈出新吧。

第四章 训诂的源渊流派

这时期的经学，古文经既被独尊，也就没有什么竞争和进步了。郑玄既杂糅今古，兼通群书，著作等身，蕴合为一，于是经生都趋郑门受学，不必再求诸家，故范蔚宗论郑氏曰："括囊大典，网罗众家，删裁繁芜，刊改漏失，自是学者略知所归。"郑氏门人几遍天下，本传云"齐鲁间宗之"，不独齐鲁为然，即远至蜀地，也多好郑学，姜维即其一也。同时也有不满于郑学者，荀爽注《易》本古文费氏，虞翻注《易》则本今文孟氏；而虞氏奏《易注》说："若乃北海郑玄，南阳宋忠，虽各立注，忠小差玄，而皆未得其门，难以示世。"又奏玄解《尚书》违失事云："故北海征士郑玄所注《尚书》，以《顾命》康王执瑁，古月似同，从误作同，既不觉定，复训为杯，谓之酒杯。成王疾困凭几，洮颒为濯，以为浣衣成事，洮字虚更作濯，以从其非。又古大篆卯字当读为柳，古柳卯同字，而以为昧。分北三苗，北古别字，又训北，言北犹别也。……于此数事，误莫大焉。"（见《吴志》本传《注》）王粲也曾"难郑玄《尚书》事"，事见《家训·勉学篇》。何晏集《论语》孔安国、包咸、周氏、马融、郑玄、王肃、周生烈之说，并下己意，为《集解》一书，虽采郑氏，也不尽全从郑氏。而反对郑学最烈者莫如王肃，肃善贾马之学，不好郑氏，曾为《书》、《诗》、《论语》、三《礼》、《左传》解，又撰定父朗《易传》，晋时都立于学官。考王肃也兼通今古文，故其驳郑，或以今文说驳郑氏的古文说，如《诗·小雅·车舝》"以慰我心"，毛《传》："慰，安也。"郑《笺》申毛氏之古文说曰："我得见女之新昏如是，则以慰除我心之忧也。"王肃则从《韩诗》今文说，改慰为愠云："《韩诗》以愠我心，愠，恚也。"即其一例；或以古文说驳郑氏之今文说，此《诗·大雅·生民》："厥初生民，时维姜嫄。生民如何？克禋克祀，以弗无子，履武帝敏歆，攸介攸止，载震载夙，载生载育，时维后稷。"毛《传》：

243

"履,践也;帝,高辛氏之帝也;武,迹,敏,疾也,从于帝而见于天,将事齐敏也;歆,飨;介,大也;止,福禄所止也。……"郑《笺》:"帝,上帝也;敏,拇也;介,左右也;夙之言肃也。祀郊禖之时,时则有大神之迹,姜嫄履之,足不能满,履其拇指之处,心体歆歆然其左右所止住,如有人道感己者也,于是遂有身,而肃戒不复御,后则生子而养,长名之曰弃。"是毛氏以后稷为帝喾之子,姜嫄配帝高辛氏而生,故云帝为高辛氏;《大戴记·帝系篇》、司马迁《五帝本纪》以及刘歆、班固、贾逵、马融、服虔等皆信此说。郑氏信谶纬,《春秋命历序》云少昊传八世,颛顼传九世,帝喾传十世,则尧非喾子,稷年又小于尧,则姜嫄不得为帝喾之妃,故云当尧之时为高辛氏之世妃,谓其为喾后世子孙之妃也。于是《笺》又取今文说,以为后稷无父感天而生,犹《商颂》之"天命玄鸟,降而生商"也,故云帝为上帝。王肃从古文说以驳之云:"帝喾有四妃,上妃姜嫄生后稷,……帝喾崩后,十月而后稷生,盖遗腹也。虽为天所安,然寡居而生子,为众所疑,不可申说;姜嫄知后稷之神奇,必不可害,故弃之以著其神,因以自明。"这样看来,王之攻郑,纯是故意相难以自标奇立异,又伪造孔安国《书传》、《论语注》、《孝经注》、《孔子家语》、《孔丛子》五书,以互相证明,《家语》是他立说的根据,其注《家语》如五帝、七庙、郊丘之类,都是专为驳诘郑氏而发;又作《圣证论》,依据《家语》以攻击郑氏;故郑氏门人马昭说:"家语,王肃所增加。"当时郑王两派互相驳难,如孔晁及孙毓之《毛诗异同评》,都是王学的首选;而孙炎之《毛诗》、《礼记》、三《传》、《国语》、《尔雅》诸注及马昭之驳《圣证论》诸语,则郑学之健将也。诸人只斤斤于两家之是非,而训诂之术反无多少发明了。

这时在训诂方面的一个新趋势,即注家兼为经字作音是也。

字音源于语音,两者原来是相谐合的,后来因为语言声音的转变,语音和字音就发生了分歧的现象,于是就需要表示音读的方法,描写字音的开始,最初是"读若"和譬况为音二者并用,"读若"如杜郑诸家之解《礼》,许氏之作《说文》;譬况为音如高诱注《淮南》、《吕览》之"急气""缓气","闭口""笼口";何休注《公羊》之"长言""短言","内言""外言",刘熙《释名》之"舌腹""舌头","合唇""开唇"等都是。后来因为这种方法不能够得其真实而只得其仿佛,使人难知,同时又受到佛教译经的影响,于是汉末训诂者如服虔、应劭之《汉书注》,魏孙炎之《尔雅音义》都已知用反切的方法来作音了。魏晋南北朝以来,音义之学,独盛一时,于是声随义变,一字可有数音;地分南北,诸家又有不同;颜之推本南人,晚归北,其《家训》论字书音训,经史字读,多引江南河北诸本,然常以南本为是,如《书证篇》说:"《诗》云有杕之杜,江南本并木旁施大,《传》曰:杕,独貌也。徐仙民音徒计反。《说文》曰:杕,树貌也,在木部。《韵集》音次第之第。而河北本皆作夷狄之狄,此大误也。"又讥河北江南学士强为分别经读说:"夫物体有精粗,精粗谓之好恶;人心有所去取,去取谓之好恶(上呼号,下乌故反);此音见于葛洪、徐邈。而河北学士读《尚书》云:好(呼号反)生恶(於谷反)杀,是为一论物体,一就人情,殊不通矣。"又说:"江南学士读《左传》,口相传述,自为凡例,军自败曰败,打破人军曰败(补败反),诸记传未见补败反,徐仙民读《左传》惟一处有此音,又不言自败败人之别,此为穿凿耳。"魏晋诸儒音注,今多亡佚,据《经典释文》所录,为《易音》者三人:王肃、李轨、徐邈。为《尚书音》者四人:孔安国、郑玄、李轨、徐邈。为《诗音》者九人:郑玄、徐邈、蔡氏、孔氏、阮侃、王肃、江惇、干宝、李轨。为《周礼音》者六人:郑玄、王肃、李轨、刘昌宗、徐邈、王晓；近有戚衮、沈重。《仪礼音》者四人：郑玄、王肃、李轨、刘昌宗。《礼记音》者十四人：郑玄、王肃、李轨、刘昌宗、徐邈、射慈、谢桢、孙毓、缪炳、曹耽、尹毅、蔡谟、范宣、徐爰；近有沈重。为《左传音》者七人：服虔、曹髦、嵇康、杜预、李轨、荀讷、徐邈。为《公羊音》者二人：李轨、江惇。为《论语音》者一人：徐邈。为《老子音》者一人：戴逵。为《庄子音》者二人：李轨、徐邈。为《尔雅音》者六人：孙炎、郭璞、沈旋、施乾、谢峤、顾野王。前后几及五十余家，可谓盛矣。陆德明本系南人，其作《释文》也属南学，考其书创始于陈后主元年，成书亦在未入隋以前，观其征引几全为南方学者之作，于王晓《周礼音注》云："江南无此书，不详何人。"于《论语注》云："北学有杜弼《注》，世颇行之。"又书中引北音，止一再见。而徐遵明北方大儒，书中未尝一引，由此也可见其一斑了。其著书之动机及目的，一为"承乏上庠，循省旧音，苦其太简，况微言久绝，大义愈乖，攻乎异端，竞生穿凿，不在其位，不谋其政，既职司其忧，宁可视成而已？遂因暇景，救其不逮"。二为"书音之作，作者多矣。……汉魏迄今，遗文可见，或专出己意，或祖述旧音，各师成心，制作如面；加以楚夏声异，南北语殊，是非信其所闻，轻重因其所习；后学钻仰，罕逢指要。"于是"研精六籍，采摭九流，搜访异同，校之《苍》、《雅》，辄撰集五典、《孝经》、《论语》及《老》、《庄》、《尔雅》等音，合为三袟三十卷，号曰《经典释文》。古今并录，括其枢要，经注毕详，训义兼辩，质而不野，繁而非芜，示传一家之学。"其著书条例，约十数端：（一）经注兼音。（二）摘字为音。（三）旧音多不依注作，今微加斟酌，首标典籍常用合时者，次列音义可并行互用者；至义乖于经者，则不悉记。（四）古人作音先用譬况，后有反语，魏朝以来，蔓衍实繁，世变人移，音讹字替，今亦存之音内，不敢遗旧。(五)旧音或用借字,令人疑昧,今从易识。援引众训但取大意,不全写旧文。(六)经文异读,自昔已然:仓卒假借,趣于近似;人用其乡,言字互异;加之秦燔典籍,汉分今古,一经数家,章句不同;今撰音书,须定纰缪,若两本俱用兼通者,并出其文,以明同异;其泾渭朱紫者,亦悉书刊正。间存他经别本,词反义乖者,示博异闻耳。(七)经籍文字,相承已久;至如悦作说,闲作閒,智作知,汝作女之类,依旧音之。然音书之体,当辨正借,或反音正字以辨借音,或两音之,务在易了不惑。(八)隶古定《尚书》,本不全为古字。旧本古字无几,穿凿之徒,依傍字部,妄造改易,多不可从;今依旧为音,字有别体,见之音内。(九)《春秋》名字氏族地名,前后互出,经传更见,文字正假,相去辽远,今皆斟酌折衷。(十)《尔雅》字读须逐《五经》,后人好生异见,改音易字,采摭杂书,不考本末,鸟鱼虫草,妄增偏旁;今并校量,不从流俗。(十一)方言差别,南北最巨,或失清浮,或滞沉浊,今之去取,冀祛兹弊。夫质有精粗,谓之好恶,并如字。心有爱憎,称为好恶,上呼报反,下乌故反。当体则云名誉,音预。论情则曰毁誉,音馀。及夫自败蒲迈反。败他蒲败反。之殊,自坏呼怪反。坏撤之异;此等或近代始分,或古已为别,相仍积习,有自来矣。余承师说,皆辩析之。比人言者,多为一例。如而靡异,邪不定之词。也助句之词。弗殊,莫辩复扶又反,重也。复,音服,反也。宁论过古禾反,经过。过;古卧反,超过。又以登升共为一韵,攻公分作两音,如此之俦,恐为非得。(十二)《五经》字体,乖替者多。至如黿鼍从龟,乱辞从舌,席下为带,恶上安西,析旁著片,离边作禹,直是字讹。如宠为寵,锡为錫,支代文,无混无,便成两失。又敕字俗以为约敕字,《说文》以为劳俫字,渴字俗以为饥渴字,字书以为水竭字,如此之类,改便惊俗,不能悉改。总而言之,陆氏之意不外一在订旧音之利病,二在辨俗字之是非。其书不但为训故音义之总汇,也是校勘版本之惟一凭借。考音读义训,往往相关,如《易·晋卦》"蕃庶"之庶注:"如字,众也;郑止奢反,谓蕃遮禽也。"又接字下注:"如字。郑音捷,胜也。"此皆音随义变之例。《周礼·天官·冢宰》"以扰万民"之扰,"而小反。郑而昭反;徐李寻伦反。"扰音为驯,即缘驯治之义,盖古书音读以文义为主,故义通之字不妨换读,字有某义,即读某音,并不像后世字书之拘泥也。吴承仕《经籍旧音辨正》不明此理,遂谓"音扰为驯,声类不近,字书韵书亦不收此音。"至一字数读而分别四声者,前面曾已讨论,这里不再重加驳正了。

魏晋以来,学官所立,群经传注,渐定于一。《释文》所录,《易注》凡三十三人,而以王弼、韩伯为主;《书注》九家,而以孔安国、王肃为正;《诗注》八家,而独遵毛、郑;《周礼注》四家,《仪礼注》十一人,《礼记注》六家,而《三礼注》则俱以郑为主;《左传注》八家,而用杜预;《公羊注》四家,而用何休;《穀梁注》九家,而用范宁;《孝经注》二十三家,随俗从郑注十八章本;《论语注》二十家,而以何晏《集解》为主;《尔雅注》六家,而依郭本为正。凡所取舍,都以通行及立于学官者为主,实开唐人义疏之前导。当时一般通人学者,除去别为新注之外,集解及义疏之学很为盛行,盖古今不同,南北又异,诸说纷纭,学者茫然;又时迁代移,经既难明,注也不了,而经师传经,颇有意模仿释者之讲唱。考讲经在汉已然,六朝隋唐又受释者俗讲之影响,想方式必有变更。今就唐代俗讲所遗文词观之,其讲唱经文之本都先引经文,继以说唱,形式略如《五经》之讲疏,可见二者之间互有牵涉也;于是集解及义疏之学兴盛一时。今就《释文》可考见的,《易》有张璠《集解》十二卷(集二十二家解,《七录》

云二十八家），荀爽《九家集注》十卷（不知何人所集）；《书》有范宁《集解》十卷，姜道盛《集解》十卷；《诗》有崔灵恩《集注》二十四卷；《公羊》有孔衍《集解》十四卷；《穀梁》有孔衍《集解》十四卷，范宁《集注》十二卷，胡讷《集解》十卷；《论语》有何晏《集解》十卷，李充《集注》十卷，孙绰《集注》十卷，江熙《集解》十二卷；《尔雅》有沈旋《集注》。为义疏者较少，《书》有夏费甝《义疏》。《礼记》有皇侃《义疏》、《丧服义疏》，《春秋》有沈文何《义疏》，《孝经》有皇侃《义疏》，《论语》有皇侃《义疏》。义疏也名讲疏，如陆氏于《易》下注云："陈周弘正作《老庄义疏》。"而《老子》下又云："近代有梁武帝父子及周弘正《讲疏》。"《陈书》本传则仅称疏。《梁书·皇侃传》云撰《礼记讲疏》、《论语义》，是义疏亦可只称义或疏，亦或称义记。

迨唐孔颖达等义疏出，而前此诸家义疏多废。夫汉学重明经，唐学重疏注，当汉唐交替之间，诸儒竞为义疏讲章之学，虽然有意和释者相争，而其功也不可磨灭也。其见于南、北《史·儒林传》的，南学如崔灵恩的《三礼义宗》、《左氏经传义》，沈文何的春秋、礼记、孝经、论语《义记》，皇侃的论语、礼记《义》，戚衮的《三礼义记》及《礼记义》，张讥的周易、尚书、毛诗、孝经、论语《义》，顾越的丧服、毛诗、孝经、论语《义》，王元规的春秋、孝经《义记》，北学如刘献之的《三礼大义》，徐遵明的《春秋义章》，李铉的撰定孝经、论语、毛诗、三礼《义疏》，沈重的周礼、仪礼、礼记、毛诗、丧服《经义》，熊安生的周礼、礼记《义疏》、《孝经义》，都先后并出，好像雨后春笋，可惜都已亡失。皇侃之《论语义疏》是其仅存者，观其略于名物制度，只以老庄之义旨，发为四六之文章，和汉代古文经学家的说经相去甚远，惟稍近于今文经学家章句之学耳，这也是南学崇尚玄谈浮夸的结果。此外为经传义疏者还有许多人。唐太宗以儒学纷歧，章句繁杂，诏国子祭酒孔颖达与诸儒撰定五经义疏，凡一百八十卷，名曰《五经正义》。所定经疏，《易》主王《注》，《书》主孔《传》，《诗》主毛郑，《礼记》主郑《注》，《左传》主杜《解》。这大概是当时风尚使然，魏晋相沿如此也。既以一家传注为主，故只有引申和曲傅，而无驳诘和疑难，故其书后改名"正义"者，即以所用之注为正也。其书初名"义赞"，又题"兼义"，盖本为删定江南诸家义疏而成者。惜疏中称引旧疏多不著其名，或仅称某氏。《序》中评论旧疏得失云：

《易正义序》："其江南义疏十有余家，皆辞尚虚玄，义多浮诞，……斯乃义涉于释氏，非为教于孔门也，既背其本，又违于注。……"

《书正义序》："其为正义者，蔡大宝、巢猗、费甝、顾彪、刘焯、刘炫等，其诸公旨趣，多或因循，帖释注文，义皆浅略，惟刘焯、刘炫最为详雅。然焯织综经文，穿凿孔穴，诡其新见，异彼前儒，非险而更为险，无义而更生义；……炫嫌焯之烦杂，就而删焉，虽复微稍省要，又好改张前义，义更太略，辞又过华；……今奉明敕，考定是非，谨竭庸愚，竭所闻见。览古人之传记，质近代之异同，存其是而去其非，削其烦而增其简。"

《诗正义序》："其近代为义疏者，有全缓、何胤、舒瑗、刘轨思、刘丑、刘焯、刘炫等，然焯、炫并聪颖特达，文而又儒，……于其所作疏内，特为殊绝，今奉敕删定，故据以为本。然焯、炫等负恃才气，轻鄙先达，同其所异，异其所同，或应略而反详，或宜详而更略，……今则削其所烦，增其所简。"

《礼记正义序》:"其为义疏者,南人有贺循、贺玚、庾蔚、崔灵恩、沈重宜、皇甫侃等,北人有徐道明、李业兴、李宝鼎、侯聪、熊安生等,其见于世者,惟皇、熊二家而已。熊则违背本经,多引外义,犹之楚而北行,……皇氏虽章句详正,微稍繁广,又既遵郑氏,乃时乖郑义,此是木落不归其本,……今奉敕删理,仍据皇氏以为本,其有不备,以熊氏补焉。必取文证详悉,义理精审,剪其繁芜,撮其机要。"

《左传正义序》:"其为义疏者,则有沈文何、苏宽、刘炫,然沈氏于义例粗可,于经传极疏;苏氏则全不体本文,惟旁攻贾服,……刘炫于数君之内,实为翘楚;然聪惠辩博,固亦罕俦,……又意在矜伐,性好非毁,规杜氏之失,凡一百五十余条,习杜氏而攻杜氏,犹蠹生于木而还食其木,非其理也;……然比诸义疏,犹有可观,今奉敕删定,据以为本,其有疏漏,以沈氏补焉,若两义俱违,则特申短见。"

从这些序言里可以看出《正义》多以二刘旧疏为据,其删烦增简之处亦即旧疏改注之处也。《正义》虽就注推衍,然亦多能发明经文及传注词言之例,如:

倒文。《葛覃》"施于中谷",《传》:"中谷,谷中。"《正义》:"倒其言者,古人之语皆然,《诗》文多此类也。"又《谷风》"不我退弃",《笺》:"不远弃我而死亡。"《正义》:"不我退弃,犹云不退弃我,古人之语多倒,《诗》之此类众矣。"(此为语法之倒)

《柏舟》"母也天只",《正义》:"《序》云父母欲夺而嫁之,知天为父也,先母后天者,取其韵句耳。"(此因叶韵而倒)《采蘩》"夙夜在公",《传》:"夙,早也。"《笺》:"早夜在事,谓视灌溉馈爨之事。"《正义》:"早谓祭日之晨,夜谓祭祀之先夕之期也,先夙后夜,便文耳。"(此因成语而倒)

婉文。《七月》"七月在野,八月在宇,九月在户,十月蟋蟀入我床下",《笺》:"自七月在野至十月入我床下,皆谓蟋蟀也。"《正义》:"以入我床下是自外而入,在野在宇在户从远而至于近,故知皆谓蟋蟀也。退蟋蟀之文在十月之下者,以人之床下非虫所当入,故以虫名附蟋蟀之下,所以婉其文也。"(此因修辞而倒)

变文。《桃夭》"宜其室家",二章作"宜其家室",三章作"宜其家人",《笺》:"家人犹室家也。"《正义》:"以异章而变文耳,故云家人犹室家也。"

异文。《定之方中》"作于楚宫"、"作于楚室",《正义》:"别言官室,异其文耳。"

互文。《楚茨》:"楚楚者茨,言抽其棘",《笺》:"茨言楚楚,棘言抽,互辞也。"又"我仓既盈,我庾维亿",《笺》:"仓言盈,庾言亿,亦互辞,喻多也。"

《旄丘》"何其处也?必有与也","何其久也?必有以也",《正义》:"言与言以者互文,以者自己于彼之辞,与者从彼于我之称。"

便文。《出车》"设此旐矣,建彼旄矣",《正义》:"言此旐彼旄者,凡两事一言彼一言此,便文耳。于彼新田,于此菑亩,皆此类也。"

连言。《宾之初筵》"弓矢斯张",《正义》:"弓可言张,而并言矢者,矢配弓之物,连言之耳。"又《定之方中序》"始建城市而营官室",《正义》:"建城市经无其事,因徙居而始筑城立市,故连言之。"

协句。《谷风笺》"何暇忧我后所生子孙也",《正义》:"时未必有孙,言之协句耳。"《硕人笺》"兄弟皆正大",《正义》:"经无弟而言弟者,协句也。"

逆言。《礼记》"其登馂献受爵",《正义》:"以特牲言之,则先受爵而后献,献而后馂;今此经先云馂者,以馂为重,举重者从后以向先逆言之,故云其登馂献受爵也。"

又有发明注文立训之所以然者,如:

文势。《周易》"言天下之至赜而不可乱也",韩《注》本作"至动",《正义》:"以文势上下言之,宜云至动而不可乱也。"

对文。《书·顾命》"一人冕执刘,立于东堂;一人冕执钺,立于西堂",《传》:"刘,钺属。"《正义》:"刘钺属者,以刘与钺相对,故言属,以似之而别,又不知何以为异。"又《诗·葛覃》"薄污我私,薄浣我衣",《传》:"污,烦也。"《正义》:"污浣相对,则污亦浣名,以衣污垢者洗而用功深,故因以污为浣私服之名耳。言污烦者,谓浣垢衣用功烦多,亦以烦为浣名。"

总之,《正义》既非成于一手,而注又只主一家,但取旧疏增删更定,不事创获,故箴孔疏之失者,一曰曲狗注文,二曰彼此互异,三曰杂引谶纬;如果知道了他成书的经过,三失也正是意中事耳。《朱子语类》说孔疏《诗》、《礼记》为上,《书》、《易》为下;这种优劣的差异,完全是因为所宗之传注已有优劣的缘故。清人如臧庸之《拜经日记》极恶其繁芜,而陈澧之《读书记》又甚赞其详洽,见仁见智,各有是非,然其依据闳深,存古之功是永远不能埋没的。迨后贾公彦疏《周礼》、《仪礼》,杨士勋疏《穀梁》,徐彦疏《公羊》,宋邢昺等疏《论语》、《孝经》、《尔雅》,孙奭疏《孟子》,都沿孔氏成例,专守一家,贾疏最好,杨徐次之,邢疏尚有可取,而孙疏则只以空言相衍。缠绕注文,纯是讲章之体了。

自西汉以迄隋唐,经学凡数变,有今文家解说微言大义的经学,因而有古文家训诂名物的古学;有郑康成杂揉今古的郑学,因而有王肃伪托复古的王学;相沿而历南北朝,因受释者翻译及说唱佛经的影响,于是又有隋唐诸儒的音义之学及义疏之学;又因解者纷歧,写本不一,于是又有集解及刊正之学;迨颜师古《五经定本》出而后经典无异文,孔冲远《五经正义》出而后经书无异说。学术既随政权分合而归于统一,以锢塞人民的思想,那么一二才智聪明的人,就不得不以己意说经,渐开穿凿傅会之习,盖信古太过,即易招蔑古逞奇之说,于是有宋明人高谈义理,缘词生训的宋学及王学。训诂学便在这经学附庸的寄托之下随波起伏,受到一时一代人的注意与卑弃。

宋人于《尔雅》之解说,邢昺等的《正义》尚不无可取,如补郭《注》之未详,引旧籍以证郭,都可以说是郭《注》的功臣,至如以声近通借及音义相同说哉、恰、漠、谌、亮、询、蕭迥、蒿、茂……诸字,虽不能全备,亦可谓达训诂之理了。其余如王雱的《尔雅》,陆佃的《尔雅新义》,都不脱安石妄生新义之弊。郑樵的《尔雅注》,《四库提要》颇为辩护,谓为《尔雅》家的善本,然考其《自序》及《后序》,

首先攻击《尔雅》之昧于言理,不达物情;其"一言本一义,馈自馈,餽自餽,不得谓餽为馈"的说法,固颇合乎语言学的见解,可是他不知道同义词的来源不同,而训诂中翻译的义训,好些只是言其相当,自不得谓其以数十言而总一义之为昧于言理也。罗愿的《尔雅翼》,引证浩博,诚较陆佃《埤雅》为优,然以鹑为淳,及鸠为九,皆不脱王安石《字说》的恶习;而"略其训诂,山川星原,研究动植",是亦仅雅学之支流,不足以当训诂也。王安石等的《三经新义》,根本谈不到训诂,只以己意说经耳。朱熹集宋学的大成,但仍不废传注正义,《论语训蒙口义序》云:"本之注疏,以通其训诂,参之《释文》,以正其音读,然后会之于诸老先生之说,以发其精微。"《语类》云:"祖宗以来,学者但守注疏,其后便论道;如二苏直是要论道,但注疏如何弃得?"又云:"某寻常解经,只要依训诂说字。"可知朱子一反苏欧妄谈义理的恶习,先研训诂章句而后始论道。不过他主张训诂贵乎简捷了当,使人有玩味余地,不当一气说尽,反喧宾夺主。《答张敬夫书》云:"汉儒可谓善说经者,不过只说训诂,使人以此训诂,玩索经文,训诂经文,不相离异,只作一道看了,直是意味深长也。"《语类》云:"汉初诸儒专治训诂,如教人亦只言某字训某字,自寻义理而已。"又云:"自晋以来解经者,却改变得不同,王弼、郭象辈是也;汉儒解经,依经演绎;晋人则不然,舍经而自作文。"又云:"传注惟古注不作文,却好看,疏亦然。今人解书,且图要作文,又如辨说,百般生疑,故其文虽可读,而经意殊远。程子《易传》亦成作文,说了又说,故今人观者更不看本经,只读传,亦非所以使人思也。"又云:"某集注《论语》只是发明其辞,使人玩味经文,理皆在经文内。"这样看来,宋学虽一反汉人之说,但到朱子的说经,则兼取二者之长,深得毛、孔传经之旨,是朱学与程、苏等人也不完全相同也。故其《诗集传序》云:"于是乎章句以纲之,训诂以纪之,讽咏以昌之,涵濡以体之。"他作的《诗经集传》、《四书集注》诸书,都能深入浅出,脱去隋唐义疏及宋初经说的繁冗之弊。惜其稍疏于声音通转之理,训诂终不免被字面所拘束,如释"左右流之"的流为"顺水之流而取之",释"薄污我私"的薄为"少也"等都是。然如释"言告师氏"之言为"辞也"等,也间有是处。

第十六节　训诂学的复兴

元明尊朱学,惜多未得朱学之旨。其能独树一帜而脱去宋学以释老说经之拘挛,一反于平易近情者,则为金朝的遗老王若虚,他极力反对宋儒的"妄",攻击汉儒的"陋",认为求之太过和穿凿附会都是不合"人情义理"。他不但说圣人之经是人情之书,而且提出以"文势"、"语法"为解经的辅助,这实是语言学的事业,也是科学的读经的开始。例如他说:

  子曰:"十室之邑,必有忠信如丘者焉,不如丘之好学也。"或训焉为何而属之下句。"厩焚,子退朝,曰:伤人乎?不问马。"或读不为否而属之上句。意谓圣人至谦,必不肯言人之莫己若;圣人至仁,必不至贱畜而无所恤也。义理之是非姑置勿论,且道世之为文者有如此语法乎?故凡解经,其论虽高,而于文势语法不顺者,亦未可遽从,况未高乎?(《论语辨惑》)
  子曰:"视其所以,观其所由,察其所安,人焉廋哉!"曰视,曰观,曰察,文之变耳。晦庵曰:"观详于视,察又详于观。"此

几王氏之凿矣,虽若有理,然圣人之意恐不若是。(《论语辨惑》)

　　晦庵解"食不语,寝不言"云:"答述曰语,自言曰言",此何可分而妄为注释?只是变文耳。(《论语辨惑》)

他的著作,除去《五经论孟辨惑》之外,又有《史记辨惑》、《诸史辨惑》、《新唐书辨惑》等书,在里面他指出司马迁的"《史记》用而字多不安","用于是乃遂等字冗而不当者十有七八"。这虽然有点吹毛求疵,但都能从文法着眼。元人株守宋儒经说而忽略注疏,故于古音义多所牴牾,如熊朋来《五经说》以郑氏《周礼注》读《乐师》"诏来瞽皋舞"之皋为告(号),又读《大祝》"来瞽令皋舞"之皋为嗥,是前后异读,而不知告、皋、嗥、号四字同音同义也。刘瑾的《诗传通释》,陈栎的《尚书集传纂疏》,陈师凯的《书蔡传旁通》等书,于朱学尚能旁征博引,疏通补苴;明胡广等奉敕修定《五经大全》,则杂取上列诸家而饾饤成编,盖士人自元以来都为科举所牢笼,训诂名物之学益不堪问矣,此由张萱之《汇雅》,可见其荒谬之一斑。明末有志之士,痛八股之为害,于是极力主张复古,弃虚尚实;前如朱谋㙔之《骈雅》,杨慎之《古音骈字》、《古音复字》,方以智之《通雅》等书,实开清儒考证之先河;而且都能明乎声近义通的道理,脱去文字形骸的拘牵,在明代空疏浅陋的风气中,不可不谓为特出者也。其后王夫之、顾炎武诸人继起,于汉唐注疏及宋元明人之说,择善而从,虽兼采汉宋,实欲摆脱朱学藩篱而上追唐汉者也;王氏之《周易稗疏》、《诗经稗疏》、《四书稗疏》诸书的解说名物制度都能上溯《尔雅》、《毛传》;顾氏之《日知录》、《诗本音》等书于古音古义多所发明。至陈启源之《毛诗稽古编》,毛奇龄之《续诗传鸟名》、白鹭洲《主客说诗》诸作,始专尊汉学而诋宋学。

雍乾以后,古书渐出,经义大明,惠、戴诸儒为汉学元宗。惠栋之《九经古义》诸书,都能就古音以说古义,发明毛郑传注之旨。戴震作《毛郑诗考正》、《孟子字义疏证》、《尔雅文字考》、《方言疏证》诸书,皆称精审。他主张通经必以小学为入门,而文字、声韵、故训三者又相因。其攻击宋人不明故训之言曰:

> 言者辄曰:有汉儒经学,有宋儒经学,一主于故训,一主于理义,此诚震之大不解也者。夫所谓理义,苟可以舍经而空凭胸臆,将人人凿空得之,奚有于经学之云乎哉?惟空凭胸臆之卒无当于贤人圣人之理义,然后求之古经;求之古经而遗文垂绝,今古县隔也,然后求之故训;故训明则古经明,古经明则贤人圣人之理义明,而我心之所同然者乃因之而明。……彼歧故训、理义二之,是故训非以明理义,而故训胡为?(《题惠定宇先生授经图》)

> 治经先考字义,次通文理。志存闻道,必空所依傍。汉儒故训有师承,亦有时傅会;晋人傅会凿空益多;宋人则恃胸臆为断,故其袭取者多谬,而不谬者在其所弃。我辈读书,原非与后儒竞立说,宜平心体会经文,有一字非其的解,则于所言之意必差,而道从此失。……宋以来,儒者以己之见,硬坐为古圣贤立言之意,而语言文字实未之知。(《与某书》)

> 呜呼!经之至者,道也,所以明道者,其词也,所以成词者,未有能外小学文字者也。由文字以通乎语言,由语言以通乎古圣贤之心志,譬之适堂坛之必循其阶而不可以躐等。是故凿空之弊有二:其一缘词生训也,其一守讹传谬也;缘词生

训者,所释之义非其本义,守讹传谬者,所据之经非其本经。(《古经解钩沈序》)

他不但独树汉帜,特标故训,而且更进一步的提出研究文字故训的理论,因小学虽分为三,"而字学、故训、音声、未始相离。"(《与是仲明论学书》)义由音出,音随义变的道理,至此始大明于世。他又主张解《诗》者只训释字义名物,《诗》意则留待诵者的玩味,《毛诗补传序》:"今就全《诗》,考其字义名物于各章之下,不能作《诗》之意衍其说。盖字义名物前人或失之者,可以详核而知,古籍具在,有明证也;作《诗》之意,前人既失其传者,非论其世,知其人,固难以臆见定也。"这和朱子的"章句以纲之,训诂以纪之,讽咏以昌之,涵濡以体之"的方法,所差也很几希了。所以他说:"先儒为《诗》者,莫明于汉之毛郑,宋之朱子。"可见他所指责的宋人非朱子也;《诗经补注》中也多采用《集传》说。《毛郑诗考正》多能订正汉人之误,如:

《宾之初筵》三章"有壬有林",《传》:"壬,大,林,君也。"震按《传》本《尔雅》,然《诗》中如有赍有莒之类,并形容之辞;此以形容百礼既至,礼无不备,而行之既尽其善,壬壬然盛大,林林然多而不乱。(此以全书句法为证之例)

《常棣》四章"每有良朋,烝也无戎。"《传》:"烝,填。"《笺》云:"古声填、窴声同。"震按烝众也,语之转耳。朋友虽众犹无助,以甚言兄弟之共御侮也。又《云汉》首章"宁莫我听",震按宁乃也,语之转。(此以古音通转为证之例)

《唐·蟋蟀》首章《传》:"聿,遂。"震按《文选注》引《韩诗》薛君《章句》云："聿，辞也。"《春秋传》引《诗》"聿怀多福"，杜《注》云："聿，惟也。"皆以为辞助。《诗》中聿、曰、遹三字互用，《尔雅》："遹，自也，述也。"《礼记》引《诗》聿追来孝，今诗作遹；《七月》篇曰为改岁，《释文》云《汉书》作聿；《角弓》篇见晛曰消，《释文》云《韩诗》作聿，刘向同。《传》于岁聿其莫释之为遂，于聿修厥德释之为述；笺于聿来胥宇释之为自，于我征聿至、聿怀多福、遹骏有声、遹求厥宁、遹观厥成、遹追来孝并释之为述。今考之，皆承明上文之辞耳，非空为辞助，亦非发语辞；而为遂为述为自，缘辞生训，皆非也。《说文》有䎲字，注云："诠词也。从欠从曰，曰亦声。"引《诗》"䎲求厥宁"，然则䎲盖本文，省作曰，同声假借用聿与遹。诠词者，承上文所发端，诠而释之也。（此通假借本字为证之例）

《出其东门》首章"聊乐我员"，震按员，旋也，言聊乐于与我周旋，下章又言聊可与之欢娱，娱对员为义。古字云员通，《小雅·正月》篇"昏姻孔云"，《释文》谓本又作员；《春秋传》曰："其谁云之。"云与员皆周旋相亲之意。（此以同篇对文为证之例）

《齐·载驱》首章《传》："发夕，自夕发至旦。"震按发又有发卸之义，《方言》云："发，舍车也。"……又郭璞云：今通言发写。写即卸字，古音夕似略切。发夕与发卸，语之转耳，不必作朝夕之夕解。发夕谓解息车徒，与岂弟、翱翔、游敖、尤语意相迩，一章言车徒休解，二章言安行乐易，三章言翱翔以往，四章言游敖自纵，皆在道路指目之。（此以上下意近为证之例）

《桑扈》三章"不戢不难，受福不那。"《传》："不戢，戢也，不难，难也，那，多也，不多，多也。"震按古字丕通作不，大也，那如"有那其居"之那,安也。……凡《诗》不显、不承、不时、不宁、不康,皆当读为丕。《诗》之不显不承,即《书》之丕显丕承也;《书·立政》篇丕丕基,汉石经作不不其。(此以他书同语异字为证之例)

《七月》三章"猗彼女桑",《传》:"角而束之曰猗。"震按猗如"有实其猗"之猗,猗然长茂也。(此以本书同词训同为证之例)

《汉广》首章"南有乔木,不可休思",《传》:"思,辞也。"震按经文思或作息者,转写之讹。《尔雅》:"休,荫也。"休求泳方各为韵,思皆句末辞助。……凡《诗》中用韵之句,韵下有一字或二字为辞助者必连用之,数句并同,不得有异。惟"不可休思"思讹作息,及"歌以讯止"止讹作之,遂乱其例。(此以全书韵例订正讹文之例)

以上数例,皆求训诂之准则,约言之,不外通古音、晓古字、明归纳、重证据而已。自顾戴而后,《说文》及古韵之学,几为人人必知之学,小学明而后经义明,一时名家群起,由兼主毛郑而专宗毛氏,疏通证明,各有颛门。

当时治雅学者,以高邮王氏父子为最精,郝懿行等次之。王氏之学本出于戴氏。戴氏《尔雅文字考序》曰:"夫援《尔雅》以释《诗》、《书》,据《诗》、《书》以证《尔雅》,由是旁及先秦以上,凡古籍之存者,综核条贯,而又本之六书音声,确然于故训之原,庶几可与于是学。"又《尔雅注疏笺补序》:"《尔雅》,六经之通释也。援《尔雅》附经而经明,证《尔雅》以经而《尔雅》明;然或义具《尔雅》而不得其经,殆《尔雅》之作,其时六经未残阙欤?为之旁摭百氏,下及汉代,凡载籍去古未遥者,咸资证实,亦势所必至。曩阅庄周书'已而为知者'、'已而不知其然',语意不可识,偶检《释故》'已,此也'始豁然通其词。至若言近而异趣,往往虽读应《尔雅》而莫之或知,如《周南》'不可休思',《释言》'庥,荫也',即其义。《豳》诗'蚕月条桑',《释木》'桑柳丑条',即其义。《小雅》'悠悠我里',《释故》'悝,忧也',即其义。说《诗》者,不取《尔雅》也。外此转写讹舛,汉人传注,足为据证,如《释言》:'阋,恨也。'郭氏云:'相怨恨。'《小雅》'兄弟阋于墙'毛公《传》:'阋,很也。'郑康成注《曲礼》'很毋求胜','很,阋也。'二字转注,义出《尔雅》。又'苛,妎也',郭氏云:'烦苛者多嫉妎。'康成注《内则》'疾痛苛痒','苛,疥也。'义出《尔雅》。凡此遽数之不能终其物,用是知经之难明,《尔雅》亦不易读矣。"又《与王内翰凤喈书》论《尔雅》"桄"字即《尧典》"光被四表"之光,亦即《乐记》"号以立横,横以立武"、《孔子閒居》"以横于天下"之横。故《礼记》郑《注》:"横,充也。"《书》孔《传》:"光,充也。"《尔雅》:"桄,充也。"《释文》:"孙作光。"盖横转写为桄,脱误为光。《尧典》古本必有作横被四表者。若本为光字,虽不解无不晓者,解之为充转令人疑。由此一字可见考古之难,亦可见欲考一字,当贯串群经,以形义古音相互证发,然后始知《尔雅》其字即《书》之某,《礼记》之某也。郝《疏》虽非出于戴氏之门,然治《雅》的成就却很足以绍继其业。

郝、邵二《疏》都是为改补邢《疏》而成之作,邵晋涵的《尔雅正义》先出,故稍逊于郝。其撰书之例有六:一曰校补讹脱,二曰广采旧注,三曰补郭未详,四曰引经为证,五曰推明音义,六曰辨别名物。清儒治《尔雅》者有如雨后春笋,分门别类,各有专精,然其规模法度,大抵不出邵氏的范围。惜仍墨守疏不破注之例,坚遵郭义,未能脱去旧日枷锁,旁推交通声近之字于郭注之外,故终不及郝氏也。郝氏之学出于阮元,阮氏《释且》、《释门》诸作,颇能发明因声求义,声近义通之理。阮氏《与郝氏论尔雅书》云:"今子为《尔雅》之学以声音为主,而通其训诂,余亟许之,以为得其简矣。以简通繁,古今天下之言皆有部居而不越乎喉舌之地。"又《尔雅校勘记序》:"《尔雅》经文之字有不与经典合者,转写多歧之故也;有不与《说文解字》合者,《说文》于形得义,皆本字本义,《尔雅》释经则假借特多,其用本字本义少也。此必治经者深思而得其意。固非校勘之余所能尽载矣。"阮氏于《尔雅》虽未有专书,然其释字的零篇散简之作,却很能得到"以简通繁"的枢要,如《释盖》一文,谓《尔雅》"盖割,裂也"郭《注》未详,今学者皆以盖割同声假借,元更谓害、曷、盍、末、未古音皆相近,每加偏旁互相假借,若以为正字则失之,盖之通于害、割,犹昧之训割,盖、害之为盍、曷、何也。又《与宋定之论尔雅书》云:"要当以精义古音贯串证发,多其辞说为第一义,引经传以证释为第二义也。"郝兰皋承阮氏之启发,治《雅》尚能守此二义;其《再奉阮云台先生论尔雅书》云:"懿行比来修整《尔雅》,窃谓诂训以声为主,以义为辅。古之作者,《释名》以声代声,声近而义通,故《释名》一部为《尔雅》二部也;《广雅》以义阐义,义博而文赅,故《广雅》一部为《尔雅》二三部也。今之所述,盖主《释名》之声而推《广雅》之义,一声通转至十余声,是得《尔雅》十余部也;一义旁推至四五义,是得《尔雅》四五部也。以此证发,触类而通。不似旧人疏义,但钞撮古书,以为通经,守定死本子,不能动转。……又适购得《经籍纂诂》一书,绝无检书之劳,而有引书之乐。"又《与王伯申学使书》云:"某近为《尔雅义疏·释诂》一篇,尚未了毕。窃谓诂训之学,以声音文字为本,转注假借各有部居,疏通证明存乎了悟。前人疏义,但取博引经典以为籍征,不知已落第二义矣。鄙意欲就古音古义中博其旨趣,要其会归,大抵不外同、近、通、转四科,以相统系;先从许叔重书得其本字,而后知其孰为假借;触类旁通,不避繁碎,仍自条理分明,不相杂厕。其中亦多佳处,为前人所未发。"这两封书信中的语,可以说是他治《尔雅》之道的自白,也可见第一义第二义之与旧疏轻重不同,完全是受阮氏的影响。《尔雅义疏》中于每字之下,先列本字,转注假借,依次以声音同近通转四科相统系。如《释诂》:"哉,始也。"郝《疏》云:"哉者才之假音,《说文》云:才,草木之初也。经典通作哉,《尚书大传》云仪伯之乐舞裝哉,《诗》云陈锡哉周,郑俱以哉为始也。郭《注》下文茂勉引《大传》茂哉茂哉,《释文》:或作茂才;《书》云往哉汝谐,《张平子碑》作往才汝谐;哉生魄,《晋书·夏侯湛传》作才生魄;是才、哉古字通。又通作载,陈锡哉周,《左氏·宣十五年传》作陈锡载周;《书》载采采,《史记·夏纪》作始事事;《诗》载见辟王,《传》亦云载始也;是载、哉通。《尔雅释文》哉亦作栽,《中庸》栽者培之,郑《注》栽读如文王初载之载;栽或为兹;兹、栽、哉古皆音同字通也。"是郝氏以才为本字,哉、载、栽、兹四字皆声同假借也。近人黄侃又取此说以才为其余诸字之语根。案清人治训故者约有两派,一则必求本字,一则不求本字,若以语言学之见地言之,"只有语源,并无本字"(钱玄同语)。如论本字,是仍跳不出文字形体的魔障也。再说好些语言根本就未造本字,而且又有许多本字反较假借为后起,如必每个语词都求本字,不但不合于古,而且也有些求不出来也。故曰:求本字反不如求语根为胜,虽然他们的关系是那样的密切。还有一点令人不能已于言者,求本字者必以《说文》为准,许氏说解不少误谬,如以误谬的解说为本字,还不如不求本字之为佳也。例如《尔雅》："廓,大也。"郝《疏》未明言本字,只说："《方言》云张小使大谓之廓。"郭、廓、扩、恢皆音同义同。严元照《尔雅匡名》引《说文》"霩,雨止云罢貌",以为本字,引臣铉等曰:"今别作廓,非是。"以廓为俗字。近人《尔雅正名》又以廓当作郭;又有人谓《说文》:"彉,弩满也,读若郭。"孙《注》:"廓,张之使大也。"是正字当作彉。这样看来,本字究应以哪个为是呢?其实语言的兴起,绝非先为弓满或城郭或云罢一义而造一专词;文字由形得义,可有本字;语言由音得义,不必有本字;郭廓槨鞹霩、彉彍擴廣曠廘壙獷潢横、光桄晃洸䣛、狂汪皇煌鍠隍等字之训大,都可说是本字本义也。又例如《说文》以才为草木之初,不知才字乃巛字之省体,巛字或释为灾,或释为栽(在),并非草木之初。巛之为灾(菑)为栽,本为栽制植作之义,始乃由制作俌立之义引申而成者。呜呼!清人过信《说文》,始有此弊;今之治语文学者如章、黄诸人,犹以初文为语根,动辄讲求本字,亦为不善变矣。至郝氏之引经传旧注以疏《尔雅》,仅采以为佐助,不谕古训之是非,较之王氏父子之就《雅》训以明经,引经文以证《雅》,左右逢源,摘发独多者,又逊一步了。郝《疏》,《经解》本不全,所删四分之一,或云出自石矅之手,以今观之,所删去者多立说未安处,凡百十三则,恐非石矅不能下笔也。

其他雅学要籍,《尔雅》方面:辑佚者有臧镛堂之《尔雅汉注》,黄奭之《尔雅古义》,余萧客之《尔雅古经解钩沈》。校勘者有阮元之《尔雅注疏校勘记》,张宗泰之《尔雅注疏本正误》,王树枬之《尔雅郭注佚存补订》,龙启瑞之《尔雅经注集证》,卢文弨之《尔雅音义考证》。正名者有严元照之《尔雅匡名》,钱坫之《尔雅古义》,江藩之《尔雅小笺》,王树枬之《郭氏尔雅订经》。补郭者有翟灏之

《尔雅补郭》，周春之《尔雅补注》，刘玉麟之《尔雅补注残本》。笺正者有胡承珙之《尔雅古义》，王引之之《经义述闻》，钱大昕之《潜研堂答问》，俞樾之《群经平义》，严元照之《娱亲雅言》等。释例者有王国维之《尔雅草木虫鱼鸟兽释例》，陈玉澍之《尔雅释例》。考释名物者有戴震《释车》，程瑶田之《释宫》、《释草》、《释虫小记》，钱坫之《尔雅释地四篇注》，宋翔凤之《释服》，任大椿之《释缯》，刘宝楠之《释穀》，孙星衍之《释人》等。广续《尔雅》者有吴玉搢之《别雅》，洪亮吉之《比雅》，程际盛之《骈字分笺》，史梦兰之《叠雅》，刘灿之《支雅》，夏味堂之《拾雅》。辅翼《尔雅》者有陈奂之《毛诗传义类》，朱骏声之《说雅》，俞曲园之《韵雅》，程先甲之《选雅》。《小尔雅》方面，有胡承珙之《小尔雅义证》，宋翔凤之《小尔雅训纂》，王煦之《小尔雅疏》，葛其仁之《小尔雅疏证》，朱骏声之《小尔雅约注》。

以上诸家，各有所长，然就雅学而言，其成就都不及王氏父子之精而博也。王念孙《广雅疏证》之特色有六：

一、考究古音，以求古义。古音不同于今音，古义不同于今义，于古义之散佚不传者，则就古音以求之。《疏》中言某与某古音义相同者甚多，如降有大义，洪、降古声相同也；临有大义，临与隆古声相同也。沈古音长含反，读若覃，故沈、眈、谭并有大义。

二、引申触类，不限形体，训诂之旨，本于声音，故原声以求义，有声同义同者，如夸、讦、芌并从于声而义同，颗、魖、魁古并同声同义；有声近义同者，如祜与胡声近义同，并有大义，隐与殷声近而义同，并训为大。又有字异而义同者，如牣为满，充牣或作充仞，或作充忍，并字异而义同；有字亦或作者，如浩训大，字亦作灏，又作皓。

三、只求语根，不言本字。王氏虽用《说文》，然并不为本字本义所拘。如《广雅·释诂》"鼻,始也"《疏》云:"鼻之言自也,《说文》:自,始也。读若鼻,今俗以初生子为鼻子是。"不言自本字,鼻借字。又"临,大也"疏:"临之言隆也,《说文》:隆,丰大也。"不言临为隆之假音。(王引之《经义述闻》中"论经文假借"条,亦言借字本字;不过他所说的本字和《说文》中的本字并不一样,只是正字耳。)

四、申明转语,比类旁通。王氏推明转语,并不只空言一声之转,便算了事,多能旁推互证,申明其音转之理。有语义相因相近者,其音转之方多比之而同,如有与大义相近,故有谓之庬、方、荒、帗、虞,大亦谓之庬、方、荒、帗、吴;又大则无所不覆,无所不有,大、覆、有义相因,故大谓之帗、奄,覆亦谓之奄、帗,有亦谓之帗(抚)、奄;矜怜与覆有义又相因,故矜怜亦谓之抚掩。有事虽不同,而声之相转可比之而同者,如长谓之修、梢、擢,臭汁亦谓之潃、滫、濯。

五、张君误采,博考证失。张揖纂集群书而作《广雅》,以一人之力,采万卷之富,当然难免互有得失,疏之者自不必为之傅会,牵强证明。如《广雅·释诂》:"比,乐也。"《疏》云:"比者,《杂卦传》:比乐师忧,言亲比则乐,动众则忧,非训比为乐,师为忧也,此云比乐也,下云师忧也,皆失其义耳。"此皆明言张君误采而正其失者。

六、先儒误说,参酌明非。为《广雅》作疏,目的不仅在使《广雅》之义明,而且还在使群经之义皆因之而明,此所以《读书杂志》及《经义述闻》中多引《广雅》为据以改正旧注,《序》所谓"周秦两汉古义之存者,可据以证其得失;其散逸不传者,可借以窥其端绪"是也。如《广雅·释诂》"拱救,法也"《疏》云:"《商颂·长发》受小球大球,受小共大共,《传》云:球,玉也,共,法也。案球、共皆法也,球读为救,共读为拱,《广雅》:拱救,法也。……然则小球大球,小共大共,谓所受法制有小大之差耳。《传》解球为玉,已与共字殊义,《笺》复谓共为执玉,迂回而难通矣。"又"戚咨,惭也"《疏》:"倒言之则曰资戚,《太玄·亲》初一曰:其志龃龉,次二曰:其志资戚,资戚犹龃龉,谓志不伸也。范望《注》训资为用,戚为亲,皆失之。"

  以上六端,都是荦荦大者,遽数之不能终其例,姑略举数则以发其凡。至于校补讹文脱字,勘正衍名错策,均详举所由,虽超出训诂之外,然由音义以校勘讹误,也仍然不出训诂之外也。桂馥于钱大昭之《广雅疏义》,尝叹其精审,但与王氏较,实不可以道里计。段玉裁称王氏能以古音得精义,天下一人而已;阮元《与宋定之书》亦云:"怀祖先生之于《广雅》,若膺先生之于《说文》,皆注《尔雅》之炬燹。"诚非虚誉。章太炎评论道:"凡治小学,非专辨章形体,要于推寻故言,得其经脉,不明音韵,不知一字数义所由生,此段氏所以为桀。旁有王氏《广雅疏证》、郝氏《尔雅义疏》,咸与段书相次,郝于声变,犹多亿必之言;段于雅训,又不逮郝;文理密察,王氏为优,然不推《说文》本字,是其瑕适。"此论可谓一偏之见。王氏后又有《疏证补正》,俞樾复为之作《疏证拾遗》,王树枏又作《广雅补疏》,要皆弥缝小道耳。续《广雅》者则有刘灿一家。

  《方言》之学,亦戴氏开其端,所作《方言疏证》一书,虽重在参订校补,然"宋元以来,六书故训不讲,故鲜能知其精核,加以讹舛相承,几不可通。"是戴氏筚路蓝缕之功不可没也。追后有卢文弨之《重校方言》,刘台拱之《方言补校》,顾震福之《方言校补》(附佚文),孙诒让之《札迻》中校郭《注》,郭庆藩之《方言校注》,然后本子始稍稍可读。注释之者,有钱绎之《方言笺疏》,广征博引,也颇能得声义贯串以互相证发之妙,其言某某声义并同,某某声并相近者，不一而足。惟于相反为义之理不了，致多误说，王念孙尝作《方言疏证补》，惜未完稿，其实张揖已尽卷《方言》中的材料以广续《尔雅》，是王氏《疏证》一部可抵两部书看也。朱士端又有《方言补义》。自子云以后，《方言》之学可称绝响，郭璞之《注》，尚能广续于万一，其注汉时《方言》全以晋时方言为据，故时有补正音义及广地广语之处（参看王国维《书郭注方言后》）。迨后研究方言者可分为两派：一为广续《方言》之作，如戴震之《续方言》（手稿），杭世骏之《续方言》，程际盛之《续方言补》，徐乃昌之《续方言又补》，程先甲之《广续方言》及《拾遗》，张慎仪之《续方言新校补》，沈龄之《续方言疏证》都是采取经史子集传注，小学字书以及音义类书之流，以补遗漏。余如淳于鸿恩之《公羊方言笺疏》，李翘之《屈宋方言考》，虽系考释齐楚之语，亦补遗一类之作。二为考证常语之作，如王应麟之《困学纪闻》，陶宗仪之《辍耕录》，杨慎之《丹铅总录》，胡应麟之《庄岳委谈》，郎瑛之《七修类稿》，方以智《通雅》中之"谚原"，翟灏之《通俗编》，钱大昕之《恒言录》，赵翼之《陔馀丛考》诸书，皆采辑后世之熟语常言之见于故书者。（此外考释及纪载方言俗语之见于笔记及专著者，如欧阳修之《归田录》，毛奇龄之《越语肯綮录》，范寅之《越谚》，孙锦标之《南通方言疏证》，胡文英之《吴下方言考》等书，与上列诸书性质又不相同，这里可以不论。）两派的方法虽不同，却都是自治的古典的方言学，前者是辑补古书，后者是考证故实。章太炎《新方言序》评论得失说："自扬子云纂《方言》，近世杭、程二家皆广其文，撮录字书，勿能为疏通证明，又不丽于今语；钱晓征盖志辎轩之官守者也，知古今方音不相远，及其作《恒言录》，沾沾独取史传为征，亡由知声音文字之本柢；仁和翟灏为《通俗编》，虽略及训诂，亦多本唐宋以后传记杂书，于古训藐然亡丽,俄而撮其一二,又楯不理析也。考方言者在求其难通之语,笔札常文所不能悉,因以察其声音条贯,上稽《尔雅》、《方言》、《说文》诸书,敫然如析符之复合,斯为贵也。乃若儒先常语,如不中用、不了了诸文,虽亡古籍,其文义自可直解,抑安用博引为?"章氏以为古今语言,其源本同,殊语绝言,尚有存者;今世笔札常文所不能知的话,只是因为声音有流变耳,倘能以古今音转的规律,推见国语的本始,都可以在《说文》、《尔雅》、《方言》中得其根柢。这样不仅可以考明方言,也可以研究训故。盖研究方俗语之目的有二:一为语言学的,一为训故学的;虽为一事,实不相同。郭氏以晋时方言注《尔雅》方言,我们何尝不可用现在的方言以注《尔雅》、《方言》?不过不要像章氏那样的过分拘泥于本字,甚至每语都必求其出处而致牵强皮傅。因为语言是随时随地变迁的,不但音有变迁,语义和语法也都有变迁及增减的。

《释名》之学似乎不大受人注意。广续者有张金吾《广释名》,博采经传记注,子史谶纬,讫于东汉,约有五十种书中之音训材料,依类广之,补其未备。惜未能疏释其同异,只见汉人音训之无定及穿凿耳。其书旧本讹错不能卒读,毕沅作《释名疏证》(江声代作),详加校雠,又辑《补遗》及《续释名》二种附刊于后,自此始有善本可读。后顾千里亦有校本,成蓉镜有《补证》,吴翙寅有《校议》,顾震福有《校补》(附佚文),孙诒让《札迻》亦及斯书。王先谦又与王启原、叶德炯、孙楷、皮锡瑞、苏舆、王先慎,覆加诠释,决疑通滞,因合毕氏元本,参酌顾校及成氏、吴氏、孙氏诸书,甄录尤雅,集为《释名疏证补》;又得胡玉搢、许克勤二君所校,于是为删去重复,别卷附末,名曰《疏证补附》。可惜这些人大多疏于古音训故,是以校订文字之功多,考释语原之功少。王氏之《广雅疏证》于《释诂》三篇,多言其语原,而《释亲》、《释宫》以下,亦屡解物名取义的所由;如能以王氏为主,旁采段、郝诸书,参之汉人音训,证以古音古义,为之取去是非,其于《释名》之学必有很大的裨益。(详见"音训"节)

戴氏谓"昔人既作《尔雅》、《方言》、《释名》,余以谓犹阙一卷书,创为是篇,用补其阙。俾疑于义者,以声求之,疑于声者,以义正之。"此《转语》二十章之所由作也。转语之学可以说是清儒的一大发明,还有待于今人之补苴完成也。(详见"音训"节)

清儒还有一个发端,就是释词之学。文法学在过去本附庸在训诂之内,因为只要讲字义,每字的词性自然就都明白了,所以我国只有章句训诂以及修辞炼字之学,而无所谓文法;故汉人传注有"辞也"、"叹辞"、"语助"、"语辞"、"发声"以及"聊,且略之辞"、"且,未定之辞"等名,《尔雅》采"粤于爰,曰也"、"爰粤于,於也"、"哉之言,间也"、"伊维,侯也"等条,至于《说文》,或言"某词",如吹为诠词,者为别事词,皆为俱词之属是也;或言"词之某也",如曾为词之舒,乃为词之难,尒为词之必然之属是也;或言"词也",如屬等字是;或言"声也",如颦等字是。下逮魏晋隋唐义疏,于此类字续有发明。《广雅》录"曰惟每虽兮者其各而乌岂也乎些只,词也"之训,《家训·音辞》暨《文心·章句》也都曾谈到之乎哉也,宋人尤多创见。清刘灿著《支雅》,首列"释词"之篇,分词为三十六类;刘淇作《助字辨略》,专辨助字之义。盖字类之义,不尽相同,有有实义可说者,有无实义而有用可指者,甚有实义与用俱无者;因此训释字义就感到"实字易训,虚字难释"了。虚字之义用既不易确指,旧来的注疏家就多把虚字误解为实字实义,以致经文晦涩,扞格难通。王引之于训释经义时有见于是,《经义述闻·通说下》"语词误解以实义"条特论其非,别为《经传释词》一书,专释语词,其《序》曰:"语词之释,肇于《尔雅》,粤于为曰,兹斯为此,每有为虽,谁昔为昔,若斯之类,皆约举一隅,以待三隅之反;盖古今异语,别国方言,类多助语之文,凡其散见于经传者,皆可比例而知,触类长之,斯善式古训者也。自汉以来,说经者宗尚雅训,凡实义所在,既明著之矣,而语词之例,则略而不究;或即以实义释之,遂使其文扞格,而意亦不明。如由,用也,猷,道也,而又为词之于;若皆以用与道释之,则《尚书》之'别求闻由古先哲王'、'猷大告尔多邦',皆文义不安矣。……"可见他是以训诂学的见地来研究虚字的,于是训诂学中支出一个别派,就是释词之学。他的书在现在看来,固然离文法学尚远,但是在训诂学上乃是很重要的一大发明。方东澍的《汉学商兑》虽极力攻击汉学,但他对于王氏不能不大事佩服说:"实足令郑、朱俯首,自汉唐以后,未有其比。"他作书的方法,完全是应用归纳法和演绎法,《序》所谓"比例而知,触类长之","引而申之,以尽其义类","揆之本文而协,验之他卷而通"是也。不过在研究的时候,也并非全靠归纳,还借着文义、辞例、句法以及异文或写等等的帮助。钱熙祚跋语中说他的释词之法有六:

一、有举同文以互证者:如据隐六年《左传》"晋郑焉依",《周语》作"晋郑是依",证焉之犹是。据庄二十八年《左传》"则可以威民而惧戎",《晋语》作"乃可以威民而惧戎",证乃之犹则。

二、有举两文以比例者:如据《赵策》"与秦城何如不与",以证《齐策》"救赵孰与勿救"孰与之犹何如。

三、有因互文而知其同训者:如据《檀弓》"古者冠缩缝",《孟子》"无不知爱其亲者,无不知敬其兄也",证也之犹者。

四、有即别本以见例者:如据《庄子》"莫然有间"《释文》"本亦作为间",证为之犹有。

五、有因古注以互推者:如据宣六年《公羊传》何《注》:"焉者,于也。"证《孟子》"人莫大焉无亲戚君臣上下"之焉当训于。据《孟子》"将为君子焉,将为小人焉"赵《注》:"为,有也",证《左传》"何福之为"、"何臣之为"、"何卫之为"、"何国之为"、"何兔之为"诸为字皆当训有。

六、有采后人所引以相证者:如据《庄子》引《老子》"故贵以身于天下则可以托天下,爱以身于天下则可以寄天下",证以之犹为。据颜师古引"鄙夫可以事君也与哉"、李善引"鄙夫不可以事君",证《论语》与之当训以。

在这六法之外,还可以增添四种方法:

七、对文:如据《禹贡》多以既、攸二字相对为文,遂释"彭蠡既猪,阳鸟攸居"、"漆沮既从,丰水攸同"、"九州攸同,四隩既宅"诸攸字为词之用。

八、连文:如据"越若"连言,知越与若皆训"及"。据"其殆"连文,知其犹殆也。

九、声转:如据由、用一声之转,知用可训为"由",由亦可训为"用"。据用、以、为一声之转,知"何以"即"何用",亦即"何为"。据爰、于、粤一声之转,知皆可训为"与"、"於"。

十、字通:如据于与於古字通,知两字皆可训"为",训"如"。

这十种方法既可用于虚字的训释,当然也可以用于实字的训释,在《经义述闻》里可以找到同样的例子。后来有孙经世的《经传释词补》,又有吴昌莹的《经词衍释》,都是广续之作。马建忠在《文通》里屡次指斥《释词》所说的"互文"、"同文"、"连文"之非,约十余见;又谓:"古书中为字有难解者,《释词》诸书,只疏解其句义耳,而为字之真解未得。"现在看来,《文通》固为经生家所未梦见之书,但马氏也未必梦见今日之文法学也;马氏云:"古人用字各有各义,不可牵混。"(卷八)又云:"不知古人用字不苟,其异用者,正各有其义耳。"这种严密的看法的确比王氏为进步,要亦是时代使然耳。

《经义述闻》多同《广雅疏证》,又多补足《经传释词》之语。其"通说下"十二条,皆训诂之准则,兹约录之于左:

> 经文假借。　经典古字,声近而通,则有不限于无字之假借者,往往本字见存,而古本则不用本字而用同声之字;学者改本字读之,则怡然理顺,依借字解之,则以文害辞。是以汉世经师作注,有读为之例,有当作之条,皆由声同声近者,以意逆之而得其本字,所谓好学深思,心知其意也。然亦有改之不尽者,迄今考之文义,参之古音,犹得更而正之,以求一心之安,而补前人之阙。如借光为广,而解者误以为光明之光(说见"易光亨"、"书光被四表"、"国语少光王室"、"光远宣朗");借有为又,而解者误以为有无之有(说见"迟有悔");……
>
> 语词误解以实义。　经典之文,字各有义,而字之为语词者,则无义之可言,但以足句耳。语词而以实义解之,则扞格难通。余曩作《经传释词》十卷,已详著之矣,兹复约略言之:如与,以也,《论语·阳货》篇:"鄙夫可与事君也与哉?"言不可以事君也;而解者云:"不可与之事君";则失之矣。以,及也,《复》上六曰:"用行师,终有大败,以其国君凶",言及其国君凶也;而解者训以为用,云"用之于国,则反乎君道";则失之矣。……善学者不以语词为实义,是依文作解,较然易明。何至展转迁

第四章 训诂的源渊流派

就,而卒非立言之意乎?

经义不同不可强为之说。 讲论六艺,稽合同异,名儒之盛事也;述先圣之元意,整百家之不齐,经师之隆轨也。然不齐之说,亦有终不可齐者,作者既所闻异辞,学者亦弟两存其说;必欲牵就而泯其参差,反致混淆而失其本指,所谓离之则两美,合之则两伤也。……

经传平列二字上下同义。 古人训诂,不避重复,往往有平列二字,上下同义者,解者分为二义,反失其指。如《泰象传》:"后以裁成天地之道,辅相天地之宜。"解者训裁为节,或以为坤富称财;不知裁之言载也,成也,裁与成同义而曰裁成,犹辅与相同义而曰辅相也。《随象传》:"君子以向晦入宴息。"解者以为退入宴寝而休息;不知宴之言安,安与息同义也。……

经文数句平列,上下不当歧异。 经文数句平列,义多相类,如其类以解之,则较若画一,否则上下参差而失其本指矣。如《洪范》"聪作谋",与"恭作肃,从作乂,明作哲,睿作圣"并列,则谋当为敏;解者以为下进其谋,则文义不伦矣。……

经文上下两义不可合解。 经文上下两义者,分之则各得其所,合之则扞格难通。如《屯》六二"匪寇昏媾",谓昏媾也,"女子贞不字,十年乃字",谓妊娠也;而解者误以为女子贞不字承昏媾言之,则云许嫁笄而字矣。……其有平列二字,字各为义,而误合之者,《大雅·棫朴》篇"芃芃棫朴",棫,白桵也,朴,枣也;而解者误合为一,则以朴为棫之丛生者矣。……凡此皆宜分而合者也,说经者各如其本指,则明辨哲矣。

衍文。 经之衍文,有至唐开成石经始衍者,有自唐初作疏时已衍者。亦有自汉儒作注时已衍者,如《无逸》:"先知稼穑之艰难,乃逸,则知小人之依。"乃逸二字,衍字也,家大人曰:文义上下相承,中间不得有乃逸二字,且周公戒王以无逸,何得又言乃逸乎?乃逸二字盖涉下文"厥子乃不知稼穑之艰难,乃逸乃谚"而衍;而某氏传曰:"先知之,乃谋逸豫。"则已衍乃逸二字矣。……

又有旁记之字误入正文者,《祭义》:"燔燎膻芗,见以萧光,又见间以侠甒,加以郁鬯。"郑注曰:"见及见闻,皆当为覵,字之误也。覵以萧光,光犹气也,覵以侠甒,谓杂之两甒醴酒也。"……引之谨案:见以萧光,见乃间之借字也,古见间同声,故借见为间,间杂厕也;见间以侠甒,当作见以侠甒,亦借见为间也;后人因见为间之假借,而旁记间字,传写者不知而并存之,遂成见间以侠甒耳。……

形讹。 经典之字,往往形近而讹,仍之则义不可通,改之则怡然理顺。如夫与矢相似而误为矢(见《春官·乐师注》)……四字古文与三相似而误为三(《觐礼注》)……若斯之类,先儒既已宣之矣。他如行与衍相似而误为衍,笑字隶书与先相似而误为先,人字篆文与九相似而误为九,民字下半与比相似而误为比,其字古文与六相似而误为六,靳字草书与鞠相似而误为鞠,……我与义相似而误为义,《孟子·公孙丑》篇:"是集义所生者,非义袭而取之也。"下义字文义难通,疑当作我;言在外者,我可以袭而取之,浩然之气从内而出,非我所能袭取也。我与义相似,又涉上文两义字而误耳。……寻究文理,皆各有本字,不通篆隶之体,不可得而更正也。

上下相因而误。 经典之字,多有因上下文而误写偏旁者。如《尧典》"在璿玑玉衡",机字本从木,因璿字而从玉作玑。《大雅·緜》篇"自土沮漆",沮字本从彳,因漆字而从水作沮。……此本有偏旁而误易之者也。《盘庚》"乌呼",乌字因呼字而误加口;《周南·关雎》"展转反侧",展字因转字而误加车。《魏风·伐檀》"河水清且涟猗",猗字因涟字而误为水。……此本无偏旁而误加之者也。

上文因下文而省。　古人之文,有下文因上而省者,亦有上文因下而省者。《尧典》"朞三百有六旬有六日",三百者三百日也,因下六日而省日字。《小雅·天保》篇"禴祠烝尝,于公先王",公者,先公也,因下先王而省先字。……

增字解经。　经典之文,自有本训,得其本训,则文义适相符合,不烦言而已解;失其本训而强为之说,则阢陧不安,乃于文句之间增字以足之,多方迁就而后得申其说,此强经以就我,而究非经之本义也。如《蹇》六二"王臣蹇蹇,匪躬之故",故,事也,言王臣不避艰难者,皆国家之事,而非其身之事也;而解者曰"尽忠于君,匪以私身之故而不往济君"(《正义》),则于躬上增以字私字,故下增不往济君字矣。……此皆不得其正解而增字以迁就之,治经者苟三复文义而心有未安,虽舍旧说以求之可也。

后人改注疏释文。　经典讹误之文,有注疏释文已误者,亦有注疏释文未误而后人据已误之正文改之者,学者但见已改之本,以为注疏释文所据之经已与今本同,而不知其未尝同也。如《易·系辞传》"莫善乎蓍龟",唐石经善误为大而诸本因之,后人又改《正义》之善为大矣。

以上所列十二条,不但通论训诂及古人属词之例,而且更由训诂以

及于校勘学了。

俞曲园承二王之后,于古人行文之法,立言之例,研究发明,益为精密。他在《群经平议序》里说:"尝以为治经之道大要有三:正句读,审字义,通古文假借;……三者之中,通假借为尤要。诸老先生惟高邮王氏父子发明故训,是正文字,至为精审,所著《经义述闻》用汉人读为读曰之例者居半焉。……余之此书,窃附王氏《经义述闻》之后。"又以"诸子之书,文词奥衍,且多古文假借字,注家不能尽通,而儒者又屏置弗道,传写苟且,莫或订正,颠倒错乱,读者难之"。于是又为《诸子平议》一书,以附《读书杂志》之后。又以"周秦两汉至于今远矣,执今人寻行数墨之文法,而以读周秦两汉之书,譬犹执山野之夫,而与言甘泉建章之巨丽也。夫自大小篆而隶书而真书,自竹简而缣素而纸,其为变也屡矣,执今日传刻之书,而以为是古人之真本。譬如闻人言笋,归而煎其箦也。嗟乎!此古书疑义所以日滋也。窃不自揆,剌取九经诸子为《古书疑义举例》七卷,使童蒙之子习知其例,有所依据,或亦读书之一助乎?若夫大雅君子,固无取乎此"。是《举例》一书又可与《经传释词》并驾齐驱了。《自序》中虽然自歉着说为了使童蒙习知其例,其实一般大雅君子也未尝不可以作为参考的,这种深入浅出,条理详明的入门读物,在清人的著作中尚属罕见。刘师培叹为绝作,发千古未有之奇;马叙伦推为县之日月而不刊,发蒙百代,梯梁来学的著作。书中所包括的内容,非常广泛,举凡训诂、文法、修辞、校勘等诸方面的学问,差不多都曾论及。兹择录四十五则以见例:

(1) 上下文异字同义例。《论语》:"臧文仲其窃位者与?知柳下惠之贤而不与立也。"古文位立同字,此章立字当读为位。

(2) 上下文同字异义例。《论语》:"子路有闻,未之能行,惟恐有闻。"上有字乃有无之有,下有字乃又字也。

(3)倒句例。《墨子》:"启乃淫溢康乐,野于饮食。"按"野于饮食"即下文所谓渝食于野也,与《左传》"室于怒,市于色"句法正同。诗人之词必用韵,故倒句尤多,《节南山》:"弗闻弗仕,勿罔君子;式夷式已,无小人殆。"言勿罔君子,勿殆小人也。又《孟子》:"若崩厥角稽首。"厥者顿也,角者额角也,稽首,首至地也,若崩二字乃形容厥角稽首之状,盖纣众闻武王之言,一时顿首至地若山冢之崒崩也。

(4)倒序例。《周官》大宗伯职"以肆献祼享先王",若以次第而言,则祼最在先,献次之,肆又次之也。

(5)错综成文例。《论语》:"迅雷风烈。"《楚辞》:"吉日兮辰良。"《夏小正》:"剥枣栗零。"《周礼·大宗伯》:"荐豆笾彻。"

(6)参互见义例。《礼记·文王世子》:"诸父守贵宫贵室,诸子诸孙守下宫下室。"又云:"诸父诸兄守贵室,子弟守下室。"郑《注》曰:"上言父子孙,此言兄弟,互相备也。"又《杂记》上篇:"有三年之练冠,则以大功之麻易之。"郑《注》曰:"言练冠易麻,互言之也。"郑《注》有云通异语者,《文王世子》:"庶子以公族之无事者守于公宫,正室守太庙。"《注》云:"或言宫,或言庙,通异语。"又有云文相变者,《丧大记》:"浴水用盆,沃水用枓,沐用瓦盘。"《注》曰:"浴沃用枓,沐于盘中,文相变也。"

(7)两事连类而并称例。《少牢·馈食礼》:"日用丁巳。"言或用丁,或用巳也。《士虞礼》:"幂用绤布。"言或用绤,或用布也。《日知录》曰:"《孟子》云禹稷当平世,三过其门而不入,考之《书》曰:启呱呱而泣,予弗子;此禹事也,而稷亦因之受名。华周杞梁之妻善哭其夫而变国俗,考之《列女传》曰:哭于城下七日而城为之崩；此杞梁妻事也，而华周妻亦因之以受名。"愚谓此皆连类而及之例也。

（8）两义传疑而并存例。《仪礼·士虞礼》："死三日而殡，三月而葬，遂卒哭。"郑《注》曰："此记更从死起，异人之闻，其义或殊。"《穀梁传》之解经，多有并存两说者，《隐二年传》："或曰纪子伯莒子而与之盟，或曰年同爵同，故纪子以伯先也。"又《文十八年传》："侄娣者，不孤子之意也，一人有子，三人缓带；一曰就贤也。"凡著书者博采异文附之简策，如《管子·明法》篇之"一曰"，《大匡》篇之"或曰"，皆为管氏学者传闻不同而并记之也。《韩非子》书如此者尤多。《尚书》每有"又曰"之文，愚谓亦当以是解之。

（9）两语似平而实侧例。《緜》篇"曰止曰时"，《笺》云："时，是也，曰：可止居于是。"《正义》曰："如《笺》之言，则上曰为辞，下曰为于也。"《荡》篇"侯作侯祝"，《传》曰："作祝诅也。"段玉裁曰："作祝诅也，四字一句。侯作侯祝，与乃宣乃亩，爰始爰谋，句法同。"

（10）两句似异而实同例。《礼记·表记》："仁有数，义有长短小大。"郑《注》曰："数与长短小大，互言之耳。"《仪礼·特牲馈食礼》："篹有以也，酳有与也。"两句义同，变文以成辞耳。《尚书·尧典》："流共工于幽州，放驩兜于崇山，窜三苗于三危，殛鲧于羽山。"《枚赜传》曰："殛、窜、放、流，皆诛也，异其文，述作之体。"至诗人之词，此类犹多。《关雎》："参差荇菜，左右流之；窈窕淑女，寤寐求之。"《传》曰："流，求也。"则流之求之一也。《兔爰》首章"我生之初，尚无为"，次章"我生之初，尚无造"，《传》曰："造，为也。"则无为无造一也。

（11）以重言释一言例。《礼记·乐记》："肃肃敬也，雍雍和也。"顾氏《日知录》曰:"《诗》本肃雍一字,而引之二字者,长言之也。《诗》云:有洸有溃,毛公传之曰:洸洸武也,溃溃怒也,即其例也。"钱大昕《养新录》:"《诗》亦泛其流,《传》云:泛泛流貌。硕人其颀,《笺》云:长丽俊好颀颀然。……并以一言释重言。"

(12) 以一字作两读例。古书遇重字多省不书,但于本字下作二画识之;亦或并不作二画,但就本字重读之者。《考工记·辀人》曰:"辀注则利准,利准则久,和则安。"郑《注》曰:"故书准作水,郑司农云:注则利水,谓辕脊上雨注,令水去利也。玄谓利水重读似非。"据此则故书利水二字本无重文,先郑特就此二字重读之,故后郑可以不从也。

(13) 倒文协韵例。《诗·既醉》:"其仆维何?厘尔女士。厘尔女士,从以孙子。"按女士者,士女也,孙子者,子孙也,皆倒文以协韵,犹衣裳恒言,而《诗》则曰制彼裳衣;琴瑟恒言,而《诗》则曰如鼓瑟琴也。《庄子·山木》:"一上一下,以和为量。"按此本作"一下一上,以和为量",上与量为韵。《秋水》:"无东无西,始于玄冥,反于大通。"亦后人所改,原文本作"无西无东",东与通为韵也,王氏念孙已订正。

(14) 变文协韵例。《诗·鄘风·柏舟》:"母也天只,不谅人只!"《传》曰:"天谓父也。"《正义》曰:"先母后天者,取其韵句耳。"

(15) 古人行文不嫌疏略例。《仪礼·聘礼》:"上介出请入告。"郑《注》曰:"于此言之者,宾弥尊,事弥录。"据《注》知聘宾所至,上介皆有出请入告之事,而上文不言,是古人行文不嫌疏略也。必一一载之简策,则累牍而不能尽矣。襄二年《左传》:"以索马牛皆百匹。"《正义》曰:"《司马法》丘出马一匹,牛三头。"则牛当称头,而亦云匹者,因马而名牛曰匹,并言之耳。经传之文,此类多矣。

(16)古人行文不避繁复例。《孟子》:"故王之不王,非挟太山以超北海之类也;王之不王,是折技之类也。"《离娄》篇:"瞽瞍厎豫而天下化,瞽瞍厎豫而天下之为父子者定。"两"王之不王"两"瞽瞍厎豫",若省其一,读之便索然矣。

(17)语急例。古人语急,故有以如为不如者,隐元年《公羊传》"如勿与而已矣",《注》曰:"如即不如。"是也。有以敢为不敢者,庄二十二年《左传》"敢辱高位",《注》曰:"敢,不敢也。"是也。(详见《日知录》)《诗·君子偕老》"是绁袢也",毛《传》曰:"是当暑袢延之服也。"然则袢即袢延也。《论语》"由也喭",郑《注》曰:"子路之行,失于畔喭。"然则喭即畔喭也。并古人语急而省也。

(18)语缓例。古人语急,则二字可缩为一字;语缓则一字可引为数字。襄三十一年《左传》:"缮完葺墙,以待宾客。"急言之,则止是葺墙以待宾客耳。

(19)一人之辞而加曰字例。凡问答之辞必用曰字纪载之,恒例也,乃有一人之辞中加曰字自为问答者,此则变例矣。《论语》:"怀其宝而迷其邦,可谓仁乎?曰:不可;好从事而亟失时,可谓知乎?曰:不可。"两曰字仍是阳货语,直至"孔子曰诺",始为孔子语。说本阎氏《四书释地》。按记人于下文特著孔子曰,则上文两曰不可,非孔子语明矣。亦有非自问自答之辞,而中间又用曰字,以别更端之语者。《礼记·檀弓》:"公瞿然失席曰:是寡人之罪也。曰:寡人尝学断斯狱矣。"哀十六年《左传》:"乞曰:不可得也。曰:市南有熊宜僚者,若得之,可以当五百人矣。"

(20)两人之辞而省曰字例。有两人问答,因语气相承,诵之易晓,而曰字从省不书者。《论语》:"子曰:由也,女闻六言六蔽矣乎?对曰:未也。居,吾语女。"又:"子曰:食夫稻,衣夫锦,于女安乎?曰:安。女安则为之。"居吾语女;及女安则为之,皆夫子之言。

(21)文具于前而略于后例。《诗·大叔于田》:"叔善射忌,又良御忌。"其下云:"抑磬控忌,抑纵送忌。"则专承良御而言。"叔马慢忌,叔发罕忌。"其下云:"抑释掤忌,抑鬯弓忌。"则专承叔发罕忌而言,文具于前而略于后也。夫诗人之词限于字句,具前略后,固所宜也;乃有行文之体,初无限制,而前所罗陈,后从省略,乃知古人只取意足,辞不必备也。斯例也,孔子传《易》即已有之,《同人象传》:"同人之先,以中直也。"王引之曰:"同人之先,谓同人之先号咷而后笑也,先者有后之辞也,言先而后见矣。"

(22)文没于前而见于后例。《诗·生民》:"诞置之隘巷,牛羊腓字之;诞置之平林,会伐平林;诞置之寒冰,鸟覆翼之;鸟乃去矣,后稷呱矣。"按后稷所以见弃之故,千古一大疑,而不知诗人固明言之,盖在后稷呱矣一句。夫至鸟去之后,后稷始呱,则前此者未尝呱也。凡人始生,无不呱呱而泣,后稷生而不呱,是其异也,于是人情骇怪,佥欲弃之于巷隘,于平林,……而后稷亦既呱矣,遂收而养之,命之曰弃,志异也。诗人歌咏其事,初不言见弃之由,盖没其文于前,而著其义于后,此正古人文字之奇也。

(23)蒙上文而省例。《禹贡》:"终南惇物,至于鸟鼠。"《正义》曰:"三山空举山名,不言治意,蒙上既旅之文也。"定四年《左传》:"楚人为食,吴人及之;奔;食而从之。"奔上当有楚人字,"食而从之"上当有吴人字,蒙上而省也。

(24)探下文而省例。夫两文相承,蒙上而省,此行文之恒也;乃有逆探下文而预省上字,此则为例更变,而古书亦往有之。《舜典》:"舜生三十征庸,三十在位,五十载。"因下句有载字,而上二句皆不言载。《孟子·滕文公》:"夏后氏五十而贡,殷人七十而助,周人百亩而彻。"因下句有亩字,而上二句皆不言亩。

(25)举此以见彼例。《礼记·王制》:"大国之卿,不过三命,下卿再命;小国之卿与下大夫,一命。"郑《注》曰:"不著次国之卿者,以大国之下互明之。"又《丧大记》:"复者朝服,君以卷,夫人以屈狄。"郑《注》曰:"君以卷,谓上公也;夫人以屈狄,互言耳。"又《祭法》:"燔柴于泰坛,祭天也;瘗埋于泰折,祭地也,用骍犊。"郑《注》曰:"地阴祀用黝牲,与天俱用犊,连言尔。"凡此之类,皆是举此以见彼。

(26)因此以及彼例。古人之文,省者极省,繁者极繁,省则有举此见彼者矣,繁则有因此及彼者矣。《日知录》曰:"古人之辞宽缓不迫,得失,失也,《史记·刺客传》:多人不能无生得失。利害,害也,《吴王濞传》:擅兵而多佗利害。缓急,急也,《仓公传》:缓急无可使者。……"按此皆因此及彼之辞,古书往往有之。《礼记·文王世子》:"养老幼于东序。"因老而及幼,非谓养老兼养幼也。《玉藻》:"大夫不得造车马。"因车而及马,非谓造车兼造马也。《礼记·杂记》:"为妻,父母在,不在不稽颡。"《正义》曰:"按《丧服》云:大夫为适妇,为丧主。父为己妇之主,故父在不敢为妇杖;若父没母在,不为适妇之主;所以母在不杖者,以父母尊同,因父而连言母。"

(27)古书传述亦有异同例。阎氏若璩《四书释地》曰:"《论语》杞宋并不足征,《中庸》易其文曰:有宋存。……《中庸》既作于宋,殆为宋讳乎?且尔时杞既亡而宋独存,易之亦与事实合。"按阎氏此论,可谓入微,蓄疑十年,为之冰释。

(28)古人引书每有增减例。《日知录》曰:"《书·泰誓》:受有亿兆夷人,离心离德;予有乱臣十人,同心同德。"《左传》引之则曰:"《太誓》所谓商兆民离,周十人同者,众也。……此皆略其文而用其意也。"按《管子·法禁》篇引《泰誓》曰:"纣有臣亿万人,亦有亿万之心;武王有臣三千而一心。"盖古人引书,原不必规规然求合也。《说文》引《诗》往往有合两句为一句者,如《齐风·鸡鸣》:"东方明矣,朝既昌矣。"日部引作"东方昌矣"。《礼记·中庸》:"锦衣尚䌹。"《正义》曰:"《诗》本文云:衣锦䌹衣,此云尚䌹者,断绝《诗》文也。又俗本云:衣锦䌹裳。"

(29)称谓例。古人称谓,或与今人不同。有以父名子者,《左传·成十六年》:"潘尪之党。"襄二十三年:"申鲜虞之傅挚。"有以夫名妻者,《左传·昭元年》"武王邑姜"是也。(并见《日知录》)。又有以母名女者:襄十九年《左传》:"齐侯娶于鲁曰颜懿姬,其侄鬷声姬。"杜《注》曰:"颜鬷皆二姬母姓,因以为号。"是也。又有以子名母者:隐元年"惠公仲子"是也。至于《礼》经所称,则有以事目其人者。《特牲馈食礼》:"三献作止爵。"郑《注》曰:"宾也,谓三献者,以事名之。"是也。

(30)寓名例。《史记·万石君传》:"长子建,次子甲,次子乙,次子庆。"甲乙非名也,失其名而假以名之也。《汉书·魏相传》:"中谒者赵尧举春,李舜举夏,儿汤举秋,贡禹举冬。"不应一时四人,同以尧舜禹汤为名,皆假以名之也。(说详《日知录》)。《庄》、《列》之书多寓名,读者以为悠谬之谈,不可为典要;不知古立言者自有此体也。虽《论语》亦有之:长沮桀溺是也。夫二子者,问津且不告,岂复以姓名通于吾徒哉?特以下文各有问答,故为假设之名以别之,以为二人之真姓名则泥矣。

(31)以大名冠小名例。古人之文,有举大名而合之小名,使二字成文者:如《礼记》言"鱼鲔",《左传》言"鸟乌",《孟子》言"草芥",《荀子》言"禽犊",皆其例也。《礼记·月令》:"孟夏行春令,则蝗虫为灾;仲冬行春令,则蝗虫为败。"王引之曰:"蝗虫皆当为虫蝗,此言虫蝗,犹上言虫螟,后人不知而改为蝗虫,谬矣。"

(32)以大名代小名例。《仪礼·既夕》:"乃行祷于五祀。"郑《注》曰:"五祀博言之,士二祀,曰门,曰行。"五祀其大名也,曰门曰行,其小名也。

(33)以小名代大名例。《诗·采葛》:"一日不见,如三秋兮。"三秋即三岁也。《汉书·东方朔传》:"年十三,学书三冬,文史足用。"三冬亦即三岁也。

(34)以双声叠韵字代本字例。《夏小正》:"黑鸟浴。"《传》曰:"浴也者,飞乍高乍下也。"浴者俗之误字,《说文》:"俗,习也。"又:"习,数飞也。"俗习双声。《尚书·多方》"天惟五年须暇之子孙。"暇即夏字,《诗·皇矣》篇郑《注》引此经正作"须夏之子孙"。夏与暇叠韵。古书多假借,双声叠韵字之通用者,不可胜举。

(35)以读若字代本字例。钱氏《潜研堂集》曰:"汉人言读若者,皆文字假借之例,不特寓其音,兼可通其字。即以《说文》言之:珣读若宜,《尔雅》:璧大六寸谓之宣;不必从玉从旬也。趍读若匐,《诗》:匍匐救之;不必从走从音也。……"

(36)美恶同辞例。如:"退食自公,委蛇委蛇。"诗人之所美也,而《左传》云:"衡而委蛇必折。"则委蛇又为不美矣。"岂弟君子,民之父母。"诗人之所美也,而《齐风》云:"鲁道有荡,齐子岂弟。"则岂弟又为不美矣。学者当各依本文体会,未可徒泥其辞也。

(37)高下相形例。《孟子》:"曾子养曾晳,必有酒肉;将彻,必请所与,问有余,必曰有。曾皙死,曾元养曾子,必有酒肉,将彻,不请所与,问有余,曰亡矣。将以复进也。"此举曾元之养口体,以形曾子之养志,学者不可泥乎其词。

(38)实字活用例。宣六年《公羊传》:"勇士入其门,则无人门焉者。"上门字,实字也,下门字则为守是门者矣。襄九年《左传》:"门其三门。"下门字,实字也,上门字则为攻是门者矣。以女妻人,即谓之女,以食饲人,即谓之食;古人用字类然,经师口授,恐其疑误,异其音读,以示区别,于是何休注《公羊》有长言短言之分,高诱注《淮南》有缓言急言之别。《诗》"兴雨祁祁,雨我公田"《释文》曰:"兴雨如字,雨我,于付反。"《左传》"如百谷之仰膏雨也,若常膏之"《释文》曰:"膏雨如之,膏之,古报反。"苟知古人有实字活用之例,则皆可以不必矣。

(39)语词复用例。古人用助语词,有两字同义而复用者。《左传》:"一薰一莸,十年尚犹有臭。"尚即犹也。《礼记》:"人喜则斯陶。"斯即则也。此顾炎武说。文十八年《左传》:"人夺汝妻而不怒,一抶汝,庸何伤?"庸亦何也。《庄子·齐物论》:"庸讵知吾所谓知之非不知邪?"庸亦讵也。《荀子·宥坐》:"女庸安知吾不得之桑落之下?"庸亦安也。《大戴记·曾子制言》:"庸孰能亲汝乎?"庸亦孰也。此王引之说。《礼记·三年问》:"然后乃能去之。"言然后又言乃。《庄子·逍遥游》:"而后乃今将图南。"言而后又言乃。《汉书·食货志》:"天下大氐无虑皆铸金钱矣。"言大氐又言无虑。

(40)上下文变换虚字例。《尚书·洪范》:"水曰润下,火曰炎上,木曰曲直,金曰从革,土爰稼穑。"爰即曰也。《论语》:"富而可求也,虽执鞭之士,吾亦为之;如不可求,从吾所好。"而即如也。

《礼记·文王世子》:"文王九十七乃终,武王九十三而终。"而即乃也。

(41)反言省乎字例。古文简质,往往有省乎字者,《尚书·西伯戡黎》:"我生不有命在天?"《吕刑》篇:"何择非人?何敬非刑?何度非及?"据《史记》引皆当有乎字。读者毋以反言为正言,致与古人意旨剌谬也。

(42)助语用不字例。古人有用不字作语词者,不善读之,则以正言为反言,而于作者之旨大谬矣。斯例也,诗人之词尤多。《车攻》:"徒御不警,大庖不盈。"《传》曰:"不警,警也,不盈,盈也。"……凡若此类,《传》义已明且皙矣;乃毛公亦偶有不照者,如《思齐》"肆戎疾不殄",不,语词也。……王氏引之作《经传释词》始一一辨正之,真空前绝后之学。今姑举数事,以补王氏所未及。……

(43)不达古语而误解例。古人之语,传之至今,往往不能通晓,于是失其解者,十而八九,今略举数事示例:究度,古语也,《诗·皇矣》:"爰究爰度。"是也。亦或作鸠度,襄二十五年《左传》:"度山林,鸠薮泽。"是也。(说本王氏《经义述闻》。)亦或作轨度,二十一年《传》:"轨度其信。"是也。究、鸠、轨,并从九声,故得通假。刘炫曰:"轨,法也,行依法度而言有信也。"未达古语。

(44)两字一义而误解例。《尚书·无逸》:"用咸和万民。"按咸和一义也,咸读为諴,《说文》言部:"諴,和也。"枚《传》以为皆和万民,则不辞矣。

(45)两字对文而误解例。凡大小、长短、是非、美恶之类,两字对文,人所易晓也;然亦有其义稍晦,致失其解者,如《尚书·洪范》:"木曰曲直,金曰从革。"曲直对文,从革亦对文,从,因也,由也,从革即因革也。人知因革,莫知从革,斯失其解矣。

以上所举四十五则,虽然有些在郑《注》、孔《疏》以及顾王之书里都已开其端,然都不及俞氏的完密周备,于古人行文之法,立言之例,可谓体会入微了。现在看来,固然还有些需要我们的修正,如倒句、语急、语缓、美恶同辞,实字活用、助语用不字、反言省乎字等例,都解释得不大正确。这在本书里差不多都已随文举正,兹处不必再为重复了。

总之,清儒的训诂学在经学的隆盛下,已经有突飞猛进的发展,几乎人人皆然,不独王、俞两家。他们都能以"就古音以求古义,不限形体"(古韵、文字)作训诂的机枢,以"比例而知,触类长之"(归纳、比较、演绎)作训诂的方法,以"搜考异文,广览笺注"、"古人行文之法,立言之例"(辑佚、校勘、古训、文法、修辞)作训诂的辅佐;每立一训,必"以精义古音,贯串证发","一字之义,当贯群经,本六书,然后为定"。所以"揆之本文而协,验之他卷而通","发明意旨,涣然冰释"。凡前人注疏之"扞格难通,诘籀为病"者,莫不"怡然理顺"了。

现在,我们的语音学、声韵学、语言学、文法学、修辞学、文字学、校勘学等各方面,都较从前进步了很多;而归纳、比较、演绎等等的研究法,也都能彻底的了解,有意的去运用;至于从前所看不到的古本,现在我们看到了,从前所没有梦见的卜辞铭辞,现在我们差不多都弄明白了,在比较和归纳上又多了不少的材料;段玉裁曾用金文铭辞中"攸勒"去释《诗》,到了孙诒让、王国维,更扩大的利用卜辞铭辞的材料,去比较研究古书中的字义和成语。现在我们应当不要辜负时代的赐与,要继承着戴、段、王、俞诸儒启发的遗绪,作古语言学的独立研究,注意语根的探讨,补苴转语的规律,调查全国的方言,来完成训诂学上的伟业!

本章参考书举要：

（1）《经籍纂诂·凡例》，阮元等。（原刻本、淮南局补印本。石印本。）

（2）《经学历史》，皮锡瑞。（思贤书局原刊本、商务影印本、又《万有文库》本。）

（3）《汉书》艺文志、儒林传。

（4）《两汉古文学家多小学家说》，王国维。（《观堂集林》卷七。商务《王静安先生遗书》本。）

（5）《小学考》，谢启昆。（"训诂"、"音义"两类。）

（6）《中国文字形义学》，沈兼士。（"尔雅"、"方言"两节。北大讲义本。）

（7）《东塾读书记》，陈澧。（"郑学"、"朱子"。）

（8）《书尔雅郭注后》、《书方言郭注后》，王国维。

（9）《方音研究·第二讲:研究方言之代表著作》，魏建功。（北大讲义本。）

（10）《方言疏证序》，戴震。（《戴氏遗书》本。）

（11）《雅学考》，胡元玉。（北大出版组排印本。）

（12）《经典释文》，陆德明。（抱经堂本、附卢文弨《考证》。武昌局翻本。《四部丛刊》影印通志堂本。）

（13）《十三经注疏》。（阮元刻附《校勘记》本最善；有南昌局补印原刻本，湖南翻刻本，上海石印本。）

（14）《滹南辨惑》，王若虚。（大东书局标点翻印本易得。）

（15）《毛郑诗考正》，戴震。（《戴氏遗书》本、《经解》本。）

（16）《尔雅文字考序》，戴震。（《戴东原集》。）

（17）《揅经室集》，阮元。（《经解》本即可。）

（18）《尔雅义疏》，郝懿行。（《经解》本不全。孙郝联薇校刻足本。）

（19）《尔雅郝注刊误》，王念孙。（罗氏刻《殷礼在斯堂丛书》本。）

（20）《广雅疏证》，王念孙。（《经解》本，淮南局本。）

（21）《广雅疏证补正》，王念孙。（《殷礼在斯堂丛书》本。）

（22）《方言笺疏》，钱绎。（红蝠山房本、徐氏《积学斋丛书》本。）

（23）《今后研究方言之新趋势》，沈兼士。（北大《歌谣周刊》增刊。）

第四章 训诂的源渊流派

（24）《释名疏证补》，王先谦。（思贤书局本。）

（25）《经传释词跋》，钱熙祚。（守山阁本附。）

（26）《经义述闻·通说下》，王引之。（自刻本、江西局本、《经解》本。）

（27）《古书疑义举例》，俞樾。（《第一楼丛书》、《春在堂全书》。大东书局标点本易得便读。）

（28）《与友人论诗书中成语书》，王国维。（《观堂集林》二。古之成语有可由《诗》、《书》本文比校知之者，有可由经传子史相互比校而求其相沿之意义者，有不经见于古书而旁见彝器者，亦得比校而定其意义。）

古老而富生机的学问

——齐佩瑢《训诂学概论》读后

朱小健

再读齐佩瑢先生的《训诂学概论》(以下简称《概论》),是因为商务印书馆告诉我《中华现代学术名著丛书》要收入这本书,邀我看看校样做个推介。该丛书已出版140余种,举凡文学、历史、哲学、政治、经济、法律乃至文字、音韵、语法等皆有涉及,现在终于要列入"训诂学"了么?这或似意外,实又在情理之中。说意外是因为"训诂"至今仍不为多数人了解,即便是学术丛书的遴选,也往往不易入选者法眼;在情理之中,则因为当下面临中华优秀传统文化的复兴,正是训诂大有可为之时。

训诂是解释古代汉语文献语义的工作,训诂学则是研究如何进行训诂的学问。它是中国本土自生的,是地地道道的"国学"。其成型,或许至汉代方具;而其萌芽,却与古代汉语文献语言产生同步。撰写、记录文献的人常有与阅读文献的读者知识水平、行业专攻、郡望方言不一的情况,在高水平的学者、本行业的专家或同方言的老乡看来是浅显易懂的辞章,初学者、外行人和他乡客常常不能通晓;语言的发展演变使得一些前代妇孺皆知的语句,后代的文人学士也不能完全明白;文献经历代耳闻口授、转抄传刻,难免发生讹误,亦常使读者难以准确理解文献原意。可知文献语言作为人们交流思想的工具，与生俱来地有着需要解释的内在要求。训诂工作就是应这种要求而生。训诂对文献语义的解释能够成功，是因为语言有约定俗成的社会属性，汉语内部方言具有相互分化融合关系，汉字形体与词义间往往相关相联，字词孳乳派生与其读音流变亦是相辅相成，具体语境明确限定着字词的使用意义，词义引申衍生自成体系，父子师生口耳相授的传承形成了有效的训释规则，这些都为训诂工作提供了条件。古今学人以今语译古语，以通语释方言，以易懂解深奥的训诂工作就是在这样的基础上展开的。

训诂工作先秦已萌芽，训诂学至汉代已形成，但将其作为一个专门的学科进行理论的系统阐述，《概论》是较早的。"（秦汉时）研究经学古学或小学的学者，也仅是为了讲解古书而去训释古籍中的古字故言，去阐发古圣贤的微言大义；至于如何训释古字故言——即训诂的方法技术以及理论系统等的问题，却尚无自觉的有系统的概述及综合的研究；换言之，那时只有'训故'而无'训诂学'，只有工作的实行而无学理的解说。理论的产生是靠着事实的归纳，在一个训故工作刚萌芽的时候，自然不会同时就有成熟的系统理论的，这也是时代使然。直到二千年后的现在，不是还没有一部'训诂学'的著作出现么？"①齐氏的说法，有点儿像是训诂学要待其《概论》出版然后才算成立的意味，这恐怕不会有人接受。但其指出传统训诂学注重实际问题的解决，较少理论的归纳，大体是不错的。从这个角度，我们甚至可以将训诂工作视为中国传统的应用语言学实践。

作为较早的训诂学通论性著作，《概论》的研究客观上受到了

---

① 本版《训诂学概论》第 2 页，以下引本书径标页码，不再说明。

章太炎、黄季刚先生的影响。章太炎1906年在日本东京的国学讲习会讲学,有《论语言文字之学》一题,将汉语言文字学包括训诂学从传统经学的附庸地位独立出来,其1910年出版的《国故论衡》上卷多有训诂学的内容,即便被认为属文学的中卷里的《明解故上》《明解故下》讲的也与训诂学相关。黄季刚自1911年起任教,特别是1914年起在多所大学授课,所授即有《训诂学讲词》(在其身后以《训诂述略》为题发表于《制言》七期,后来其侄黄焯又整理有《文字声韵训诂笔记》出版)。虽然齐氏并不完全认可黄说(第13页),但《概论》确是在章黄开辟了独立的汉语言文字学的学术背景下出现的。其时沈兼士、钱玄同等人的文字学课程中,也都有涉及训诂学的内容,所以他们的学生如贺凯的《文字学概论》等著作中在"字义"部分也会列有"训诂条例"等内容。刘盼遂、黎锦熙等人以"文字学"命名的著作乃至刘师培等人以"中国文学"命名的著作中,也多有涉及训诂或训诂学者。而明确以"训诂学"命名的著作,则有何仲英的《训诂学引论》,只是其虽以"训诂学"为名,主要内容说的却是汉语的发展演变,全书108页,专论训诂学的只占到21页,篇幅远远不及《概论》,影响亦较小。至于胡朴安的《中国训诂学史》,则是学术史论,与《概论》旨趣不同。

　　《概论》作为一本较具规模的早期训诂学通论性著作,至少有四个方面值得注意。

一、提出了作者关于"训诂"、"训诂学"的定义

　　训诂学的性质及其研究对象,在20世纪70年代末80年代初

训诂学复兴时期,很长一段时间是学界争论热烈的问题。一种意见认为训诂学是对古代文献语言的解释之学,它的研究对象包括古代文献的方方面面;也有人认为训诂学即古代汉语词义学,研究的只是词。至今学界在这个问题上也不能说观点完全一致了。《概论》认为:"顺释故言的工作便叫作'训故'或'训诂'。研究前人的注疏,历代的训诂,分析归纳,明其源流,辨其指归,阐其枢要,述其方法,演为统系而条理之;更进而温故知新,评其优劣,根据我国语文的特质提出研究古语的新方法、新途径,这便是'训诂学'。"(第12页)这样的认识大致是与前面所说的第一种意见相近,而其"只有训释古语古字的用义才能配称'训诂'","训诂学也可以叫做'古语义学'"(第1页)的提法,意识到训诂工作具时间概念,注重对既往语言事实的诠释,在今天仍有意义。训诂为什么叫"训诂"而不叫"训释"、"训解"、"训说"、"解释"等等,值得我们进一步思考。

二、初建了一个训诂学的学科架构

全书四章十六节,第一章"绪说"给训诂、训诂学做出定义,介绍训诂学产生的缘由和功用,又以"训诂的工具"为题介绍了训诂与音韵学、文字学、语法学、校勘学、语言学的关系。这样的表述当然是以训诂为中心本体的思路,其他学科都是训诂的工具嘛。其实训诂学与这些学科都是相互为用的关系,这一节包含有训诂学具综合性特质的认识。所以他说"不但上举五种学科是训诂的工具,就是史学、哲学、文学、民俗、礼制等也都与训诂有关"(第53

页)。

第二章介绍掌握训诂应了解的"基本概念",这些概念不乏西学东渐而来的语言学方法理念。其中对汉语字词关系、词义演变模式、四声别义等范畴的说明都非常细致。特别是关于词义的演变,将其模式分为缩小式、扩大式、变坏式、变好式、变强式、变弱式、感觉互换式、形状相似式、因此及彼式、以偏概全式、地位相似式、身心动作相易式、虚实相因式等多种。显然,这些分析比在其后相当长的时间里人们主要将词义的演变只分为扩大、缩小、转移三类来得细密,后来的学者在进一步归纳论述词义引申方式时应该也受到过《概论》的启发。

第三章"训诂的施用方术"是关于训诂工作方法操作程序的阐述,这是本书的核心。章太炎说:"训诂之术,略有三涂:一曰直训,二曰语根,三曰界说。"(《与章行严论墨学第二书》)黄季刚说:"训诂者,以语言解释语言之谓。论其方式有三:一曰互训,二曰义界,三曰推因。"(《文字声韵训诂笔记》)齐氏则提出"以语言解释语言之方式有三:一曰宛述(义界)……二曰翻译(互训)……三曰求原(推原求根)……"(第109页)。三人用语有异,所指本同。齐氏认为这三种方式皆就音、义两方立说,故在本章分"音训(上)"、"音训(下)"、"义训"三节来论述。音训部分除了介绍音训的三种形式"同字为训"、"同音为训"、"音近为训"外,主要是指出了音训的两个目的:求语根及其孳乳分化语、求方言及古今语之音转规律,举出了大量例证及其他学者的论述加以剖析。同源词的研究是训诂学的重要构成,齐氏对他之前的研究成果做了比较全面的介绍。自20世纪80年代至今三十余年来训诂学界在这方面的研究用力甚勤,成果主要体现在深入开掘和明确断代,而其研究范畴则大体与《概论》本章所涉相去不远。"音训（上、下）"共 42 页，占到全书的 15%，花这么大的篇幅专论音训，也是齐氏"音训为训诂之枢纽"（第 110 页），"声音好比灵魂，字形犹骷髅耳，声音明而形义皆无不明"（第 38 页）观点的映射。"义训"一节在"宛述（义界）"部分指出了义界对词义的明同辨异价值，在"翻译（互训）"部分按当时较为流行的分类对互训二词的关系作了分析，并重点讨论了反训现象。在上世纪 80 年代的相关研究中都可以看到《概论》这些探究的一些影子。本章还专列一节讨论训诂术语，虽然其所列术语及用例此前不乏学者讨论，在一些术语的功用上齐氏还是提出了自己进一步的见解。例如："凡言谓者，都是以狭义释广义，或是以直义释曲义，或是以分名释总名。"（第 185 页）"凡言谓之者，皆著其异名或事物之名也。""凡言为、曰者，都是直陈其义而定其义界也。"（第 186 页）"言所以者，都是指明其功用，而被释者则必为名词。"（第 187 页）这些分析都是较为中肯确切的。

第四章"训诂的渊源流派"是对训诂学发展演变历史的简要介绍。与胡朴安的《中国训诂学史》将训诂学史分为"尔雅派"、"传注派"、"释名派"、"方言派"来分别讨论其流变不同，齐氏此章是从整体纵向描写训诂学的发展演变，这样就还原了训诂实践形式由传注训释到训诂专书再到考释札记的过程，较易让读者把握训诂学发展脉络原貌。更有意义的是在一本学科通论性质的著作中，辟专章谈本学科发展历史，体现了作者对训诂学不是一门纯理论的学科，其概念、理论需要借由它多个阶段上的重要学者和著作才能真正把握的认识。

以训诂与训诂学的定义、功用、与其他学科关系为绪论，列明掌握训诂学要用到的现代语言学概念，分析训诂学解释词义的方法,介绍训诂用语,略述训诂学简史,这样一个训诂学概论的架构,为后来特别是上世纪 80 年代涌现的不少训诂学通论著作所借鉴。

三、 一些观点在训诂学研究上较具价值

齐氏认为在传统语言学形成发展中,"训诂的著作发生最早","训诂可以说是兼括形音义法的四位一体的学术"(第 38 页),这其实是对训诂学在传统语言学中的重新定位。当时的学者往往在文字学中谈训诂,在文字学中谈音韵,齐氏提出训诂学从发生上时间早,从内容上统摄其他学科,有其新意。

训诂是全面解释古代汉语文献语义的工作,词义固然是其工作的核心,但句子、篇章也都在其解释的对象之内。《概论》提出"语义的最小单位是'词',表示一个完全意思的本位(大单位)是'句',研究文法应以句为本位,研究语义亦应以句为本位"(第 78 页),"文字在文章中始有生命,孤立时即失去生命"(第 110 页)。虽然齐氏主要只论述了句读、章句在训诂中的价值地位,并未对训诂学解释句子的方法作出具体的阐述,但其注意到解释句子的重要性,还是具有启发性的。

训与义并不总是一一对应的,齐氏所谓"其有不须训而训者,多言形,言色,言性,言用,盖亦有言外之意存乎其间"(第 153 页),关注到了词义的灵活性和语境在训诂中的作用。他说:"义近词的训释,只是指明于某种语境下双方所表之义有些相近相似耳,不一定指其完全相同。"(第 158 页)"盖随文施训,容有不齐,临文生情,义因境变;语义既流转而无方,读书者会通之可也。"(第 159 页)这

些也与后来学者明确区分词义训释与文意训释的研究相合。

其他如在谈到探求语根时说"语根的探求本为一种归纳的公式,系构拟的而非确知的"(第123页),在评价反训时提到有"不知句调为表意方法之一而误以为反训者"(第180页)等等观点,都是有意思的看法。

四、所列参考书为读者治学指出门径

《概论》每章后都列有"本章参考书举要",这固然是学术著作常有的通例。但与当下一般列参考书目是为明己说有据不同,《概论》所列更有为读者进一步学习、研究、运用训诂学指明路径的作用。例如290页所列王若虚《滹南辨惑》后注明"大东书局标点翻印本易得",阮元《揅经室集》后注明"《经解》本即可",郝懿行《尔雅义疏》后注明"《经解》本不全,孙郝联薇校刻足本"。这些说明,既告诉读者购书检书之途,亦含对不同版本著作的评价。这大概与《概论》以齐氏授课讲义为基础形成有关,好的老师教学生终归要授之以渔的。1986年湖南人民出版社出版郭在贻先生的《训诂学》,其书后附有"训诂学参考文献要目"和"俗语词研究参考文献要目",当时不少人就是读了郭先生开出的那些书目走上训诂学研究道路的。可以想见,当年《概论》的出版亦有同功。

以上四端仅为《概论》特点价值之荦荦者,然似已足证其确具入列《中华现代学术名著丛书》之质。中华文化要复兴,首先要弄明白什么是中华文化。要讲清楚中华文化及其积淀的民族精神追求,就离不开对古代汉语文献的理解和解释。训诂学是门古老的学问,但在今天仍充满活力生机,因为它给我们提供了讲清楚古代汉语文献语义乃至中华传统文化的利器。传统训诂学对中国语言文化的诠释本身传承和构成着中华文化,训诂学的解释揭示着汉语汉字、文献语言积淀的文化信息,训诂学的方法方式风格体现并影响着中华民族的认知和习惯。我们理当在中华文化传承传播复兴进程中,让训诂学发挥更大作用。

《概论》1933年由国立华北编译局初版,1934年商务印书馆再版,这两种均为繁体竖排。1984年中华书局出了一个横排繁体版,2004年,中华书局又出了一个横排简体的"新1版"。算上商务印书馆距上次出版时隔81年后这次的新版,《概论》至少已有五个版本。理论上每次新版都可能"后出转精",但也确实存在校改未尽的情况。比如153页引用胡承珙《毛诗后笺》"檀以喻段之恃强,所谓多行不易也",其中"多行不易"显然是"多行不义"(文见《左传·隐公元年》)之误。是齐氏笔误亦或是胡氏原讹,不难查对。假如胡氏已错,不便径改,也可出校明之。又如154页引《庄子》"爱人利物之谓人",其后一"人"字当为"仁",可据《庄子》径正。这些地方前四版都未能订正,新版如能完善,固然沾溉学林,更于齐著有功。相信《概论》的再版会为中华优秀传统文化复兴这项事业增添动力。

2015年6月5日